여러분에게 국어는 어떤 과목인가요?

읽을 수 있고 쓸 수만 있으면
공부를 안 해도 되는 과목일까요?

아니면
어떻게 공부할지 몰라서
교과서만 읽어 보았던 막막한 과목일까요?

그런 친구들을 위해
초코가 왔어요!

초코는~
그림으로 개념을 쉽게 익힐 수 있게 하고
처음 보는 글은 어떻게 읽을지
문제는 어떻게 풀어야 할지 도와줄 거예요.

공부가 재밌어지는 **초코**와 함께라면
국어 능력이 날로 튼튼해질 거예요.

초등 국어의 튼튼한 길잡이!
초코! 맛보러 떠나요~

구성과 특징

1 개념이 탄탄

- 중요한 개념을 한눈에 이해할 수 있는 이미지와 Q&A로 개념을 쉽게 익힐 수 있어요.
- 확인 문제로 개념을 이해했는지 확인해요.

2 핵심만 쏙쏙

- 국어 교과서 핵심 지문과 활동을 자세히 살펴보고, 독해로 이해 쏙으로 내용을 확실하게 이해할 수 있어요.
- 교과서 문제 중요 서술형 다양한 유형의 문제로 문제 해결력을 기르고, 어려운 문제도 '이끌이'와 함께 스스로 해결할 수 있어요.

핵심이 보이는
개념 터치 마인드맵

QR 코드를 스마트폰으로 찍으면 핵심 개념을 '개념 터치 마인드맵'으로 정리할 수 있어요.

3 시험도 척척

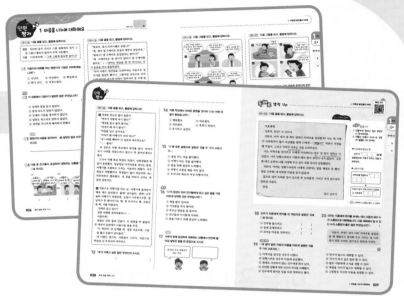

- 시험에 꼭 나오는 문제로 구성된 **단원 평가**를 풀면서 학교 시험에 완벽하게 대비할 수 있어요.

- 앞으로 배울 교과서 지문과 응용 문제로 구성된 독해로 생각 Up 으로 독해력도 키울 수 있어요.

4 어휘도 쑥쑥

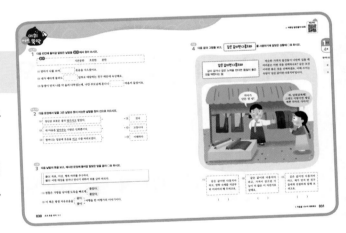

- 단원의 주요 어휘와 어법을 문제로 확인하여 어휘력을 키울 수 있어요.

- 속담 과 사자성어 를 그림과 함께 즐겁게 익히며 어휘 실력을 탄탄하게 다져요.

생생한 듣기 자료

QR 코드를 스마트폰으로 찍으면 교과서를 실감 나게 들을 수 있어요.

선생님의 친절한 해설 강의

QR 코드를 스마트폰으로 찍으면 '독해로 생각 Up' 지문과 문제 풀이 동영상을 볼 수 있어요.

차례

5-2 가

교과서에 실린 작품

5-2 가

5-2 나

1

마음을 나누며 대화해요

단원에 대한 공부 계획을 세우고, 공부한 내용을
얼마나 이해했는지 스스로 평가해 보세요.

★★★ 잘함.   ★★ 보통임.   ★ 아쉬움.

그림으로 개념 탄탄

Q 공감하며 대화해야 하는 까닭은 무엇일까요?

A

✿ 상대의 처지를 이해할 수 있기 때문이에요.

✿ 처지를 바꾸어 생각하면 상대의 마음을 알 수 있기 때문이에요.

✿ 상대에게 공감하며 말하면 기분 좋은 대화를 할 수 있기 때문이에요.

✿ 대화를 즐겁게 이어 갈 수 있기 때문이에요.

Q 공감하며 대화하는 방법은 무엇일까요?

A

✿ 말하는 사람에게 주의를 기울여 집중해서 들어요.

✿ 말하는 사람의 처지가 되어 생각해 봐요.

✿ 상대의 기분을 고려하면서 말해요.

Q 누리 소통망에서 예절을 지키며 대화하는 방법은 무엇일까요?

'소셜 네트워크 서비스(SNS)'를 다듬은 말로, 온라인에서 자유롭게 글이나 사진 따위를 올리거나 나누는 것을 말함.

걔, 정말 싫지 않니?

그래, 자기가 공주인 줄 알아!

아무도 안 볼 테니까 험담 좀 할까?

ㅋㅋㅋ   뭐래

A ✽ 말하고 싶은 내용을 정확히 전달해요.

✽ 이상한 말이나 줄임 말을 쓰지 않아요.

✽ 상대가 대화하고 싶은지 확인하고 말을 걸어요.

✽ 혼자서 너무 많이 말하지 않도록 해요.

확인 문제

? 다음 중 상대의 말에 공감하며 대화하지 <u>못한</u> 친구의 이름을 쓰시오.

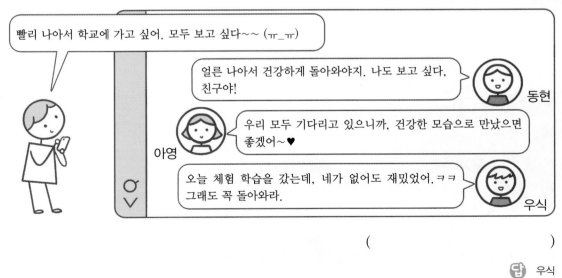

빨리 나아서 학교에 가고 싶어. 모두 보고 싶다~~ (ㅠ_ㅠ)

얼른 나아서 건강하게 돌아와야지. 나도 보고 싶다, 친구야!   동현

우리 모두 기다리고 있으니까, 건강한 모습으로 만났으면 좋겠어~♥   아영

오늘 체험 학습을 갔는데, 네가 없어도 재밌었어. ㅋㅋ 그래도 꼭 돌아와라.   우식

(   )

답 우식

지윤이와 명준이의 대화

가 **지윤** 명준아, 안녕?

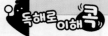

명준 지윤아, 안녕? 너를 찾고 있었는데 **마침** 잘됐다.

지윤 나를 찾고 있었어? 왜?

명준 너에게 할 말이 있어. 내 이야기 좀 들어 줄래? 어제 말이야…….

지윤 (말을 하는데 중간에 끊고) 나 지금 바쁜데, 내가 꼭 들어야 하니?
<u>상대방의 말을 경청하지 않는 태도</u>

명준 (실망하는 목소리로) 뭐라고? 아직 내용을 듣지도 않았잖아.

지윤 네 이야기보다는 내 일이 훨씬 중요해.

나 **명준** 지난번 질서 지키기 그림 대회에서 내가 그린 그림이 뽑히지 않아서

무척 서운했어.

지윤 (시큰둥하게) 그게 그렇게 중요한 일이니?
<u>상대방의 기분을 생각하지 않는 태도</u>

명준 (화내는 목소리로) 뭐? 네가 내 기분을 어떻게 아니? 너는 친구의 기분

은 조금도 생각하지 않니? 어떻게 그렇게 말을 해?

지윤 왜 그래? 내 생각에는 별것 아닌 것 같아.

다 **명준** 지난번 질서 지키기 그림 대회에서 내가 그린 그림이 뽑히지 않아서

무척 서운했어.

지윤 ㉠네가 그림을 못 그렸겠지. 그러니까 할 수 없잖아?
<u>상대방의 기분을 생각하지 않고 상대를 배려하지 않는 태도</u>

명준 (화내는 목소리로) 너는 친구에게 어떻게 그런 말을 하니?

지윤 그냥 내 생각을 말한 건데, 왜?

명준 (화내는 목소리로) 생각을 말한 것뿐이라고?

누가 어떤 잘못을 했는지 생각하며 지
윤이와 명준이의 대화를 들어 보세요.

독해로 이해 콕

1 지윤이는 명준이의 말을 잘 들어 주었다.

(○, ×)

2 명준이는 지윤이가 이야기를 잘 들어 주
지 않아 (실망, 실수)했다.

3 명준이는 질서 지키기 (   ) 대회
에서 자신의 그림이 뽑히지 않아 서운했
다.

4 명준이는 지윤이의 말과 태도 때문에
(   )이/가 났다.

낱말풀이

마침 어떤 경우나 기회에 알맞게. 또는 공
교롭게. 예 친구에게 할 말이 떠올랐는
데, **마침** 복도 끝에서 친구가 오는 것이
보였다.

시큰둥하게 달갑지 아니하거나 못마땅하
여 시들하게. 예 화가 안 풀린 언니는
내 물음에 <u>시큰둥하게</u> 대답했다.

1단원
1회

공부한 날

월

일

교과서 문제

01 글 **가**에서 명준이의 말을 듣는 지윤이의 태도는 어떠합니까? (   )

① 귀 기울여 들었다.

② 꼭 들어야 하냐고 물었다.

③ 말하는 사람을 잘 바라보았다.

④ 명준이의 마음을 이해해 주었다.

⑤ 말하는 내용에 관심을 가지고 들었다.

02 글 **나**에서 명준이가 지윤이에게 화가 난 까닭은 무엇입니까? (   )

① 다른 친구를 위로해 주어서

② 명준이가 실천하기 어려운 조언을 해서

③ 명준이가 듣고 싶어 하는 말을 해 주어서

④ 지윤이가 명준이의 마음을 잘 헤아려 주어서

⑤ 지윤이가 명준이의 기분을 생각하지 않고 말해서

03 글 **다**를 읽고 지윤이에게 해 줄 수 있는 말로 알맞은 것에 ○표 하시오.

(1) "상대를 배려하며 잘 말했어."   (   )

(2) "상대의 기분을 생각하며 말해야지."   (   )

(3) "듣는 사람의 기분이 상하지 않게 높임말을 사용해야 해."   (   )

같이 대화하는 친구가 지윤이처럼 말한다면 기분이 상하고 말하기 싫어질 것입니다.

서술형

04 ㉠을 명준이의 마음을 헤아리는 말로 고쳐 한 문장으로 쓰시오.

_____

중요

05 다음은 공감하며 대화해야 하는 까닭을 정리한 것입니다. 빈칸에 들어갈 알맞은 말을 **보기**에서 골라 쓰시오.

공감하며 대화하면 기분 좋게 대화할 수 있고, 사이가 좋아지며, 말할 내용이 풍부해져요.

보기

| 공감 | 처지 | 마음 |

(1) 상대의 (   )을/를 이해할 수 있다.

(2) (   )하며 말하면 기분 좋은 대화를 할 수 있다.

(3) 처지를 바꾸어 생각하면 상대의 (   )을/를 알 수 있다.

20○○년 8월 26일 토요일　　날씨: 비 오다 갬

엄마, 고마워요

오늘은 친척 결혼식이 있어서 외출하신 부모님께서 늦게 오시는 날이다. 나는 부모님 대신 동생을 돌보고 저녁밥도 챙기기로 했다.

"엄마, 아빠께서 오시면 피곤하실 테니까 우리가 저녁밥을 해 먹자."

나는 동생과 함께 저녁밥을 먹고 설거지도 했다. 그릇을 다 씻고 나서 프라이팬도 닦기로 했다.

'프라이팬이 잘 닦이지 않네?'

나는 고민하다가 철 수세미를 쓰기로 했다. 부모님께서 냄비 같은 것을 철 수세미로 박박 문질러 닦으시는 것을 본 적이 있기 때문이다.

철 수세미로 프라이팬을 문지르니 금세 **찌든 때**가 벗겨져 나갔다.

저녁 늦게 부모님께서 돌아오셨다.

"너무 늦어서 미안하구나. 잘 있었니?"

"예. 저희가 저녁도 차려 먹고 설거지도 했어요."

"설거지까지? 우리 현욱이 다 컸네."

흐뭇한 얼굴로 부엌을 둘러보시던 엄마께서 놀란 표정으로 물으셨다.

"현욱아, 혹시 프라이팬도 닦았니?"

"예. 제가 철 수세미로 문질러 깨끗이 닦았어요."

"뭐라고? 철 수세미로 문질렀다는 말이니?"

"예. 수세미로는 잘 닦이지 않아서 철 수세미를 썼어요."

㉠엄마는 한숨을 한 번 쉬시고는 다시 웃음을 **띠고** 말씀하셨다.

"우리 아들이 집안일을 도와주려는 마음으로 설거지를 열심히 했구나. 그렇지만 **금속**으로 프라이팬 바닥을 긁으면 바닥이 벗겨져서 못 쓰게 된단다."

엄마의 말씀을 듣고 나니 부모님의 일을 도와드렸다는 생각에 뿌듯했던 나는 금세 부끄러워졌다.

"죄송해요, 엄마. 집안일을 도와드리려다가 오히려 프라이팬만 망가뜨렸어요." / 엄마는 웃으며 나를 꼭 안아 주셨다.

㉡"미안해하지 않아도 돼. 집안일을 도와주려고 한 현욱이 마음이 엄마는 정말 고마워."

엄마의 말씀을 듣고 내 마음은 한순간에 봄눈 녹듯 풀렸다.

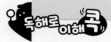

5 친척 결혼식이 있어 외출하신 부모님께서 (일찍, 늦게) 집에 돌아오셨다.

6 현욱이는 동생과 저녁밥을 먹고 난 뒤 (청소, 설거지)를 했다.

7 현욱이는 프라이팬을 (　　　　)(으)로 문질러 닦았다.

8 금속으로 프라이팬 바닥을 긁으면 바닥이 벗겨져서 (깨끗해진다, 못 쓰게 된다).

9 현욱이는 프라이팬을 망가뜨려 어머니께 호되게 꾸중을 들었다. (○, ×)

낱말풀이

찌든 때 오랜 시간 들러붙어 지저분하고 잘 지워지지 않는 때. 예 실내화의 찌든 때를 없애야겠다.

흐뭇한 마음에 흡족하여 매우 만족스러운. 예 할머니께서 나를 보며 흐뭇한 웃음을 지으셨다.

띠고 감정이나 기운 따위를 나타내고. 예 내가 거짓말을 하자 엄마는 노여움을 띠고 말씀하셨다.

금속 열이나 전기를 잘 통과시키고, 펴지고 늘어나는 성질이 풍부하며, 특수한 광택을 가진 물질을 통틀어 이르는 말. 예 금속 물질은 습기에 약하다.

공부한 날

월

일

교과서 문제

06 현욱이가 설거지를 할 때 철 수세미를 쓴 까닭은 무엇인지 쓰시오.

( )

07 ㉠에서 느낄 수 있는 엄마의 마음 변화를 알맞게 표현한 것은 무엇입니까?

( )

엄마가 현욱이에게 한 말을 살펴보면 엄마의 마음을 짐작할 수 있어요.

① 슬픔 → 기쁨
② 기쁨 → 놀라움
③ 고마움 → 황당함
④ 놀라움 → 당황스러움
⑤ 당황스러움 → 고마움

08 현욱이와 엄마의 대화에 대한 설명으로 알맞은 것을 찾아 ○표 하시오.

현욱이와 엄마는 서로 (공감하는 / 공감하지 않는) 대화를 하고 있다.

서술형

09 ㉡의 말을 듣고 현욱이는 엄마께 어떤 마음이 들었을지 짐작하여 까닭과 함께 쓰시오.

현욱이의 마음	(1)
까닭	(2)

중요

10 공감하며 대화하는 방법으로 알맞지 <u>않은</u> 것은 무엇입니까? ( )

공감하며 대화하는 방법에는 경청하기, 처지를 바꾸어 생각하기, 공감하며 말하기, 생각을 정확히 전달하기가 있어요.

① 상대의 기분을 고려해서 말한다.
② 말이나 행동으로 맞장구치며 듣는다.
③ 말하는 사람의 처지가 되어서 생각한다.
④ 전하고 싶은 생각을 정확하게 말하지 않는다.
⑤ 말하는 사람에게 주의를 기울여 집중해서 듣는다.

가 경청하기

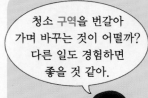
청소 구역을 번갈아 가며 바꾸는 것이 어떨까? 다른 일도 경험하면 좋을 것 같아.

그래. 네 말은 청소 구역을 바꾸자는 의견이구나.

맞아. 내 말을 잘 들어 줘서 고마워.

나 처지를 바꾸어 생각하기

넓은 구역을 청소하는 학생은 힘든 일을 오랫동안 하게 돼.

그렇구나. 내가 너처럼 넓은 청소 구역을 맡았다면 너와 같은 마음이 들 것 같아.

내 마음을 알아줘서 고마워.

다 공감하며 말하기

그러니까 청소 구역을 자주 바꾸면 좋겠어.

너는 맡은 청소 구역이 넓어서 그동안 무척 힘들었겠다. 네 말대로 좋은 방법을 생각해 보자.

내 말에 공감하며 말해 줘서 정말 고마워.

아니야. 네가 힘들었던 것을 미리 알아주지 못해서 미안해.

활동 마

공감하며 듣고 말하는 방법을 익혀 보세요.

독해로 이해 콕

10 남자아이는 청소 구역을 정확히 정하자는 의견을 냈다. (○, ×)

11 여자아이는 남자아이의 마음을 잘 알아주었다. (○, ×)

12 남자아이는 그동안 맡은 청소 구역이 (좁아서, 넓어서) 힘이 들었다.

13 여자아이는 남자아이의 처지를 생각하면서 (   )하며 말했다.

낱말풀이

경청 귀를 기울여 들음. 예 다른 사람의 말에 경청하는 태도는 지은이의 가장 큰 장점이다.

구역 갈라놓은 지역. 예 이 구역은 위험 지역이므로 들어가면 안 된다.

처지 처하여 있는 사정이나 형편. 예 서로 처지를 바꾸어 생각하면 오해가 줄어든다.

공감 남의 감정, 의견, 주장 따위에 대하여 자기도 그렇다고 느낌. 또는 그렇게 느끼는 기분. 예 나는 영훈이의 말에 공감하며 고개를 끄덕였다.

11 그림 **가**에 나타난 남자아이의 의견을 정리하여 쓰시오.

( )

12 그림 **나**에서 남자아이가 여자아이에게 고마움을 느낀 까닭은 무엇입니까? ( )

① 칭찬을 해 주어서
② 청소를 대신 해 주어서
③ 자신의 마음을 알아주어서
④ 몰랐던 사실을 알려 주어서
⑤ 청소 구역을 바꾸어 주어서

중요

13 공감하며 대화하는 방법에 어울리는 말을 찾아 선으로 이으시오.

(1) | 경청하기 | · | · ㉮ | 그래서 어떻게 되었어? |

(2) | 처지를 바꾸어 생각하기 | · | · ㉯ | 다음에는 잘할 수 있을 거야. |

(3) | 공감하며 말하기 | · | · ㉰ | 내가 너라면 아주 기뻤을 거야. |

> 경청하기, 처지를 바꾸어 생각하기, 공감하며 말하기를 실천하기 위해 할 수 있는 말을 생각해 보세요.

교과서 문제

14 공감하며 대화할 때의 표정이나 행동이 <u>아닌</u> 것은 무엇입니까? ( )

① 고개를 끄덕인다.
② 어깨를 토닥여 준다.
③ 팔짱을 끼고 눈을 감는다.
④ 부드럽게 웃는 표정을 짓는다.
⑤ 눈을 맞추고 몸을 가까이한다.

> 상대의 말에 공감하고 있음을 보여 주는 표정이나 행동을 해야 해요.

서술형

15 공감하며 대화한 경험을 떠올려 보고, 그때의 상황과 자신의 기분이 어떠하였는지 쓰시오.

상황	(1)
자신의 기분	(2)

가

어떻게 사과하지?

말할 기회가 없어서 말을 못했는데 정말 미안해.

친구도 못 한 말이 있나 보다.

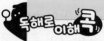

딩동

독해로 이해 콕

14 그림 **가**의 여자아이는 친구에게 어떻게 (   )할지 고민했다.

15 그림 **가**의 여자아이는 친구에게 (고마운, 미안한) 마음을 전하고 싶었다.

16 누리 소통망에서 대화할 때 그림말이 너무 많으면 보기에 어지럽다. (○, ×)

17 누리 소통망에서 상대를 대화방에 초대하기 전에 대화하고 싶은지 먼저 물어보지 않아도 괜찮다. (○, ×)

나

㉠

😀😞😂😮😐😣🙁

그림말이 너무 많으니까 보기에 어지럽다.

그래. 이것은 좀 너무했다.

㉡

걔, 정말 싫지 않니?

그래. 자기가 공주인 줄 알아!

아무도 안 볼 테니까 **험담** 좀 할까?

㉢

너 지금도 졸았지? 정말 게을러. 😒😒

뭐? 어떻게 그런 말을 할 수가 있어? 😣

얼굴 보고 말하는 것이 아니니까 괜찮거든.

㉣

왜 나한테 물어보지도 않고 대화방에 초대하니?

같이 놀자는 건데 뭘. ㅋㅋ

중요한 일을 하는데 자꾸 신경 쓰이잖아!

낱말풀이

그림말 사람이나 생산물 또는 지시 사항 따위를 말 대신 간단한 그림으로 나타낸 표. 예 그림말을 알맞게 사용하면 의미를 전달하는 데 도움이 된다.

험담 남의 흠을 들추어 헐뜯음. 또는 그런 말. 예 나는 절대 다른 친구의 험담을 하지 않겠다고 다짐했다.

1단원
2회

공부한 날

월

일

16 그림 **가**에서 주아가 친구에게 사과하지 <u>못한</u> 까닭은 무엇인지 쓰시오.

(   )

교과서 문제
17 그림 **가**와 같이 누리 소통망에서 대화하면 좋은 점은 무엇입니까? (   )

① 언어로 표현해야만 한다.
② 생각을 나누지 않아도 된다.
③ 직접 만나야만 대화할 수 있다.
④ 직접 말하는 것보다 더 용기가 필요하다.
⑤ 직접 말하기 부끄러울 때 하고 싶은 말을 전할 수 있다.

> 누리 소통망은 '소셜 네트워크 서비스(SNS)'를 다듬은 말로, 상대와 직접 대화하기 어려울 때 누리 소통망 대화를 하는 경우가 많아요.

서술형
18 누리 소통망에서 대화하기에 알맞은 상황을 떠올려 한 가지 쓰시오.

_____

19 누리 소통망에서 대화할 때 불편한 점을 **보기**에서 모두 골라 기호를 쓰시오.

보기

㉮ 급한 연락을 할 수 없다.   ㉯ 만나야 대화가 가능하다.
㉰ 대화의 분위기를 알 수 없다.   ㉱ 글자를 일일이 입력해야 한다.
㉲ 얼굴을 보지 않고 대화해서 어색하다.

(   )

중요
20 그림 **나**의 ㉠~㉣ 상황에 필요한 누리 소통망 대화 예절로 알맞은 것에 각각 기호를 쓰시오.

(1) 다른 사람의 험담을 하지 않는다.   (   )
(2) 상대가 대화하고 싶은지 확인한다.   (   )
(3) 그림말을 너무 많이 사용하지 않는다.   (   )
(4) 얼굴이 보이지 않아도 바르고 고운 말을 사용한다.   (   )

> 누리 소통망 대화를 할 때에는 얼굴이 보이지 않아도 바르고 고운 말을 사용하며, 이상한 말이나 줄임말을 사용하지 않아야 해요.

1 조그만 내 손으로 조물조물 집안일하고, 공장에서 일해서 쌀을 사 왔네. 동생들 밥을 먹이니 나는 좋은데 어머니는 마음이 많이 아프다고 하셨어.

나 홀로 한글을 깨쳤어. 어느 날 목사님이 그러셨어. 너는 똑똑하니 학교를 공짜로 보내 주겠다고.

참말로 기뻤어야. 아침밥 짓고 동생을 업고 만날 학교에 나갔네. 일 등을 못하면 분해서 잠이 안 왔어야.

보라, 내 열일곱 살 때야. 너덜너덜 짚신 신고 덜컹덜컹 소달구지 탔지. 가난한 조선 사람들은 자동차도 잘 몰랐어. 그런데

"사람이 ㉠괴물 타고 하늘을 난대!"

스미스란 미국 사람이 비행기를 타고 온다네? 온 마을이 들썩들썩. 내 마음도 들썩들썩.

구름처럼 몰려온 저 사람들 좀 봐. 구름을 뚫고 쇳덩이 괴물이 혼자만 날아올라. 이 산 위로 쑥, 저 하늘로 쌩 솟구치고 돌아 나와 못 가는 곳이 없네.

"사람들아, 이 날개를 봐. 정말 자유로워."

저 비행기란 놈이 그러네. 나는 땅에 딱 붙어 서서 두 발만 동동 굴렀어.

비행기를 처음 본 '나'의 모습

바로 그날 밤, 잠을 못 잤지. 바로 그날 밤, 꿈이 생겼지.

㉡'여자라고 못 하겠어? 조선 사람이라고 왜 못 하겠어? 얼른얼른 커서 꼭 비행사가 될 거야.'

'나'의 꿈

니 꿈은 뭐이가?
나는 하늘을 훨훨 날고 싶었어야.

중심 내용 '내' 꿈은 비행사가 되는 것이었어.

독해로 이해 콕

18 '나'는 어릴 때부터 집안일도 하고 ( )에서 일도 했다.

19 '나'는 목사님의 도움으로 한글을 읽고 쓸 수 있게 되었다. (◯, ✕)

20 '나'는 학교에서 일 등을 못하면 (벌을 받았다, 분해서 잠이 안 왔다).

21 스미스라는 미국 사람이 ( )을/를 타고 왔다.

낱말풀이

깨쳤어 일의 이치 따위를 깨달아 알았어. 예 부모님과 수학 공부를 하며 계산 원리를 깨쳤어.

분해서 될 듯한 일이 되지 않아 섭섭하고 아까워서. 예 달리기 시합에서 진 일이 생각 나 분해서 잠이 안 왔다.

소달구지 소가 끄는 수레. 예 할아버지께서는 옛날에 소달구지를 타고 마을을 돌아다녔다고 하셨다.

솟구치고 아래에서 위로, 또는 안에서 밖으로 세차게 솟아오르고. 예 분화구에서 용암이 솟구쳐 오른다.

니 '네'를 일상적인 대화에서 이르는 말.

뭐이가 '무엇인가'의 평안도 방언.

교과서 문제

21 '내'가 비행기를 처음 보았을 때 느꼈을 마음으로 알맞은 것은 무엇입니까?

(   )

① 신기함   ② 두려움   ③ 지루함
④ 무서움   ⑤ 어려움

22 ㉠ '괴물'이 나타내는 것은 무엇인지 이 글에서 찾아 쓰시오.

(   )

23 ㉡을 바르게 이해한 친구의 이름을 쓰시오.

비행기 조종사가 되고 싶다는 꿈이 생긴 거네.
윤하

조선 사람들은 누구나 비행기 조종사가 될 수 있었어.
민호

여자들이 비행기 조종사가 되는 것이 당연한 시대였구나.
서하

(   )

중요

24 이 글의 '나'와 공감하며 대화를 나누려고 할 때 생각할 점으로 알맞지 <u>않은</u> 것은 무엇입니까? (   )

① '나'의 처지가 어떠한지 알아본다.
② '나'에게 어떤 일이 일어났는지 살펴본다.
③ '나'에게 어떤 충고를 해 줄지 생각해 본다.
④ 내가 '나'였다면 어떤 마음이 들지 생각해 본다.
⑤ 대화를 나눌 때 지켜야 할 예절이 무엇인지 생각해 본다.

이야기 속 인물의 생각에 공감하며 대화해야 해요.

서술형

25 이 글의 '나'의 처지를 생각하여 '나'에게 해 줄 공감하는 말을 한 문장으로 쓰시오.

'나'가 살고 있는 시대 상황이나 집안 형편 등을 생각하며 어떤 말을 해 주면 좋을지 떠올려 봐요.

2 그때는 일본이 조선을 <u>다스리고</u> 있었어. 일본이 조선 땅을 빼앗았거든.
_{시대적 배경 - 일제 강점기}
조선 사람들은 거리로 몰려나와 소리쳤어. 나도 친구들과 거리로 몰려

나와 소리쳤어.

"일본은 물러가라!"

"조선 땅에서 물러가라."

사람이 많이 잡혔네. 나도 일본 경찰에게 잡혔네. 경찰이 학교에 못 다니게

하네. 조선 사람들은 힘을 모아 싸웠어. <u>나는 무기를 나르고 돈을 모으다가 또</u>
_{감옥에 끌려간 까닭}
잡혔어. 깜깜한 감옥으로 끌려갔어. 내 손으로 내 나라를 되찾는 게 죄야?

우리 땅에서 또 싸우다 잡히면 죽을 거야. 나는 가족을 떠나 중국으로 가는
_{'나'가 가족을 떠나서 간 곳}
배를 탔지. 깜깜한 밤바다, 빼앗긴 내 나라 이제 다시는 못 갈지 몰라. 못 가는

곳이 없던데, 저 비행기란 놈은…….

'그래! 진짜로 비행사가 되는 거야. 비행기를 타고 날아가서 일본과 싸우는

거야!

니 꿈은 뭐이가?
나는 하늘을 훨훨 날고 싶었어야.

중심 내용 '나'는 비행사가 되어 비행기를 타고 날아가서 일본과 싸우기로 마음먹었어.

3 중국의 중학교부터 들어갔어. 2년 반 만에 영어와 중국어를 다 배웠지. 중

국의 비행 학교를 찾아갔어.

㉠"여자는 들어올 수 없소!"

여자는 날 수 없다네? 중국에서도.

나는 <u>윈난성</u>의 장군 <u>당계요</u>를 찾아갔어.

배 타고 기차 타고 걷고 또 걸어갔어야.

앞만 바라보며 드넓은 중국 땅을 가로질러 갔어야.

당계요 장군은 많이 놀랐지.

"여자가 어떻게 여기 왔나?" / "세상을 돌고 돌아 왔어요."

"여자가 왜 여기 왔나?" / "하늘을 날고 싶어서요."

"여자가 왜 비행사가 되려 하나?"

"내 나라를 빼앗아 간 일본과 싸우려고요!"

"…… 좋다!"

낱말풀이

다스리고 국가나 사회, 단체, 집안의 일을 보살펴 관리하고 통제하고. 예 옆 마을은 어진 임금이 <u>다스리고</u> 있다는 소문이 났다.

무기 전쟁이나 싸움에 사용되는 기구를 통틀어 이르는 말. 예 전쟁에 필요한 무기를 마련하기 위해 많은 비용이 필요했다.

감옥 죄인을 가두어 두는 곳. 예 옛 <u>감옥</u>을 둘러보자 어두운 분위기가 느껴졌다.

윈난성 중국의 서남부에 있는 성(省). 미얀마, 라오스, 베트남 등과 국경을 이루는 곳으로, 교통 면에서 아주 중요한 곳.

당계요 일제 강점기에 대한민국 임시 정부를 지원한 중국의 군인이자 정치가.

26 이 글에서 '나'에게 일어난 일의 순서대로 기호를 쓰시오.

> ㉮ 중국의 중학교에 입학하였다.
> ㉯ 배를 타고 중국으로 건너갔다.
> ㉰ 윈난성의 장군 당계요를 찾아갔다.

'나'가 중국으로 간 것은 당시 시대 상황과 관련이 있어요.

(   ) → (   ) → (   )

교과서 문제
27 '내'가 중국으로 간 까닭을 두 가지 고르시오. (   )

① 비행사가 되고 싶어서
② 가족들을 만나고 싶어서
③ 다른 나라는 배로 갈 수 없어서
④ 비행기를 타고 여행을 하고 싶어서
⑤ 우리나라에서는 독립운동을 할 수 없어서

중요
28 ㉠의 말을 들은 '나'의 마음은 어떠하겠습니까? (   )

① 기뻤다.   ② 신이 났다.
③ 억울했다.   ④ 고마웠다.
⑤ 안도했다.

서술형
29 당계요 장군이 한 말을 공감하는 대화로 바꾸어 말해 보려고 합니다. 빈칸에 들어갈 알맞은 말을 한 문장으로 쓰시오.

경청하는 말하기	왜 비행사가 되려고 하나?
처지를 바꾸어 생각하는 말하기	
공감하며 말하기	좋다. 비행 학교에 들어갈 수 있게 편지를 써 주겠다.

당계요 장군과 '나'의 처지가 어떻게 다른지 생각해 보고, 장군이 '나'라면 어떻게 하였을지 생각해 봐요.

당 장군은 비행 학교에다 편지를 썼어. 여자가 자기 나라를 되찾으려고 왔으니 꼭 들여보내라고 썼어.

드디어 비행 학교 학생이 되었어. 남학생들과 똑같이 **훈련**했지. 빙글빙글 어지러움을 견디는 훈련, 비행기를 조종하고 고치는 기술까지 배웠어. 너무 힘들고 위험했어야. 학생들이 많이 떠났지만 나는 하루하루가 행복했어. 내 꿈을 따라서 산다는 게 꿈만 같았거든.

'언젠가 내 나라를 자유롭게 만들 거야. 반드시 저 하늘을 훨훨 날아갈 거야.'
_{'나'의 꿈}

(중심 내용) '나'는 내 나라를 자유롭게 만들기 위해 비행 학교 학생이 되어 열심히 훈련했어.

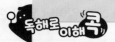

4 처음으로 비행기를 타는 날. 비행기에 올라타서 배운 대로 움직였지. 훌쩍! 날아올라, 깜짝! 너무 놀라 비행기가 부릉부릉, 눈앞이 기우뚱기우뚱. 잘 날다가 뚝 떨어지기도 해. 펑 터지기도 해. **조종간**을 꽉, 이를 악물었지.

'진짜로 날고 있나?'

얼른 아래를 내려다봤더니……

아름다워!

끝없는 산과 들과 강물이, 두 발목을 딱 붙들던 온 세상이 눈앞에서 너울너울 춤을 추네.

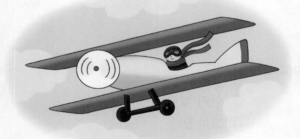

"이 세상아! 내 날개를 봐. 정말 자유로워. 구름을 뚫고 온몸이 날아올라."

내 이름은 권기옥. 사람들이 그러지, 처음으로 하늘을 난 우리나라 여자라고. 나는 하늘을 훨훨 날고 싶었어야. ㉠온 세상이 너더러 날 수 없다고 말해도 날고 싶다면 이 세상 끝까지 달려가 보라. 어느 날 니 몸이 훨훨 날아오를 거야. 니 꿈을 **좇으며** 자유롭게 살게 될 거야.

보라, 니 꿈은 뭐이가?

(중심 내용) '나'는 꿈을 좇아 노력하여 원하는 꿈을 이룰 수 있었어.

낱말풀이

훈련 기본자세나 동작 따위를 되풀이하여 익힘. 예 우리는 우주에서 생활하기 위해 수없이 훈련했다.

조종간 조종사가 항공기의 비행 방향과 운동 방향을 조종하는 막대 모양의 장치. 또는 그 장치의 손잡이. 예 조종사는 흔들리는 비행기 속에서 <u>조종간</u>을 놓지 않으려 노력했다.

좇으며 목표, 이상, 행복 따위를 추구하며. 예 나는 자유로움을 좇으며 살고 싶다.

30 당계요 장군이 비행 학교에 보낸 편지의 내용은 무엇인지 찾아 쓰시오.

( )

교과서 문제

31 '내'가 처음 비행기를 탔을 때의 마음으로 알맞은 것을 두 가지 고르시오.

( )

① 자유롭다고 느꼈다.
② 고향 땅이 그리웠다.
③ 세상이 아름답다고 느꼈다.
④ 비행기가 뚝 떨어질까 봐 무서웠다.
⑤ 산과 들과 강물이 춤을 추어 어지러웠다.

32 ㉠과 바꾸어 쓸 수 있는 말로 가장 알맞은 것은 무엇입니까? ( )

① 쉽게 해결될 때까지 기다려라.
② 주변 사람들의 도움을 받아라.
③ 이룰 수 없는 목표를 정하지 마라.
④ 어려움이 있더라도 꿈을 포기하지 마라.
⑤ 자신이 할 수 있는 일과 할 수 없는 일을 구별하라.

> '나'가 꿈을 이루기 위해 어떻게 했는지 생각해 봐요.

중요

33 친구의 꿈에 공감하며 대화를 나누기 위해 한 일로 알맞은 것에 ○표 하시오.

(1) 비행기의 역사에 대해 찾아보고 설명했다. ( )
(2) 친구의 꿈을 경청하고 공감하며 응원했다. ( )
(3) 친구가 꿈을 이루기 위해 어떤 일을 해야 할지 생각하여 조언했다. ( )

> 공감하는 대화를 하는 방법에는 경청하기, 처지를 바꾸어 생각하기, 공감하며 말하기가 있어요.

서술형

34 내가 이루고 싶은 꿈은 무엇인지, 그 꿈을 이루기 위해 어떤 노력을 하고 있는지 생각하여 쓰시오.

(1) 이루고 싶은 꿈: _____

(2) 하고 있는 노력: _____

01~04 다음 글을 읽고, 물음에 답하시오.

> 명준　지난번 질서 지키기 그림 대회에서 내가 그린 그림이 뽑히지 않아서 무척 서운했어.
>
> 지윤　(시큰둥하게) ㉠그게 그렇게 중요한 일이니?

01 지윤이와 대화를 하는 명준이의 기분은 어떠하겠습니까? (　　　)

① 신난다.　　② 미안하다.　　③ 뿌듯하다.
④ 화가 난다.　　⑤ 걱정스럽다.

중요

02 이 대화에서 지윤이가 잘못한 점은 무엇입니까?
(　　　)

① 상대의 말을 듣지 않았다.
② 말의 속도가 알맞지 않았다.
③ 상대의 기분을 생각하지 않았다.
④ 알맞은 목소리로 말하지 않았다.
⑤ 상대를 지나치게 배려하여 말했다.

서술형

03 명준이의 마음을 생각하여 ㉠을 알맞은 말로 바꾸어 쓰시오.

＿＿＿＿＿＿＿＿＿＿＿＿＿＿＿＿＿＿＿＿＿

04 다음 중 친구들이 공감하며 대화하는 상황을 찾아 ○표 하시오.

(1)　　　　　　　　　(2)

(　　　)　　　　　　(　　　)

05~06 다음 글을 읽고, 물음에 답하시오.

> "현욱아, 혹시 프라이팬도 닦았니?"
> "예. 제가 철 수세미로 문질러 깨끗이 닦았어요."
> "뭐라고? 철 수세미로 문질렀다는 말이니?"
> "예. 수세미로는 잘 닦이지 않아서 철 수세미를 썼어요." / ㉠엄마는 한숨을 한 번 쉬시고는 다시 웃음을 띠고 말씀하셨다.
> "우리 아들이 집안일을 도와주려는 마음으로 설거지를 열심히 했구나. 그렇지만 금속으로 프라이팬 바닥을 긁으면 바닥이 벗겨져서 못 쓰게 된단다."
> 엄마의 말씀을 듣고 나니 부모님의 일을 도와드렸다는 생각에 뿌듯했던 나는 금세 부끄러워졌다.
> "죄송해요, 엄마. 집안일을 도와드리려다가 오히려 프라이팬만 망가뜨렸어요."
> 엄마는 웃으며 나를 꼭 안아 주셨다.
> "미안해하지 않아도 돼. 집안일을 도와주려고 한 현욱이 마음이 엄마는 정말 고마워."
> 엄마의 말씀을 듣고 내 마음은 한순간에 봄눈 녹듯 풀렸다.

05 엄마가 ㉠과 같이 행동하신 까닭은 무엇입니까?
(　　　)

① 현욱이를 혼내 주려고
② 프라이팬을 중요하게 생각하지 않아서
③ 현욱이가 프라이팬을 새것으로 만들어서
④ 현욱이가 앞으로 집안일을 하지 않을까 봐
⑤ 엄마를 도와주려는 현욱이 마음이 고마워서

06 현욱이와 엄마의 대화를 바르게 이해한 친구는 누구입니까? (　　　)

① 현지: 상대의 말을 듣지 않고 있어.
② 우진: 서로의 마음을 이해하고 있어.
③ 연우: 자신의 입장만 생각하고 있어.
④ 상욱: 모르는 것을 묻고 대답하고 있어.
⑤ 민영: 어려운 문제를 함께 해결하고 있어.

07~09 다음 그림을 보고, 물음에 답하시오.

07 그림 **가**와 **나**에서 남자아이는 여자아이에게 어떤 마음이 들었겠습니까? (　　　)

① 서운함　　② 미안함　　③ 고마움
④ 부끄러움　　⑤ 원망스러움

중요
08 그림 **가**와 **나**에 해당하는 대화 방법으로 알맞은 것은 무엇입니까? (　　　)

	가	나
①	공감하며 말하기	공감하기
②	경청하기	공감하며 말하기
③	공감하며 말하기	경청하기
④	경청하기	처지 바꾸어 생각하기
⑤	처지 바꾸어 생각하기	경청하기

서술형
09 그림 **나**와 같이 대화할 때 좋은 점을 한 가지 쓰시오.

_____

10~11 다음 그림을 보고, 물음에 답하시오.

10 주아가 친구에게 전하고 싶은 마음은 무엇인지 빈칸에 들어갈 알맞은 말을 쓰시오.

> 주아는 친구에게 직접 말할 기회가 없어서 전하지 못한 (　　　　　　)은/는 문자 메시지로 전했다.

11 이 그림과 같은 누리 소통망 대화의 특징으로 알맞지 <u>않은</u> 것은 무엇입니까? (　　　)

① 예절을 지키지 않아도 된다.
② 얼굴을 보고 대화하지 않는다.
③ 컴퓨터나 스마트폰이 있어야 한다.
④ 멀리 떨어져 있어도 대화할 수 있다.
⑤ 직접 말하기 어려운 마음과 생각을 전할 수 있다.

서술형
12 누리 소통망 대화를 할 때 지켜야 할 예절을 한 가지 쓰시오.

_____

_____

13~16 다음 글을 읽고, 물음에 답하시오.

> **가** 당계요 장군은 많이 놀랐지.
> "여자가 어떻게 여기 왔나?"
> "세상을 돌고 돌아 왔어요."
> "여자가 왜 여기 왔나?"
> "하늘을 날고 싶어서요."
> "여자가 왜 비행사가 되려 하나?"
> "내 나라를 빼앗아 간 일본과 싸우려고요!"
> "…… 좋다!"
> 당 장군은 비행 학교에다 편지를 썼어. 여자가 자기 나라를 되찾으려고 왔으니 꼭 들여보내라고 썼어.
> 드디어 비행 학교 학생이 되었어. 남학생들과 똑같이 훈련했지. 빙글빙글 어지러움을 견디는 훈련, 비행기를 조종하고 고치는 기술까지 배웠어. 너무 힘들고 위험했어야. 학생들이 많이 떠났지만 나는 하루하루가 행복했어. 내 꿈을 따라서 산다는 게 꿈만 같았거든.
>
> **나** 처음으로 비행기를 타는 날. 비행기에 올라타서 배운 대로 움직였지. 훌쩍! 날아올라, 깜짝! 너무 놀라 비행기가 부릉부릉, 눈앞이 기우뚱기우뚱. 잘 날다가 뚝 떨어지기도 해. 펑 터지기도 해. 조종간을 꽉, 이를 악물었지.
> '진짜로 날고 있나?'
> 얼른 아래를 내려다봤더니…….
> 아름다워!
> 끝없는 산과 들과 강물이, 두 발목을 딱 붙들던 온 세상이 눈앞에서 너울너울 춤을 추네.
> "이 세상아! 내 날개를 봐. 정말 자유로워. 구름을 뚫고 온몸이 날아올라."
> 내 이름은 권기옥. 사람들이 그러지, 처음으로 하늘을 난 우리나라 여자라고.

13 '내'가 이루고 싶은 꿈은 무엇인지 쓰시오.

(   )

14 비행 학교에서 어려운 훈련을 견디며 '나'는 어떤 마음이 들었습니까? (   )

① 행복했다.
② 외로웠다.
③ 괴로웠다.
④ 후회가 되었다.
⑤ 포기하고 싶었다.

15 '나'에 대한 설명으로 알맞은 것을 두 가지 고르시오. (   )

① 춤을 추는 것을 좋아했다.
② 비행기 타는 것을 싫어했다.
③ 꿈을 위해 열심히 노력했다.
④ 비행기 조종을 배운 적이 없다.
⑤ 우리나라 최초의 여성 비행사이다.

중요
16 '나'의 입장이 되어 친구들에게 하고 싶은 말을 가장 바르게 짐작한 것은 무엇입니까? (   )

① 책을 많이 읽어라.
② 거짓말을 하지 말아라.
③ 부모님 말씀을 잘 들어라.
④ 친구들과 사이좋게 지내라.
⑤ 꿈을 이루기 위해 열심히 노력해라.

서술형
17 서로의 꿈에 공감하며 대화하는 상황에서 빈칸에 들어갈 알맞은 말을 한 문장으로 쓰시오.

> 내 꿈은 우주 비행사가 되는 거야.

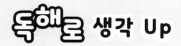

18~20 다음 글을 읽고, 물음에 답하시오.

[6-1] 9단원 311쪽

지효에게

지효야, 안녕? 나 신우야.

지효야, 아까 내가 네 책상 옆에서 미역국을 엎질렀지? 너는 네 가방이 더러워져서 많이 속상했을 텐데 나에게 ㉠"괜찮아?" 하면서 걱정을 해 주었어. 그리고 미역국 치우는 것을 도와주었어.

나는 미역국을 엎지르고 너에게 미안하다는 말도 못 하고 멍하니 서 있었어. 너무 당황스러워서 어떻게 해야 할지 생각이 나지 않았어. 그런데 네가 오히려 나를 걱정해 주고 같이 치워 주어서 감동했단다.
물건을 다른 데로 옮기는
정신이 나간 것처럼 자극에 대한 반응이 없이

지효야, 아까는 당황스러워서 너에게 고맙다는 말을 제대로 못 했어. 정말 고마워! 네 따뜻한 마음을 잊지 않을게.

앞으로 내가 도와줄 일이 있으면 꼭 도와줄게. 그리고 우리 앞으로도 친하게 지내자.

안녕.

친구 신우가

어떻게 읽을까?

1. 인물에게 일어난 일이 무엇인지 찾아보세요.
2. 인물의 마음이 드러나는 부분에 밑줄을 그어 보세요.

● 신우에게 일어난 일

신우가 ① ☐☐☐ 을/를 엎질렀는데, 지효가 치우는 것을 도와주었다.

● 신우의 마음

미역국을 엎질러서 ② ☐☐ ☐☐☐.

↓

지효가 같이 치워 주어서 감동했고, 지효에게 ③ ☐☐☐.

답 ① 미역국 ② 당황스럽다 ③ 고맙다

---

18 신우가 지효에게 편지를 쓴 까닭으로 알맞은 것에 ○표 하시오.

(1) 안부를 물으려고 ( )
(2) 집에 초대하려고 ( )
(3) 고마운 마음을 전하려고 ( )

단원 개념

19 ㉠과 같이 말한 지효의 마음을 바르게 설명한 것을 두 가지 고르시오. ( )

① 미역국을 엎지른 신우가 미웠다.
② 당황스러운 신우의 마음에 공감했다.
③ 제대로 사과하지 않는 신우에게 화가 났다.
④ 곤란한 상황에 처한 신우의 처지를 이해했다.
⑤ 신우에게 벌어진 일을 모른 척하려고 했다.

20 신우는 지효에게 편지를 보내는 대신 다음과 같이 누리 소통망으로 대화했습니다. 다음 대화에서 알 수 있는 누리 소통망의 좋은 점은 무엇입니까? ( )

지효야, 안녕? 내가 아까 미역국을 엎질렀을 때 괜찮냐고 물어봐 주고 치우는 걸 도와 줘서 정말 고마워. 앞으로도 친하게 지내자.

↑

① 만나지 않고도 대화할 수 있다.
② 자기가 하고 싶은 말만 할 수 있다.
③ 많은 사람에게 소식을 전할 수 있다.
④ 예절을 지키지 않고도 대화할 수 있다.
⑤ 그림말로 자신의 마음을 표현할 수 있다.

어휘 확인

1 다음 빈칸에 들어갈 알맞은 낱말을 보기에서 찾아 쓰시오.

> 보기
>
> 시큰둥한   흐뭇한   분한

(1) 엄마가 나를 보며 [   ] 웃음을 지으셨어요.

(2) 내가 애타게 불러도 [   ] 말투로 대답하는 친구 때문에 속상해요.

(3) 동생이 먼저 나를 약 올려 다투었는데, 나만 부모님께 혼나니 [   ] 마음이 들었어요.

어휘 적용

2 다음 문장에서 밑줄 그은 낱말과 뜻이 비슷한 낱말을 찾아 선으로 이으시오.

(1) 장난감 로봇은 결국 망가지고 말았다. •   • ㉮ 짓다

(2) 내 마음을 알아주는 사람은 민희뿐이다. •   • ㉯ 고장나다

(3) 할머니는 얼굴에 웃음을 띠고 나를 바라보셨다. •   • ㉰ 이해하다

어법

3 다음 낱말의 뜻을 보고, 제시된 문장에 들어갈 알맞은 말을 골라 ○표 하시오.

> 좇다: 목표, 이상, 행복 따위를 추구하다.
> 쫓다: 어떤 대상을 잡거나 만나기 위하여 뒤를 급히 따르다.

(1) 경찰은 가방을 낚아챈 도둑을 빠르게 [좇았다. / 쫓았다.]

(2) 이 책은 평생 자유로움을 [좇아 / 쫓아] 여행을 한 여행가의 이야기이다.

학습 확인

속담

4 다음 글과 그림을 보고, | **같은 값이면 다홍치마** | 를 사용하기에 알맞은 상황에 ○표 하시오.

공부한 날

월

일

같은 값이면 다홍치마

값이 같거나 같은 노력을 한다면 품질이 좋은 것을 택한다는 말.

비슷한 가격의 물건들이 나란히 있을 때 여러분은 어떤 것을 선택하나요? 같은 조건이라면 좋은 것을 선택하겠죠. 이때 쓰이는 속담이 '같은 값이면 다홍치마'입니다.

(1)
같은 값이면 다홍치마라고, 방학 숙제를 지금부터 미리미리 해 두려고요.

( )

(2)
같은 값이면 다홍치마라고, 가격이 같으면 기능이 더 많은 이 자전거로 살래요.

( )

(3)
같은 값이면 다홍치마라고, 제가 먼저 반 친구들에게 친절하게 말해 보려고요.

( )

2

지식이나 경험을
활용해요

무엇을 배울까요?

지식이나 경험을 활용해 글을 읽으면 좋은 점 알기	지식이나 경험을 활용해 글 읽기	체험한 일을 떠올리며 감상이 드러나는 글 쓰기	지식이나 경험을 활용해 함께 글 고치기

단원에 대한 공부 계획을 세우고, 공부한 내용을
얼마나 이해했는지 스스로 평가해 보세요.

★★★ 잘함.　★★ 보통임.　★ 아쉬움.

그림으로 개념 탄탄

Q 지식이나 경험을 활용해 글을 읽으면 무엇이 좋을까요?

A
❊ 글 내용을 더 쉽고 깊이 있게 이해할 수 있어요.

❊ 글 내용에 흥미를 느끼고 더 집중해서 읽을 수 있어요.

❊ 이미 아는 내용과 비교하며 글을 읽을 수 있어요.

❊ 이미 아는 내용에 새롭게 안 내용을 더해 글 내용을 더 오래 기억할 수 있어요.

Q 지식이나 경험을 활용해 글을 읽는 방법은 무엇일까요?

A
❊ 책을 읽을 때 궁금한 점은 다른 책이나 자료를 찾아 가며 읽어요.

❊ 자신이 아는 내용과 책 내용을 비교하며 읽어요.

❊ 글을 읽기 전에 여러 가지 질문을 떠올려 본 뒤 떠올렸던 질문을 생각하며 글을 읽어요.

Q 체험과 감상이 드러나게 글을 어떻게 쓸까요?

국립한글박물관에 다녀온 체험이 잘 나타나 있어.

체험한 일

'특별 전시실'에서는 국립한글박물관 개관 기념 특별전을 진행했는데, '세종 대왕, 한글문화 시대를 열다'라는 기획 아래 세종 대왕의 업적과 일대기, 세종 시대의 한글문화, 세종 정신 따위를 주제로 한 전통적인 유물과 이를 현대적으로 해석한 현대 작가의 작품을 만날 수 있었다.

박물관을 관람하면서 책과 화면으로만 봤던 한글 유물 글쓴이의 감상
을 직접 볼 수 있어서 신기하고 즐거웠다. 그뿐만 아니라 날마다 세 번씩 운영하는 해설이 있는 관람 프로그램을 활용하면 더 많은 지식을 쌓으며 관람할 수 있겠다는 생각이 들었다.

박물관을 관람하면서 느낀 점도 잘 드러나.

A

✿ 인상 깊은 체험을 중심으로 쓰되, 내용이 잘 드러나게 자세히 풀어 써요.

✿ 체험한 일에 대한 생각이나 느낌이 생생하게 전달되도록 써요.

✿ 체험할 때 느낀 감동을 과장하지 말고 느낀 만큼 솔직하게 써요.

 확인 문제

? 다음 중 지식이나 경험을 활용해 글을 읽는 방법으로 알맞지 <u>않은</u> 것에 ×표 하시오.

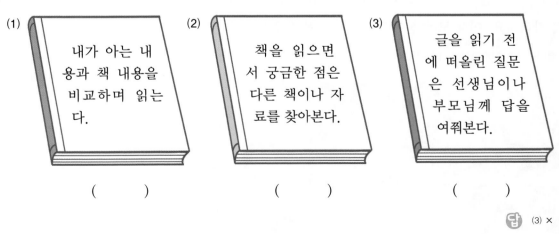

(1) 내가 아는 내용과 책 내용을 비교하며 읽는다.

( )

(2) 책을 읽으면서 궁금한 점은 다른 책이나 자료를 찾아본다.

( )

(3) 글을 읽기 전에 떠올린 질문은 선생님이나 부모님께 답을 여쭤본다.

( )

답 (3) ×

줄다리기, 모두 하나 되는 대동 놀이

1 준비하는 과정이 더 즐거운 영산 줄다리기

줄다리기는 줄을 당길 때보다 줄다리기를 준비하는 과정에 더 많은 뜻이 있습니다. 영산 줄다리기는 어른들보다 아이들이 먼저 겨룹니다. 작은 줄을 만들어 어른들이 하는 것처럼 아이들이 경기를 벌이지요. 아이들 줄다리기가 끝나고 어느 편이 이겼다는 소리가 돌면 그제야 **장정**들이 나섭니다. 장정들은 집집을 돌면서 짚을 모아 마을 사람들과 함께 줄을 만들지요. 음력 **정월**은 **농한기**라서 마을 사람이 모두 모여 줄을 만드는 일에만 매달릴 수 있어요.

줄다리기하는 모습을 실제로 본 적 있나요? 줄다리기에 쓰이는 줄은 엄청나게 굵답니다. 옛날에는 어른이 줄 위에 걸터앉으면 발이 땅에 닿지 않을 정도였다고 해요. 요즈음 영산 줄다리기에 쓰는 줄은 예전에 비하여 훨씬 가늘고 짧아졌는데도 굵기가 1.5미터, 길이가 40미터가 넘습니다. 또 암줄, 수줄로 나누어져 있지요.

줄을 다 만들면 여러 마을에서 모인 **농악대**가 앞장을 서고, 그 뒤로 수백 명의 장정이 줄을 어깨에 메고서 줄다리기할 곳으로 줄을 옮깁니다. 그리고 노인들과 아이들, 여자들이 **행렬** 끝에 서서 쫓아갑니다. 이렇게 줄을 메고 가는 모습을 멀리서 보면, 마치 용이 꿈틀거리는 것 같답니다.
줄을 메고 가는 모습

드디어 줄을 당길 장소에 다다르면 양편에서는 상대의 기를 누르려고 있는 힘을 다하여 함성을 질러요. 이 소리에 영산 지방 전체가 쩌렁쩌렁 울릴 정도이지요.
상대의 기를 누르려는 함성 소리

그렇지만 장소에 도착하자마자 줄을 당기는 것은 아닙니다. 한동안 암줄과 수줄을 합하지 않고 **어르기만** 하다가 어느 정도 시간이 지난 뒤에야 암줄에 수줄을 끼우고 **비녀목**을 **지릅니다**. 그리고 나서 양편에서 서로 힘차게 줄을 당겨서 승부를 가리지요. 이때 모두 신이 나서 자기편을 응원합니다.
힘차게 줄을 당길 때

중심 내용 줄다리기는 준비 과정에 더 많은 뜻이 담겨 있어.

읽기 🔑

줄다리기를 하거나 본 경험 또는 줄다리기와 관련한 지식을 떠올리며 글을 읽어 보세요.

독해로 이해 콕

1 줄다리기는 준비하는 (　　　　)에 더 많은 뜻이 있다.

2 영산 줄다리기는 아이들이 먼저 겨룬다.
(○ , ✕)

3 줄다리기에 쓰는 줄은 (가늘다 , 굵다).

4 줄을 메고 가는 모습을 멀리서 보면 마치 (　　　　)이/가 꿈틀거리는 것 같다.

낱말풀이

장정 나이가 젊고 기운이 좋은 남자. 예 장정 여럿이 모여도 옮길 수 없을 정도로 무거운 짐이었다.

정월 음력으로 한 해의 첫째 달.

농한기 농사일이 바쁘지 아니한 때. 예 할아버지는 늘 바쁘셔서 농한기에나 우리 집에 오실 수 있었다.

농악대 풍물놀이를 하는 사람들의 조직적인 무리. 예 농악대의 연주 소리가 마을 어귀에 울려 퍼졌다.

행렬 여럿이 줄지어 감. 또는 그런 줄.

어르기만 사람이나 짐승을 놀리며 장난하기만. 예 고양이가 쥐 한 마리를 어르기만 한다.

비녀목 줄다리기에서, 암줄에 수줄을 끼울 때 벗겨지지 않게 하기 위해 수줄 가닥 사이에 끼우는 나무.

지릅니다 양쪽 사이를 막대기나 줄 따위로 가로 건너막거나 내리꽂습니다.

01 이 글은 무엇에 대해 설명하는 글입니까? ( )

① 각 지역의 특산물
② 여러 가지 민속놀이
③ 농사를 지을 때 하는 일
④ 줄을 길게 만드는 방법
⑤ 영산 줄다리기를 하는 과정

교과서 문제

02 음력 정월에 마을 사람들이 모두 모여 줄을 만들 수 있었던 까닭은 무엇입니까?

( )

① 농사일이 바빠서
② 줄이 크고 길어서
③ 짚을 구하기 어려워서
④ 아이들이 경기를 하지 않아서
⑤ 농사일을 잠시 쉬는 기간이어서

03 이 글을 읽으며 떠올린 생각을 알맞게 말한 친구의 이름을 쓰시오.

줄다리기하는 줄의 굵기가 15센티미터 정도일 것이라고 생각했는데 그것보다 열 배나 더 굵다니 놀라워.

인혜

내년에는 운동도 열심히 하고 밥도 많이 먹어서 키가 1.6미터보다 컸으면 좋겠어.

민호

줄다리기와 관련된 생각을 말한 친구를 찾아봐요.

( )

서술형

04 이 글을 읽고 새롭게 알게 된 사실을 한 가지 쓰시오.

_____

중요

05 지식이나 경험을 떠올리며 글을 읽으면 좋은 점으로 알맞지 <u>않은</u> 것은 무엇입니까? ( )

① 글의 내용을 깊이 이해할 수 있다.
② 글의 내용을 쉽게 이해할 수 있다.
③ 글의 내용에 더 흥미를 느낄 수 있다.
④ 이미 아는 내용과 비교하며 읽을 수 있다.
⑤ 글을 다 읽지 않아도 내용을 모두 알 수 있다.

글을 읽으며 지식이나 경험이 전혀 떠오르지 않았던 때를 생각해 봐요.

2 풍년을 기원하는 줄다리기

우리 조상들은 왜 줄을 만들어 서로 당기는 놀이를 했을까요? 그것은 농사와 관련이 깊어요. 오랜 세월 동안 농사를 지어 온 우리 조상들의 가장 큰 소망은 풍년이었어요. 농사가 잘되려면 물이 가장 중요하고요. 그런데 우리 조
조상들의 가장 큰 소망
상들은 용이 물을 다스리는 신이라고 생각했답니다. 그래서 용을 닮은 줄을 만들고 흥겹게 줄다리기를 해서 용을 기쁘게 하려고 했어요. 물의 신인 용을 즐겁고 기쁘게 해야 풍년이 들 테니까요.

또 조상들은 계절이 바뀌는 이유가 신들끼리 힘겨루기를 하기 때문이라고 생각했답니다. 봄부터 가을까지는 착한 신들의 힘이 세지만 추운 겨울에는 악한 신들의 힘이 더 세진다고 여겼어요. 그래서 새해의 첫 달인 정월에 힘이 약해진 착한 신들을 도울 수 있는 놀이를 했답니다. <u>그것이</u> 바로 여럿이 힘을 모
착한 신들을 도울 수 있는 놀이
아 겨루는 윷놀이나 줄다리기였던 거예요.

(중심 내용) 우리 조상들이 줄다리기를 한 까닭은 풍년을 바라서야.

3 마음을 한데 모으는 놀이

조상들은 대보름이면 모든 일을 제쳐 두고 줄다리기 준비에 정성을 쏟았어
음력 1월 15일
요. 그리고 마을 사람이 모두 함께 줄다리기를 했지요. 온 마을이 참여해서 집집마다 짚을 거두고 놀이에 필요한 돈과 **일손**을 내어 줄을 만들어 놀이를 한다는 게 생각처럼 쉬운 일은 아니랍니다. 그런데도 해마다 줄다리기를 **거르는** 법이 없었어요. 여기에는 봄기운이 시작되는 정월에 풍년을 기원하고, 줄다리기
온 마을이 참여하여 줄다리기를 하는 데는
라는 큰 행사를 치르면서 마을 사람들이 마음을 한데 모아 무사히 한 해 농사를 지으려는 지혜가 담겨 있어요. 영산 줄다리기는 1969년에 국가 **무형 문화재**로 **지정**되었답니다.

(중심 내용) 조상들은 줄다리기를 통해 풍년을 기원하고 마음을 한데 모아 무사히 한 해 농사를 짓고자 했어.

▲ 영산 줄다리기(출처: 국립무형유산원)

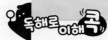
독해로
이해 쏙

5 조상들이 줄을 만들어 서로 당기는 놀이를 한 것은 (　　　　)와/과 관련이 깊다.

6 우리 조상들의 가장 큰 소망은 풍년이었다. (○ , ✕)

7 조상들은 (　　　　)이/가 바뀌는 까닭이 신들끼리 힘겨루기를 하기 때문이라고 생각했다.

8 조상들은 대보름이 되면 (농사, 줄다리기 준비)에 정성을 쏟았다.

낱말풀이

풍년 곡식이 잘 자라고 잘 여물어 평년보다 수확이 많은 해. 예 이 그림에는 **풍년**을 기원하는 농부의 마음이 담겨 있다.

기원 바라는 일이 이루어지기를 빎.

일손 일을 하는 사람. 예 엄마께서 나에게 **일손**이 부족하면 도우라고 말씀하셨다.

거르는 차례대로 나아가다 중간에 어느 순서나 날짜를 건너뛰는.

무형 문화재 연극·무용·음악 등 형태가 없는 문화적인 결과물로, 역사적이나 예술적으로 가치가 큰 것.

지정 관공서, 학교, 회사, 개인 등이 어떤 것에 특정한 자격을 줌. 예 우리 동네가 골목이 아름다운 마을로 <u>지정</u>되었다.

교과서 문제

06 조상들이 용을 닮은 줄을 만들어 줄다리기를 한 까닭을 찾아 빈칸에 들어갈 알맞은 말을 쓰시오.

> 용을 기쁘게 하면 (   )이/가 들 것이라고 믿어서

07 줄다리기에 담긴 조상들의 지혜로 가장 알맞은 것은 무엇입니까? (   )

① 서로 힘을 겨루려는 의미
② 마을을 아름답게 가꾸려는 의미
③ 다른 마을 사람들과 정을 나누는 의미
④ 농사일로 쌓인 스트레스를 풀려는 의미
⑤ 마을 사람들의 마음을 한데 모아 무사히 농사를 지으려는 의미

조상들이 줄다리기를 한 까닭과 줄다리기에 담긴 의미를 통해 조상들의 지혜를 알 수 있어요.

08 이 글의 내용을 바르게 이해한 친구의 이름을 쓰시오.

> 선유: 줄다리기는 조상들이 즐길 수 있는 유일한 놀이였어.
> 우진: 줄다리기에는 풍년을 기원하는 조상들의 마음이 담겨 있어.
> 수현: 우리 조상들은 농사를 잘 짓기 위해 줄다리기를 하면서 힘을 키웠어.

(   )

서술형

09 줄다리기와 관련된 나의 지식이나 경험을 떠올려 한 문장으로 쓰시오.

_____

중요

10 지식이나 경험을 활용해 글을 읽는 방법으로 알맞지 <u>않은</u> 것은 무엇입니까?

(   )

글을 읽다가 잘 모르는 내용이 나오면 먼저 관련 있는 지식을 공부해요.

① 글을 소리 내어 빨리 읽는다.
② 글과 관련 있는 내용을 조사한다.
③ 책을 읽으며 내가 알고 있는 지식을 떠올린다.
④ 글을 읽다가 잘 모르는 내용이 나오면 관련 지식을 찾아본다.
⑤ 책을 고를 때 자신의 지식이나 경험과 관련 있는 내용을 고른다.

조선의 냉장고 '석빙고'의 과학 윤용현

읽기 📖

과학 시간에 배운 '열의 이동'에 대한 지식과 냉장고를 관련지어 생각해 보면서 글을 읽어 보세요.

1 여름철 무더위가 시작되면 누구나 냉장고 속의 시원한 얼음과 아이스크림, 그리고 선풍기와 에어컨 등을 떠올릴 것이다. 이것은 더위를 이기려는 한 방법이다. 그렇다면 우리 조상들은 무더위를 이기려고 어떻게 노력했을까? 우리 조상들이 살던 시대에도 냉장고가 있었을까? 결론적으로 말하자면 냉장고는 아니지만 냉장고 역할을 하는 석빙고가 있었다.

(얼음과 아이스크림, 선풍기와 에어컨)

중심 내용 우리 조상들은 냉장고 역할을 하는 석빙고를 사용했다.

2 현대인의 생활필수품인 냉장고는 냉기나 얼음을 인공적으로 만드는 기계 장치이지만, 빙고는 겨울에 보관해 두었던 얼음을 봄·여름·가을까지 녹지 않게 효과적으로 보관하는 냉동 창고이다. 우리나라에서 얼음을 보관하기 시작했다는 기록은 『삼국사기』에 나타난다. 또한 신라 시대 때에는 얼음 창고에 관한 일을 맡아보던 '빙고전'이라는 기관이 있었다고 한다. 고려 시대에 얼음을 보관하여 사용한 기록은 『고려사』에 나타나는데, 음력 4월에 임금에게 얼음을 진상한 기록이 있고 또 법으로 해마다 6월부터 입추까지 신하들에게 얼음을 나누어 준 기록이 있다.

조선 시대에는 서울 한강가에 얼음 창고를 만들었는데, 동빙고와 서빙고를 두었다. 동빙고는 왕실의 제사에 쓰일 얼음을 보관했고, 서빙고는 음식 저장용, 식용, 또는 의료용으로 쓸 얼음을 왕실과 고급 관리들에게 공급했다. 조선 (동빙고와 서빙고의 차이점) 시대의 빙고는 정식 관청이었으며, 얼음의 공급 규정을 법으로 엄격히 규정할 만큼 얼음의 공급을 중요하게 여겼다.

한겨울의 얼음을 보관했다가 쓰는 기술을 장빙이라고 했다. 우리나라는 여름과 겨울의 기온 차가 커서 옛날부터 장빙 기술이 크게 발달했다. 장빙 기술을 활용한 석빙고는 현재 일곱 개가 남아 있는데, 남한에는 경주, 안동, 영산, 창녕, 청도, 현풍에 각각 한 개가, 북한 해주에 한 개가 남아 있다. 그중 가장 완벽한 것이 바로 경주의 석빙고이다.

(가장 완벽한 형태의 석빙고)

중심 내용 우리나라는 장빙 기술이 크게 발달했는데, 장빙 기술을 활용한 석빙고 중 가장 완벽한 것이 경주의 석빙고이다.

독해로 이해 콕

9 조선 시대에는 무더위를 이기기 위한 방법이 없었다. (○ , ×)

10 빙고는 (　　　　)을/를 효과적으로 보관하는 냉동 창고이다.

11 신라 시대 때는 얼음 창고와 관련된 기록이 없다. (○ , ×)

12 조선 시대에 서울에 만든 빙고 중 왕실의 제사에 쓰일 얼음을 보관한 빙고는 (　　　　)이다.

13 장빙 기술을 활용한 석빙고 중 가장 완벽한 것은 (경주 , 서울)의 석빙고이다.

낱말풀이

인공적 사람의 힘으로 만든. 예 이 연못은 인공적으로 만들어졌다는 사실이 믿어지지 않을 만큼 자연스럽다.

진상한 보배롭고 보기 드물게 귀한 물품이나 지방에서 특유하게 나는 물건 따위를 임금이나 지위가 높은 관리 따위에게 바치는. 예 과연 임금님께 진상한 쌀이라는 설명처럼 밥맛이 훌륭했다.

규정할 규칙으로 정할. 예 어린이 보호구역의 자동차 속도는 법으로 규정할 만한 것이다.

장빙 얼음을 떠서 곳간에 저장함. 또는 그 얼음. 예 우리나라의 장빙 기술을 통해 조상들의 지혜를 엿볼 수 있다.

▲ 경주 석빙고

▲ 경주 석빙고 환기구

▲ 경주 석빙고 내부 모습

• 출처: 경주시청(https://www.gyeongju.go.kr)

교과서 문제

11 냉장고와 빙고의 차이점을 찾아 빈칸에 들어갈 알맞은 말을 쓰시오.

> 냉장고는 얼음을 (1) (　　　　　　　) 장치이고, 빙고는 얼음을 녹지 않게 (2) (　　　　　　　) 창고이다.

12 동빙고와 서빙고의 쓰임에 알맞게 선으로 이으시오.

(1) | 동빙고 | • 　　 • ㉮ 왕실의 제사에 쓰일 얼음 보관

(2) | 서빙고 | • 　　 • ㉯ 왕실과 고급 관리에게 공급할 음식 저장용, 식용, 의료용 얼음 보관

동빙고와 서빙고는 어디에 쓰일 얼음을 보관하고 공급했는지 구분해서 정리해 보세요.

13 우리나라에서 장빙 기술이 발달한 까닭은 무엇입니까? (　　　　)

① 강이 많아서
② 얼음이 어는 계절이 없어서
③ 왕실에서 얼음을 많이 사용해서
④ 여름과 겨울의 기온 차이가 커서
⑤ 한강 주변에 사람들이 많이 모여 살아서

한겨울의 얼음을 보관했다가 쓰는 기술을 장빙 기술이라고 해요.

중요

14 이 글을 읽으며 떠올린 생각이나 질문을 (1)~(3)의 항목에 따라 분류하여 기호를 쓰시오.

> ㉠ 얼음을 나누어 주는 법이 있었다니 신기해.
> ㉡ 빙고는 얼음을 보관하는 창고라는 뜻인 것 같아.
> ㉢ 조선 시대에는 음식이 상하지 않도록 어떻게 보관했을까?

(1) 짐작한 것　　　　　(　　　　)
(2) 새롭게 안 것　　　　(　　　　)
(3) 알고 싶은 것　　　　(　　　　)

서술형

15 이 글을 읽고 더 알고 싶은 내용을 한 가지 떠올려 쓰시오.

_____

3 ⑴보물인 경주 석빙고는 1738년에 만들었으며, 입구에서부터 점점 깊어져 창고 안은 길이 14미터, 너비 6미터, 높이 5.4미터이다. 석빙고는 온도 변화가 적은 반지하 구조로 한쪽이 긴 흙무덤 모양이며, ⑴바깥 공기가 들어오지 않도록 출입구의 동쪽은 담으로 막고 지붕에는 구멍을 뚫었다.

지붕은 이중 구조인데 바깥쪽은 열을 효과적으로 막아 주는 진흙으로, 안쪽은 열전달이 잘되는 화강암으로 만들었다. 천장은 반원형으로 기둥 다섯 개에 **장대석**이 걸쳐 있고, 장대석을 걸친 곳에는 밖으로 통하는 공기구멍이 세 개가 나 있다. 이 구멍은 아래쪽이 넓고 위쪽은 좁은 직사각형 기둥 모양인데, 이렇게 함으로써 바깥에서 바람이 불 때 <u>빙실</u> 안의 공기가 잘 빠져나온다. 즉, 열로 데워진 공기와 출입구에서 들어오는 바깥의 더운 공기가 지붕의 구멍으로 빠져나가기 때문에 빙실 아래의 찬 공기가 오랫동안 머물 수 있어 얼음이 적게 녹는 것이다. 또한 ⑴지붕에는 잔디를 심어 태양열을 **차단**했고, ⑴내부 바닥 한가운데에 **배수로**를 5도 경사지게 파서 얼음에서 녹은 물이 밖으로 흘러 나갈 수 있는 구조를 갖추어 과학적이다.
<small>공기구멍</small>

여기에다가 석빙고의 얼음을 **왕겨**나 짚으로 싸 보관했다. 왕겨나 짚은 **단열 효과**를 높이기도 하지만, 얼음이 약간 녹을 때 주변 열도 흡수하므로 왕겨나 짚의 안쪽 온도가 낮아져 얼음을 오랫동안 보관할 수 있다.

중심 내용 경주 석빙고는 여러 가지 기술을 활용하여 얼음을 오랫동안 보관할 수 있다.

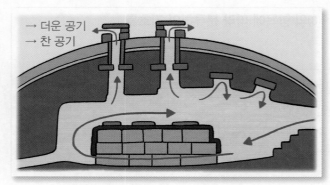

→ 더운 공기
→ 찬 공기

▲ 석빙고의 지붕 단면도

4 석빙고는 자연 그대로의 **순환** 원리에 맞춰 계절의 변화와 돌, 흙, 바람, 지형 등을 활용해 자연 상태에서 가장 효과적으로 얼음을 오랫동안 저장할 수 있는 구조로 되어 있다. 이러한 시설은 세계적으로도 드문데 조상들의 과학적인 지혜를 한껏 엿볼 수 있다.
<small>과학적인 석빙고의 구조</small>

중심 내용 석빙고를 통해 조상들의 과학적인 지혜를 엿볼 수 있다.

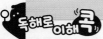

14 보물 제66호인 경주 석빙고는 1738년에 만들어졌다. (○, ×)

15 석빙고의 지붕 바깥쪽은 (진흙, 화강암)으로, 안쪽은 (진흙, 화강암)으로 만들었다.

16 석빙고의 지붕에는 (   )을/를 심어 태양열을 차단했다.

17 석빙고는 자연 상태에서 가장 효과적으로 (   )을/를 오랫동안 저장할 수 있는 구조로 되어 있다.

낱말풀이

장대석 섬돌 층계나 축대를 쌓는 데 쓰는, 길게 다듬어 만든 돌. 예 건물의 장대석을 살펴보았다.

빙실 얼음을 저장하여 두는 곳. 예 빙실에 들어가 구조를 탐색했다.

차단 액체나 기체 따위의 흐름 또는 통로를 막거나 끊어서 통하지 못하게 함. 예 마스크를 쓰면 공기 중의 미세먼지를 차단할 수 있다.

배수로 물이 빠져나갈 수 있도록 만든 길. 예 장마가 시작되기 전에 배수로를 점검하였다.

왕겨 벼의 겉에서 가장 처음에 벗긴 껍질.

단열 효과 물체와 물체 사이에 열이 서로 통하지 않도록 막게 하는 일. 예 스티로폼이 단열 효과가 있다는 것을 배웠다.

순환 주기적으로 자꾸 되풀이하여 돎. 또는 그런 과정. 예 연기를 통해 공기의 순환 원리를 관찰한다.

16 ㉠~㉣ 중 경주 석빙고가 과학적이라고 말할 수 있는 까닭에 해당하지 <u>않는</u> 것을 찾아 기호를 쓰시오.

(   )

17 석빙고의 지붕을 이중 구조로 만든 까닭은 무엇입니까? (   )

① 얼음을 빨리 녹이려고
② 햇빛을 많이 흡수하려고
③ 얼음을 더 많이 얼리려고
④ 찬 공기를 오래 머물게 하려고
⑤ 석빙고의 겉모습을 화려하게 꾸미려고

교과서 문제
18 이 글을 읽고 새롭게 안 것을 이야기한 친구는 누구입니까? (   )

① 연수: 경주의 석빙고는 어떤 모습일까?
② 석진: 석빙고의 구조를 그림으로 확인하고 싶어.
③ 유라: '장대석'의 뜻을 국어사전에서 찾아봐야겠어.
④ 지아: 석빙고가 어떻게 냉장고의 역할을 하는지 궁금했어.
⑤ 민준: 석빙고의 얼음을 왕겨나 짚에 싸서 보관했다는 것을 알았어.

지식이나 경험을 활용해 글을 읽을 때는 알고 싶은 것, 짐작한 것, 새롭게 안 것을 떠올려 봐요.

중요
19 과학 시간에 배운 내용 중 이 글을 읽는 데 활용할 수 있는 것을 찾아 ○표 하시오.

(1) 지구의 역사	(2) 생물의 한살이	(3) 열의 이동
( )	( )	( )

석빙고에 얼음을 오랫동안 보관할 수 있었던 것은 열을 효과적으로 막아 주는 구조 때문이에요.

서술형
20 과학 시간에 배운 내용을 떠올리며 이 글을 읽으면 좋은 점을 쓰시오.

_____

1 상설 전시실 바로 위에는 '한글 놀이터'와 '한글 배움터' 그리고 '특별 전시실'이 있었다. 아이들이 놀면서 한글을 배울 수 있는 '한글 놀이터', 한글에 익숙하지 않은 사람들을 위해 마련한 '한글 배움터'는 모두 체험과 놀이를 하면서 한글을 이해하도록 만들어졌다는 점이 흥미로웠다. '특별 전시실'에서는 국립한글박물관 개관 기념 특별전을 진행했는데, '세종 대왕, 한글문화 시대를 열다'라는 기획 아래 세종 대왕의 업적과 일대기, 세종 시대의 한글문화, 세종 정신 따위를 주제로 한 전통적인 유물과 이를 현대적으로 해석한 현대 작가의 작품을 만날 수 있었다.

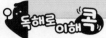
'특별 전시실'의 전시 기획

중심 내용 체험한 일: 국립한글박물관의 한글 놀이터, 한글 배움터, 특별 전시실을 관람했다.

2 박물관을 관람하면서 책과 화면으로만 봤던 한글 유물을 직접 볼 수 있어서 신기하고 즐거웠다. 그뿐만 아니라 날마다 세 번씩 운영하는 해설이 있는 관람 프로그램을 활용하면 더 많은 지식을 쌓으며 관람할 수 있겠다는 생각이 들었다. 이번 관람으로 국어 시간에 배웠던 한글을 더 생생하고 자세하게 배우는 소중한 기회를 얻어서 무척 뿌듯했다.

중심 내용 체험에 대한 감상: 박물관을 관람하면서 신기하고 즐거웠고, 한글을 더 생생히 배울 수 있어 뿌듯했다.

읽기 📖

글쓴이가 체험한 일과 그에 대한 감상을 살펴보며 글을 읽어 보세요.

독해로 이해 콕

18 상설 전시실 바로 아래에는 '한글 놀이터'가 있다. (○ , ×)

19 (한글 놀이터 , 특별 전시실)에서는 아이들이 놀면서 한글을 배울 수 있다.

20 (한글 놀이터 , 특별 전시실)에서는 전통적인 유물과 이를 현대적으로 해석한 현대 작가의 작품이 있다.

21 국립한글박물관에서는 날마다 세 번씩 해설이 있는 관람 프로그램을 운영한다.
(○ , ×)

22 글쓴이는 국립한글박물관을 관람하고 ( )을/를 더 생생하게 배우는 기회를 얻어 뿌듯했다.

이미지로 보는
📷 사전

#국립한글박물관 #한글 놀이터

서울시 용산구에 위치한 국립한글박물관은 한글에 대한 다양한 전시와 체험이 이루어지는 곳이에요.

한글 놀이터는 어린이가 한글이 만들어진 원리를 배우고 한글을 통해 다양한 생각을 표현할 수 있는 체험 공간이에요.

낱말풀이

상설 언제든지 이용할 수 있도록 설비와 시설을 갖추어 둠. 예 이 미술관의 상설 전시실에서는 언제든 작품을 감상할 수 있다.

개관 도서관, 영화관, 박물관, 회관 따위의 기관이 설비를 차려 놓고 처음으로 문을 엶. 예 박물관의 개관 기념일에는 휴관한다.

업적 어떤 사업이나 연구 따위에서 세운 공적. 예 위인들의 업적을 조사하여 발표했다.

일대기 어느 한 사람의 일생에 관한 내용을 적은 기록. 예 전기문을 읽으며 인물의 일대기를 파악했다.

교과서 문제

21 글쓴이가 체험한 일은 무엇인지 빈칸에 들어갈 알맞은 말을 쓰시오.

국립한글박물관의 '(   )', '(   )', '(   )'을/를 관람했다.

22 '한글 놀이터'와 '한글 배움터'의 공통점은 무엇입니까? (   )

① 체험과 놀이를 할 수 있다.
② 현대 작가의 작품을 볼 수 있다.
③ 세종 대왕의 업적을 알 수 있다.
④ 한글과 관련된 유물을 만질 수 있다.
⑤ 한글과 다른 나라의 글을 비교할 수 있다.

23 글쓴이가 체험한 일에 대한 감상에 해당하지 <u>않는</u> 것을 두 가지 고르시오.

(   )

① 박물관 관람이 즐거웠다.
② 한글을 세상에 널리 알리고 싶어졌다.
③ 한글 유물을 직접 볼 수 있어서 신기했다.
④ 해설이 있는 관광 프로그램을 활용하지 못해 아쉬웠다.
⑤ 한글을 더 생생하고 자세하게 배우는 기회를 얻어 뿌듯했다.

글 **2**에 글쓴이가 박물관을 관람한 뒤에 어떤 생각이나 마음이 들었는지 잘 나타나 있어요.

중요

24 체험한 일을 떠올려 감상이 드러나는 글을 쓰는 방법으로 알맞은 것을 두 가지 골라 ○표 하시오.

(1) 체험한 일을 자세히 풀어 쓴다. (   )
(2) 체험할 때 느낀 감정 중에서 좋은 것만 쓴다. (   )
(3) 체험한 일에 대한 생각이나 느낌이 생생하게 전달되도록 쓴다. (   )

체험한 일에 대한 감상은 당시의 생각이나 느낌이 잘 드러나도록 솔직하게 써야 해요.

서술형

25 5학년 때 체험한 일 중 한 가지를 떠올려 감상과 함께 쓰시오.

_____

가

　국립한글박물관을 찾았다. 국립한글박물관은 '한글'로만 기록한 한글 자료와 한글을 활용한 작품들을 전시해 놓은 곳이다. 국립한글박물관은 용산 국립중앙박물관 옆에 있다. 우리 가족은 집 근처에서 지하철을 타고 가서 '박물관 나들길'을 이용해 박물관까지 걸어갔다. **이정표**를 따라 걷다 보니 큰 박물관 건물이 눈에 들어왔다.

중심 내용 우리 가족은 지하철을 타고 국립한글박물관을 찾아갔다.

나

　처음 발끝이 닿은 장소는 2층 '한글이 걸어온 길' 상설 전시실이었다. 전시실 이름처럼 '한글이 걸어온 길'을 주제로 마련한 상설 전시실은 총 3부로 구성되었다. 1부 주제는 '새로 스물여덟 자를 만드니'로, 세종 25년 한글이 그 모습을 드러내던 때를 살펴볼 수 있었고, 2부 주제는 '쉽게 **익혀서** 편히 쓰니'이며, 마지막으로 3부 주제는 '세상에 널리 퍼져 나아가니'이다. 상설 전시실의 이름이 한글의 역사를 잘 말해 주는 것 같았다.

（처음 관람한 곳）

중심 내용 한글이 걸어온 길 상설 전시실을 관람했다.

다 글 **가**, **나**에 대한 의견

민주

　내 경험으로는 지하철역에서 국립한글박물관까지 걸어가는 길 주변 건물의 모습이 인상 깊었어. 글 **가**에 이런 부분을 덧붙이면 글이 더 생생하게 느껴질 것 같아.

　문장 중간중간에 감상을 넣어 주면 글쓴이가 어떻게 느꼈는지 알수 있어서 좋을 것 같아. 지금은 글 **가**와 글 **나** 모두 체험에 비해감상이 부족해 보여.

동호

정욱

　글 **나**에서 '발끝이 닿은 장소'보다는 '발길이 닿은 장소'가 더 자연스러워.

　상설 전시실이라는 낱말의 뜻이 조금 어려워 보여. 간단히 뜻을 설명해 주면 좋겠어.

성민

유원

　글 **나**에서 한글을 설명할 때 4학년 1학기 때 배운 『훈민정음해례본』 내용도 함께 설명하면 읽는 사람이 이해하기 쉬울 것 같아.

읽기 팁

글에서 잘된 점과 아쉬운 점이 무엇인지 살펴보고, 보충할 내용이 무엇인지, 어떤 점을 고치면 더 좋은 글이 될지 생각하며 글을 읽어 보세요.

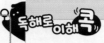 독해로 **이해 콕**

23 국립한글박물관과 국립중앙박물관은 멀리 떨어져 있다. (○, ×)

24 글쓴이의 가족은 (버스, 지하철)을/를 타고 박물관에 갔다.

25 글쓴이가 국립한글박물관에서 가장 처음 관람한 곳은 상설 전시실이다.
　　　　　　　　　　　　　(○, ×)

26 글쓴이는 상설 전시실의 이름이 한글의 (　　　　)을/를 잘 말해 준다고 생각했다.

낱말풀이

이정표 주로 도로상에서 어느 곳까지의 거리 및 방향을 알려 주는 표지. ⑩ 이정표를 보니 목적지에 거의 도착했구나.

익혀서 자주 경험하여 능숙하게 하여서. ⑩ 새로운 휴대폰의 사용법을 익혀서 할머니께 알려드렸다.

2단원

7회

공부한 날

월

일

26 글 **가**의 내용으로 보아, 국립한글박물관에서 볼 수 있는 것을 두 가지 고르시오.

(   )

① 한글을 활용한 작품
② 세계의 여러 가지 글자
③ 한글로만 기록한 한글 자료
④ 한자로 기록한 우리나라 역사책
⑤ 예부터 우리나라에서 사용한 모든 글자

교과서 문제

27 **다**에 나타난 민주의 의견에서 민주가 사용한 평가 기준은 무엇입니까?

(   )

① 글 내용이 정확한가?
② 정확한 표현을 사용했는가?
③ 알기 쉬운 표현을 사용했는가?
④ 체험한 일을 생생하게 표현했는가?
⑤ 글 내용에 따라 문단을 구분했는가?

28 **다**에서 4학년 때 배운 지식을 활용하자는 의견을 낸 친구의 이름을 쓰시오.

(   )

서술형

29 **다**를 참고하여 글 **가**와 **나**를 어떻게 고쳐 쓰면 좋을지 한 문장으로 쓰시오.

_____

글 내용에서 보충할
부분이나 읽는 사람의 처지에서
이해하기 쉬운 방향으로 의견을
말해요.

중요

30 지식이나 경험을 활용해 함께 글을 고치면 좋은 점을 **보기**에서 모두 골라 기호를 쓰시오.

보기
㉠ 글을 더 빨리 쓸 수 있다.
㉡ 친구들과 사이가 멀어질 수 있다.
㉢ 글의 내용을 더 정확하고 자세하게 나타낼 수 있다.
㉣ 서로의 경험을 활용하여 글의 내용을 생생하게 할 수 있다.
㉤ 내가 잘못 이해하고 쓴 내용을 친구들이 바르게 고쳐줄 수 있다.

(   )

함께 글을 고치는 활동을
하다보면 글을 쓴 사람의 기분이
상할 수도 있고, 글을 쓴 사람의
의도와 다르게 고칠 수도 있으니
주의해야 해요.

01~02 다음 글을 읽고, 물음에 답하시오.

가 줄다리기는 줄을 당길 때보다 줄다리기를 준비하는 과정에 더 많은 뜻이 있습니다. 영산 줄다리기는 어른들보다 아이들이 먼저 겨룹니다. 작은 줄을 만들어 어른들이 하는 것처럼 아이들이 경기를 벌이지요. 아이들 줄다리기가 끝나고 어느 편이 이겼다는 소리가 돌면 그제야 장정들이 나섭니다. 장정들은 집집을 돌면서 짚을 모아 마을 사람들과 함께 줄을 만들지요. 음력 정월은 농한기라서 마을 사람이 모두 모여 줄을 만드는 일에만 매달릴 수 있어요.

나 줄을 다 만들면 여러 마을에서 모인 농악대가 앞장을 서고, 그 뒤로 수백 명의 장정이 줄을 어깨에 메고서 줄다리기할 곳으로 줄을 옮깁니다. 그리고 노인들과 아이들, 여자들이 행렬 끝에 서서 쫓아갑니다. 이렇게 줄을 메고 가는 모습을 멀리서 보면, 마치 용이 꿈틀거리는 것 같답니다.

01 영산 줄다리기를 준비하는 때를 찾아 쓰시오.

음력 (   )

02 이 글을 읽으며 떠올린 지식이나 경험으로 가장 알맞은 것에 ○표 하시오.

(1) 용은 상상 속 동물이야. (   )
(2) 우리 할아버지는 농사를 지으셔. (   )
(3) 운동회 때 줄다리기를 한 적이 있어. (   )

중요
03 지식이나 경험을 떠올려 글을 읽으면 좋은 점으로 알맞지 않은 것은 무엇입니까? (   )

① 글이 조금 더 지루하게 느껴진다.
② 글의 내용을 깊이 이해할 수 있다.
③ 글의 내용에 흥미를 느낄 수 있다.
④ 글의 내용을 보다 쉽게 이해할 수 있다.
⑤ 알고 있던 내용과 비교하며 읽을 수 있다.

04~06 다음 글을 읽고, 물음에 답하시오.

우리 조상들은 왜 줄을 만들어 서로 당기는 놀이를 했을까요? 그것은 농사와 관련이 깊어요. 오랜 세월 동안 농사를 지어 온 우리 조상들의 가장 큰 소망은 풍년이었어요. 농사가 잘되려면 물이 가장 중요하고요. 그런데 우리 조상들은 용이 물을 다스리는 신이라고 생각했답니다. 그래서 용을 닮은 줄을 만들고 흥겹게 줄다리기를 해서 용을 기쁘게 하려고 했어요. 물의 신인 용을 즐겁고 기쁘게 해야 풍년이 들 테니까요.

또 조상들은 계절이 바뀌는 이유가 신들끼리 힘겨루기를 하기 때문이라고 생각했답니다. 봄부터 가을까지는 착한 신들의 힘이 세지만 추운 겨울에는 악한 신들의 힘이 더 세진다고 여겼어요. 그래서 새해의 첫 달인 정월에 힘이 약해진 착한 신들을 도울 수 있는 놀이를 했답니다.

04 우리 조상들의 가장 큰 소망은 무엇이었는지 두 글자로 쓰시오.

(   )

05 우리 조상들이 한 줄다리기를 표현한 말로 알맞지 않은 것은 무엇입니까? (   )

① 풍년을 기원하는 놀이
② 용을 기쁘게 하는 놀이
③ 농사와 관련 깊은 놀이
④ 계절을 바꾸어 주는 놀이
⑤ 착한 신들을 도울 수 있는 놀이

06 윤지가 이 글을 읽고 떠올린 것에 ○표 하시오.

우리나라의 민속놀이 가운데 풍물놀이도 풍년을 기원하며 많이 해 왔다고 배웠어.

(자신의 경험, 더 알고 싶은 것, 알고 있던 지식)

07~09 다음 글을 읽고, 물음에 답하시오.

조선 시대에는 서울 한강가에 얼음 창고를 만들었는데, 동빙고와 서빙고를 두었다. 동빙고는 왕실의 제사에 쓰일 얼음을 보관했고, 서빙고는 음식 저장용, 식용, 또는 의료용으로 쓸 얼음을 왕실과 고급 관리들에게 공급했다. 조선 시대의 빙고는 정식 관청이었으며, 얼음의 공급 규정을 법으로 엄격히 규정할 만큼 얼음의 공급을 중요하게 여겼다.

한겨울의 얼음을 보관했다가 쓰는 기술을 장빙이라고 했다. 우리나라는 여름과 겨울의 기온 차가 커서 옛날부터 장빙 기술이 크게 발달했다. 장빙 기술을 활용한 석빙고는 현재 일곱 개가 남아 있는데, 남한에는 경주, 안동, 영산, 창녕, 청도, 현풍에 각각 한 개가, 북한 해주에 한 개가 남아 있다. 그중 가장 완벽한 것이 바로 경주의 석빙고이다.

07 장빙 기술을 활용한 석빙고 중 가장 완벽한 것은 무엇인지 이 글에서 찾아 쓰시오.

(   )

중요

08 이 글을 읽으며 새롭게 안 것을 떠올린 친구는 누구입니까? (   )

① 현우: 얼음을 나누어 주는 법이 있었구나!
② 도영: 조상들은 얼음을 어떻게 보관했을까?
③ 민서: 옛날에는 음식을 어떻게 보관했을까?
④ 가람: 석빙고가 어떻게 냉장고 역할을 할까?
⑤ 윤지: 빙고는 얼음을 보관하는 창고라는 뜻일 거야.

서술형

09 이 글과 관련하여 떠올린 지식이나 경험을 한 문장으로 쓰시오.

_____

_____

10~11 다음 글을 읽고, 물음에 답하시오.

석빙고는 온도 변화가 적은 반지하 구조로 한쪽이 긴 흙무덤 모양이며, 바깥 공기가 들어오지 않도록 출입구의 동쪽은 담으로 막고 지붕에는 구멍을 뚫었다.

지붕은 이중 구조인데 바깥쪽은 열을 효과적으로 막아 주는 진흙으로, 안쪽은 열전달이 잘되는 화강암으로 만들었다. 천장은 반원형으로 기둥 다섯 개에 장대석이 걸쳐 있고, 장대석을 걸친 곳에는 밖으로 통하는 공기구멍이 세 개가 나 있다. 이 구멍은 아래쪽이 넓고 위쪽은 좁은 직사각형 기둥 모양인데, 이렇게 함으로써 바깥에서 바람이 불 때 빙실 안의 공기가 잘 빠져나온다. 즉, 열로 데워진 공기와 출입구에서 들어오는 바깥의 더운 공기가 지붕의 구멍으로 빠져나가기 때문에 빙실 아래의 찬 공기가 오랫동안 머물 수 있어 얼음이 적게 녹는 것이다. 또한 지붕에는 잔디를 심어 태양열을 차단했고, 내부 바닥 한가운데에 배수로를 5도 경사지게 파서 얼음에서 녹은 물이 밖으로 흘러 나갈 수 있는 구조를 갖추어 과학적이다.

10 석빙고에 얼음을 잘 보관하기 위한 방법에 해당하지 않는 것에 ○표 하시오.

⑴ 배수로를 경사지게 팠다. (   )
⑵ 지붕을 이중 구조로 만들었다. (   )
⑶ 얼음에서 녹은 물을 흡수할 수 있게 잔디를 심었다. (   )

11 이 글을 이해하는 데 가장 도움을 주는 과학적 지식은 무엇입니까? (   )

① 돌은 단단하다.
② 물질의 상태는 변한다.
③ 기체는 손으로 잡을 수 없다.
④ 고체는 모양이 변하지 않는다.
⑤ 뜨거운 공기는 위로 이동하고 찬 공기는 아래로 이동한다.

12~14 다음 글을 읽고, 물음에 답하시오.

> **가** '특별 전시실'에서는 국립한글박물관 개관 기념 특별전을 진행했는데, '세종 대왕, 한글문화 시대를 열다'라는 기획 아래 세종 대왕의 업적과 일대기, 세종 시대의 한글문화, 세종 정신 따위를 주제로 한 전통적인 유물과 이를 현대적으로 해석한 현대 작가의 작품을 만날 수 있었다.
> **나** 박물관을 관람하면서 책과 화면으로만 봤던 한글 유물을 직접 볼 수 있어서 신기하고 즐거웠다. 그뿐만 아니라 날마다 세 번씩 운영하는 해설이 있는 관람 프로그램을 활용하면 더 많은 지식을 쌓으며 관람할 수 있겠다는 생각이 들었다. 이번 관람으로 국어 시간에 배웠던 한글을 더 생생하고 자세하게 배우는 소중한 기회를 얻어서 무척 뿌듯했다.

12 글쓴이가 특별 전시실에서 본 것은 무엇인지 빈칸에 들어갈 알맞은 말을 쓰시오.

> 세종 대왕의 업적과 일대기, 그 시대의 (   ), 세종 정신을 주제로 유물과 이를 현대적으로 해석한 작품을 만날 수 있었다.

13 글 **가**와 **나**에 해당하는 것을 찾아 선으로 이으시오.

(1) **가** ·　　　·㉮　글쓴이가 체험한 일

(2) **나** ·　　　·㉯　체험한 일에 대한 감상

14 이와 같은 글을 쓰는 방법으로 알맞은 것에 ○표 하시오.

(1) 감상은 짧게 쓴다. 　　　　　　　(　　　)

(2) 체험한 일을 자세히 풀어 쓴다. (　　　)

(3) 겪은 일을 한 문장으로 요약하여 쓴다.
　　　　　　　　　　　　　　　　(　　　)

15~16 다음 글을 읽고, 물음에 답하시오.

> ㉠처음 발끝이 닿은 장소는 2층 '한글이 걸어온 길' 상설 전시실이었다. 전시실 이름처럼 '한글이 걸어온 길'을 주제로 마련한 상설 전시실은 총 3부로 구성되었다. 1부 주제는 '새로 스물여덟 자를 만드니'로, 세종 25년 한글이 그 모습을 드러내던 때를 살펴볼 수 있었고, 2부 주제는 '쉽게 익혀서 편히 쓰니'이며, 마지막으로 3부 주제는 '세상에 널리 퍼져 나아가니'이다. 상설 전시실의 이름이 한글의 역사를 잘 말해 주는 것 같았다.

15 글쓴이가 가장 먼저 관람한 곳은 어디입니까?
　　　　　　　　　　　　　　　(　　　　)

① 특별 전시실　　　② 박물관 3층
③ 상설 전시실　　　④ 박물관 나들길
⑤ 박물관 운동장

서술형

16 ㉠을 자연스러운 표현으로 고쳐 쓰시오.

중요

17 친구가 지식이나 경험을 활용해 쓴 글을 고치려고 할 때 주의해야 할 점으로 알맞지 <u>않은</u> 것은 무엇입니까? (　　　)

① 친구가 기분 나쁘지 않게 말한다.
② 미리 정한 평가 기준에 맞추어 말한다.
③ 글의 좋은 점에 대한 의견도 제시한다.
④ 어디를 어떻게 고치면 좋을지를 말한다.
⑤ 글의 의도와 달라지더라도 마음에 안 드는 부분을 고친다.

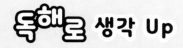

18~19 다음 글을 읽고, 물음에 답하시오.   [6-1] 6단원 214쪽

수원 화성을 어떻게 만들었을까 유지현

1 『화성성역의궤』는 정조 임금이 갑자기 세상을 떠나는 바람에 다음 임금인 순조 때 만들어졌는데, 건축과 관련된 의궤 가운데에서도 가장 내용이 많아. _{옛날에 나라에서 큰일을 치를 때 후세에 참고하기 위해 그 일의 과정을 적은 책} 수원 화성 공사와 관련된 공식 문서는 물론, 참여 인원, 사용된 물품, 설계 등의 기록이 그림과 함께 실려 있는 일종의 보고서인 셈이야. 내용이 아주 세세하고 치밀해서 공사에 참여한 기술자 1800여 명의 이름과 주소, 일한 날수와 받은 임금까지 적혀 있어. 공사에 사용된 모든 물건의 크기와 값은 또 얼마나 상세히 적었는지 입이 떡 벌어질 정도라니까. 당시에 이렇게 자세한 공사 보 _{낱낱이 자세하게.} 고서를 남긴 나라는 우리나라밖에 없다고 해.

2 수원 화성은 정조 임금의 원대한 꿈이 담긴 곳으로 볼거리가 많아. 건물 하 _{계획이나 희망 따위의 장래성과 규모가 큰.} 나만 보는 것보다는 주변 경치를 함께 감상하는 것이 더 좋아. 정조 임금이 엄격하게 고른 좋은 자리에 지었으니까. 수원 화성은 규모가 커서 다 돌아보려면 꽤 시간이 걸려. 다리가 아프면 화성 열차를 타는 것도 좋겠지. 화성 열차는 수원 화성 구경을 하러 온 사람들을 위해 마련한 열차야.

 3 더 둘러보고 싶은 친구가 있다면 근처에 있는 융건릉과 용주사에 가 볼 것을 추천할게. 융건릉은 사도 세자의 무덤인 융릉과 정조 임금의 무덤인 건릉을 합쳐서 부르는 이름이고, 용주사는 사도 세자의 명복을 빌려고 지은 절이야. _{죽은 뒤 저승에서 받는 복.}

어떻게 읽을까?

1. 글쓴이가 소개하고 있는 장소에 ○표 해 보세요.
2. 수원 화성과 관련한 지식이나 경험을 떠올리며 읽어 보세요.

☺ 글쓴이의 추천 장소

수원 화성 주변을 더 둘러보고 싶다면, 융건릉과 ① ☐☐☐ 을 /를 추천함.

☺ 글쓴이의 감상

수원 화성 공사에 대해 얼마나 상세히 적었는지 ② ☐☐☐ ☐☐☐ 정도였다.

답 ① 용주사 ② 입이 떡 벌어질

18 『화성성역의궤』에 대한 설명으로 알맞지 않은 것은 무엇입니까? (   )

① 정조 임금 때 만들어진 책이다.
② 수원 화성의 건축에 관한 공식 문서가 실려 있다.
③ 수원 화성 공사와 관련된 공사 보고서라 할 수 있다.
④ 건축과 관련된 의궤 중 가장 많은 내용을 담고 있다.
⑤ 수원 화성에 참여한 기술자, 사용 물품 등의 기록이 상세하게 실려 있다.

단원 개념

19 이 글을 **보기** 와 같이 감상했을 때 이 글을 읽은 읽기 방법으로 알맞은 것은 무엇입니까? (   )

보기

남한산성에 갔을 때도 신발이 불편해 다리가 아팠는데, 수원 화성에 갈 때는 운동화를 신고 가야겠구나.

① 배경지식을 떠올리며 읽었다.
② 자신의 경험을 떠올리며 읽었다.
③ 알고 싶은 내용을 떠올리며 읽었다.
④ 새롭게 안 사실을 정리하며 읽었다.
⑤ 글의 읽으며 내용을 짐작하며 읽었다.

1 다음 낱말의 뜻을 읽고 십자말풀이의 빈칸에 공통으로 들어갈 알맞은 말을 쓰시오.

(1) 조상들이 무더위를 이기려고 만든 것.

얼음을 저장하여 두는 곳.

석		고
	실	

(2) 어느 한 사람의 일생에 관한 내용을 적은 기록.

일을 하는 사람.

	대	기
손		

(3) 액체나 기체의 흐름을 막거나 끊어서 통하지 못하게 함.

차	
	열

물체 간 열이 서로 통하지 않게 막음.

2 다음 문장에서 밑줄 그은 낱말과 뜻이 반대인 낱말을 찾아 선으로 이으시오.

(1) <u>농한기</u>에 줄다리기 준비를 하였다. • • ㉮ 자연적

(2) 올해는 <u>풍년</u>이라 곡식이 풍부하다. • • ㉯ 농번기

(3) 우리 학교 운동장에는 <u>인공적</u>으로 만든 잔디가 깔려 있다. • • ㉰ 흉년

3 **보기**의 관용 표현을 참고하여, 다음 문장의 빈칸에 들어갈 알맞은 말을 찾아 쓰시오.

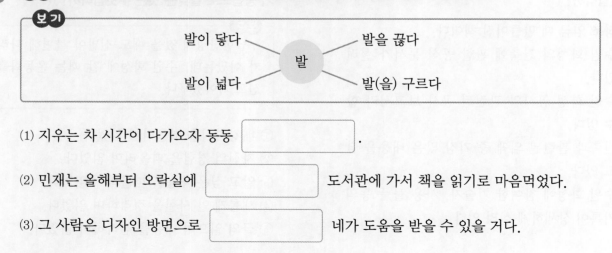

보기

발이 닿다

발을 끊다

발

발이 넓다

발(을) 구르다

(1) 지우는 차 시간이 다가오자 동동 _____ .

(2) 민재는 올해부터 오락실에 _____ 도서관에 가서 책을 읽기로 마음먹었다.

(3) 그 사람은 디자인 방면으로 _____ 네가 도움을 받을 수 있을 거다.

사자성어

4 다음 글과 그림을 보고, | 온고지신 | 을 사용하기에 가장 어울리는 상황에 ○표 하시오.

공부한 날

월

일

온고지신

(溫 따뜻할 온, 故 옛 고, 知 알 지, 新 새로울 신)
옛것을 익히고 그것을 미루어서 새것을 안다는 뜻.

'온고지신'은 공자가 한 말이에요. 공자는 '옛것을 익히고 새로운 것을 알면 스승이 될 수 있다'고 하였지요. 과거를 돌이켜 보고 이를 바탕으로 현재를 이해할 때도 쓸 수 있는 말이에요.

(1) 앞으로의 국제 상황을 알기 위해 역사를 공부할 때

( )

(2) 물건을 고르기 위해 여러 가지를 비교할 때

( )

(3) 일을 시작하기 전 준비해야 할 때

( )

3

의견을 조정하며
토의해요

무엇을 배울까요?

| 의견을 조정해야 하는 까닭 알기 | 토의 과정에서 의견을 조정하는 방법 알기 | 토의에서 자신의 의견을 뒷받침할 자료 찾아 읽기 | 찾은 자료를 정리해 알기 쉽게 표현하기 |

단원에 대한 공부 계획을 세우고, 공부한 내용을
얼마나 이해했는지 스스로 평가해 보세요.

★★★ 잘함.　★★ 보통임.　★ 아쉬움.

그림으로 개념 탄탄

Q 토의 과정에서 의견을 조정하는 방법은 무엇일까요?

A ✽ 해결할 문제를 파악하고, 의견 실천에 필요한 조건을 따지면서 결과를 예측하고, 마지막으로 전체의 반응을 살펴요.

Q 토의에서 자신의 의견을 뒷받침할 자료를 찾아 어떻게 활용할까요?

A ✽ 의견을 뒷받침하는 근거 자료를 제시하며 자신의 의견을 말해요.

✽ 자료에 따른 읽기 방법을 활용하여 의견을 뒷받침하는 내용을 찾아요.

Q. 찾은 자료를 어떻게 알기 쉽게 표현할까요?

공부한 날
월
일

[아동 건강 문제]
• 세계보건기구: 아동 비만은 21세기 최대 건강 문제 가운데 하나
• 교육부: 우리나라 초중고 비만 학생은 100명당 약 17명(2017년 기준)

[건강 달리기의 효과]
• 비만 문제를 해결할 수 있다.
• 집중력이 향상되고, 우울증과 불안감이 줄어든다.

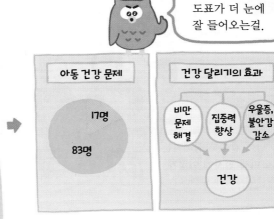

난 새롭게 표현한 도표가 더 눈에 잘 들어오는걸.

자료를 찾아서 읽기 쉽게 요약했어.

A
❋ 가장 중요한 정보는 간단하게 요약해요.
❋ 사진이나 그림으로 직접 볼 수 있도록 나타내요.
❋ 차례나 단계, 도표로 나타내어 간단하게 볼 수 있게 해요.
❋ 공간에 자료를 적절하게 배치하고 글씨, 그림, 사진, 도표 따위의 크기를 결정해요.

확인 문제

 다음 그림을 보고 자료에 따른 읽기 방법으로 알맞은 것을 선으로 이으시오.

(1)

(2)

㉮
• 제목을 중심으로 훑어 읽는다.
• 의견을 뒷받침하는 글을 찾아 자세히 읽는다.

㉯
• 차례를 먼저 살펴본다.
• 의견을 뒷받침하는 내용을 좀 더 자세히 읽는다.

 (1) ─ ㉯ (2) ─ ㉮

활동 팁

토의에서 어떤 일이 일어났는지 살펴보고, 이 일로 어떤 문제가 생길 수 있는지 생각해 보세요.

독해로 이해 콕

1 (   )이/가 심해서 체육 수업을 교실에서 한다는 안내 방송이 나왔다.

2 안내 방송에서 외부 활동을 (자제, 증가)해 달라고 했다.

3 그림 2 에서는 (   )을/를 쓰고 생활하자는 의견을 말했다.

4 그림 3 에서는 학교 곳곳에 (   )을/를 설치하자는 의견을 말했다.

낱말풀이

미세 먼지 눈에 보이지 않을 정도로 크기가 작은 먼지.

자제 자기의 감정이나 욕망을 스스로 억제함. 예 오늘은 군것질하는 것을 자제해 보려고 했다.

대처 어떤 사건에 대하여 알맞은 조치를 취함. 예 공기 오염에 어떻게 대처해야 하는지 회의를 했다.

해로운 해가 되는 점이 있는. 예 몸에 해로운 음식을 먹는 것을 줄여야 한다.

소모 써서 없앰. 예 새로 나온 자동차는 연료 소모가 적다고 했다.

그깟 겨우 그만한 정도의. '그까짓'의 준말.

01 이 토의의 주제는 무엇인지 빈칸에 들어갈 알맞은 말을 쓰시오.

(   ) 문제에 대처하는 방안

02 이 토의에 대한 설명으로 알맞은 것에 ◯표 하시오.

(1) 한 친구만 의견을 말했다.   (   )

(2) 친구들의 의견이 잘 모이지 않았다.   (   )

(3) 친구들이 지혜롭게 서로의 의견을 잘 조정했다.   (   )

교과서 문제

03 그림 4~9에 나타난 문제점을 찾아 각각 선으로 이으시오.

(1) 그림 4, 5 •	• ㉮ 예의를 지키지 않고 말함.
(2) 그림 6, 7 •	• ㉯ 상대의 의견을 비판하기만 함.
(3) 그림 8, 9 •	• ㉰ 주제와 관련 없는 근거를 말함.

> 토의가 잘 이루어지지 않는 상황을 보고, 각각의 문제점을 찾아봐요.

서술형

04 그림 12의 친구에게 해 줄 수 있는 말을 한 문장으로 쓰시오.

_____

중요

05 의견을 조정해야 하는 까닭으로 가장 알맞은 것은 무엇입니까? (   )

① 새로운 친구를 사귈 수 있다.

② 내 의견을 강하게 주장할 수 있다.

③ 문제를 합리적으로 해결할 수 있다.

④ 무엇에 대한 문제 상황인지 알 수 있다.

⑤ 내 의견을 따르도록 다른 사람을 설득할 수 있다.

> 의견을 조정하지 않으면 토의를 원활하게 진행할 수 없고 말하는 사람들끼리 갈등이 생겨요.

1 의견을 모으지 않으면 갈등이 더 심해질 것 같습니다.

의견을 조정할 필요가 있습니다.

동의합니다. 처음에 우리가 토의로 해결하려고 했던 문제는 무엇이었죠?

2 미세 먼지에 대처하는 방안을 마련하는 것입니다.

3 그렇군요. 토의로 해결하려는 문제를 정확히 파악해야 했습니다.

4 맞아요. 그리고 의견을 실천하려면 무엇이 필요한지 따질 필요가 있겠군요. 자세한 자료를 찾아 각자 의견을 뒷받침해 봅시다.

독해로 이해 **콕**

5 그림 1~3에서는 토의에서 해결할 문제를 파악하고 있다. (◯, ✕)

6 그림 4~6에서는 의견 실천에 필요한 (조건, 결과)에 대해 이야기하고 있다.

7 그림 7~9에서는 친구들의 의견대로 실천했을 때 일어날 (결과, 반응)을/를 예측하고 있다.

8 그림 8에서 지민은 자신의 의견을 (적극적, 소극적)으로 표현하고 있다.

잠시 뒤

7 만약 의견을 실천한다면 어떤 결과가 따를까요? 의견대로 실천했을 때 일어날 문제점을 예측해 봅시다.

8 공기 청정기를 설치하는 데 비용이 많이 들 수 있습니다.

지민

9 미세 먼지 마스크는 일회용이라 쓰레기 문제가 일어날 수 있습니다.

태하

10 다른 분들의 생각은 어떠한가요? 어떤 의견이 더 좋나요? 결정한 의견에서 자신이 해야 하는 역할은 무엇일까요?

11

낱말풀이

갈등 두 가지 이상의 서로 다른 요구나 욕구, 기회 또는 목표에 부딪혔을 때 선택을 하지 못하고 괴로워함. 예 보미는 성격이 원만하여 친구들과 갈등을 일으키지 않는다.

조정 분쟁을 중간에서 화해하게 하거나 서로 타협점을 찾아 합의함. 예 대화를 통해 의견을 조정할 생각이다.

예측 미리 헤아려 짐작함. 예 기상청에서는 내일 날씨를 예측했다.

비용 어떤 일을 하는 데 드는 돈. 예 용돈을 모아서 아버지 생신 선물을 준비할 비용을 마련했다.

3단원

9회

공부한 날

월

일

교과서 문제

06 사회자가 토의로 해결할 문제를 다시 물어본 까닭은 무엇입니까? (　　　　)

① 새로운 문제를 찾아보려고
② 참가자들의 다양한 의견을 들어보려고
③ 해결할 문제를 정확히 파악하기 위해서
④ 자기 의견을 적극적으로 표현하고 싶어서
⑤ 문제 상황이 무엇인지 기억이 나지 않아서

> 해결할 문제를 분명히 확인하면 토의 주제에 적절하지 않은 의견이나 근거를 찾을 수 있어요.

07 공기 청정기를 설치했을 때 일어날 문제점을 무엇이라고 예측했는지 알맞은 것에 ○표 하시오.

(1) 비용이 많이 들 수 있다. (　　　)
(2) 쓰레기 문제가 일어날 수 있다. (　　　)
(3) 미세 먼지가 전보다 늘어날 수 있다. (　　　)

서술형

08 그림 8과 9의 지민이와 태하의 의견 중 어떤 의견이 더 좋은지 생각하여 자신의 의견과 그 까닭을 쓰시오.

의견	(1)
까닭	(2)

> 공기 청정기를 설치하는 것이 좋을지, 미세 먼지 마스크를 쓰는 것이 좋을지 생각하여 내 의견과 까닭을 써요.

09 토의에서 의견을 조정하는 순서에 맞게 기호를 쓰시오.

㉠ 문제 파악하기	㉡ 결과 예측하기
㉢ 반응 살펴보기	㉣ 의견 실천에 필요한 조건 따지기

(　　　　) − (　　　　) − (　　　　) − (　　　　)

중요

10 그림 ❸에서 알 수 있는 의견을 조정할 때의 바른 태도는 무엇입니까?
(　　　　)

① 결정한 의견에 따른다.　② 의견과 발언에 집중한다.
③ 상대를 배려하며 말한다.　④ 해결 방안을 끝까지 알아본다.
⑤ 자신의 생각을 적극적으로 표현한다.

독해로 교과서 쏙쏙   그림 가와 나의 의견 비교하기

1 공기 청정기 설치하기와 관련해 그림 가와 나의 의견 비교하기

학교 곳곳에 공기 청정기를 설치합니다. 공기 청정기가 공기를 깨끗하게 해 줄 것입니다.

심해지는 미세 먼지, 이제는 공기 청정기가 필수

학교 곳곳에 공기 청정기를 설치합니다. 신문 기사에 실린 전문가의 의견에 따르면 공기 청정기가 공기를 깨끗하게 해 준다고 합니다.

가

나

2 마스크 쓰기와 관련해 그림 가와 나의 의견 비교하기

마스크를 쓰고 생활합니다. 마스크가 몸에 해로운 미세 먼지를 막아 주기 때문입니다.

마스크를 쓰고 생활합니다. 이 책을 보면 미세 먼지가 얼마나 몸에 해로운지, 그리고 마스크가 얼마나 효과적으로 미세 먼지를 막아 주는지 잘 알 수 있습니다.

가

나

이미지로 보는 사전

#미세 먼지 제거 #공기 청정기 #마스크

공기 청정기는 공기 속의 먼지나 세균 따위를 걸러 내어 공기를 깨끗하게 하는 장치예요.

미세 먼지 마스크는 숨을 쉴 때 우리 몸속으로 미세 먼지가 들어오지 못하도록 막아 줘요.

활동 팁

자료를 제시하며 의견을 말하면 어떤 점이 좋은지 생각하며 내용을 읽어 보세요.

독해로 이해 콕

9 1 에서는 학교 곳곳에 (   )을/를 설치하자는 의견을 냈다.

10 1 에서는 (   )을/를 뒷받침 자료로 사용했다.

11 2 에서는 (   )을/를 쓰고 생활하자는 의견을 냈다.

12 2 에서는 (   )을/를 뒷받침 자료로 사용했다.

낱말풀이

의견 어떤 대상에 대하여 가지는 생각. 예 우리들은 토의를 통해 다양한 의견을 교환했다.

필수 꼭 있어야 하거나 하여야 함. 예 물은 사람이 살아가는 데 필수적인 요소이다.

전문가 어떤 분야를 연구하거나 그 일에 대해 많은 지식과 경험을 가진 사람.

발표할 때 표나 도표와 같은 자료를 사용하면 한눈에 내용을 이해하기 쉬워요.

공부한 날

월

일

11 ❶과 ❷의 그림 ㉮와 ㉯는 무엇이 다른지 빈칸에 공통으로 들어갈 알맞은 말을 쓰시오.

> 그림 ㉮에서는 아무런 (   ) 없이 의견을 말하고 있지만, ㉯에서는 (   )을/를 제시하며 말하고 있다.

교과서 문제

12 ❶의 그림 ㉯와 같이 자료를 제시하면 좋은 점은 무엇입니까? (   )

① 자료를 예쁘게 꾸밀 수 있다.
② 다양한 읽을거리를 제공한다.
③ 다양한 의견을 주장할 수 있다.
④ 길고 자세한 정보를 많이 담을 수 있다.
⑤ 정보를 눈으로 확인하여 이해하기 쉽다.

13 글을 읽어야 상세한 정보를 얻을 수 있는 자료에 ○표 하시오.

(1) 사진, 그림, 도표   (   )
(2) 책, 보고서, 설문 조사   (   )

중요

14 ❷의 그림 ㉯에서 책을 자료로 제시하며 의견을 말한 까닭은 무엇입니까?

(   )

① 듣는 사람에게 즐거움을 주려고
② 듣는 사람에게 새로운 소식을 전하려고
③ 발표 내용이 창의적이라는 것을 보여 주려고
④ 발표 내용 외에도 더 풍부한 정보를 제공하려고
⑤ 구체적인 숫자를 간단히 확인할 수 있게 하려고

책, 보고서, 설문 조사 등의 읽기 자료를 통해 상세한 정보를 얻을 수 있어요.

서술형

15 ❷의 의견을 뒷받침할 수 있는 다른 자료에는 어떤 것이 있을지 생각하여 자료 형태와 내용을 간단하게 쓰시오.

자료 형태	(1)
내용	(2)

교과서 쏙쏙 토의 자료 마련하기

초등학생의 건강 문제를 해결할 방법이 필요합니다.

초등학생 건강

해결할 문제를 정확하게 파악하기

건강한 학교생활을 하려면 틈새 시간을 어떻게 활용해야 할까요?

건강 달리기를 하면 어떨까?

식물 기르기를 하면 어떨까?

짧은 시간이라도 날마다 달리기를 하면 건강에 효과가 있다는 자료를 찾고 싶어.

재아

교실에서 식물을 기르면 공기가 깨끗해진다는 자료를 찾고 싶어.

명재

신문 기사를 찾아보자.

달리기, 건강에 큰 효과

책을 찾아보자.

관련 기사가 정말 많구나! 이 많은 것을 언제 다 읽어 보지?

㉠읽어야 할 책이 많구나. 이것을 언제 다 읽지?

활동 팁

자신의 의견을 뒷받침할 수 있는 자료를 찾는 방법을 알아보고, 자료에 따른 읽기 방법이 무엇인지 생각하며 내용을 읽어 보세요.

독해로 이해 콕

13 텔레비전 방송 뉴스에서는 초등학생의 (　　　　) 문제를 해결할 방법이 필요하다고 했다.

14 토의 주제는 건강한 학교생활을 하기 위한 방과 후 시간 사용 방법이다. (○, ×)

15 재아는 컴퓨터를 활용하여 (　　　　)을/를 검색하는 방법으로, 명재는 도서관에서 (　　　　)을/를 자료로 찾고 있습니다.

16 명재는 (식물, 동물)을/를 기르면 공기가 깨끗해진다는 자료를 찾으려고 한다.

낱말풀이

적신호 위험한 상태에 있음을 알려 주는 여러 가지 모습을 비유적으로 이르는 말. 예 축구를 가장 잘하는 주승이가 다쳐서 대회 결승까지 올라가겠다는 목표를 달성하는 데 적신호가 켜졌다.

틈새 어떤 행동을 할 만한 기회. 예 지우는 틈새 시간을 이용해 친구들과 스트레칭을 하기로 했다.

3 단원
10 회

16 〔교과서 문제〕 친구들이 토의하는 주제는 무엇인지 빈칸에 들어갈 알맞은 말을 쓰시오.

> 건강한 학교생활을 하려면 ( )을/를 어떻게 활용해야 할까?

공부한 날

월

일

17 재아가 찾으려는 자료는 무엇입니까? ( )

① 달리기가 건강에 효과가 있다는 자료
② 달리기가 친구 사이를 좋게 만든다는 자료
③ 달리기를 잘하는 사람이 성격이 좋다는 자료
④ 달리기가 건강에 안 좋은 영향을 끼친다는 자료
⑤ 열심히 노력하면 달리기 실력이 좋아질 수 있다는 자료

재아의 의견을 뒷받침할 수 있는 자료는 무엇인지 찾아보세요.

18 〔서술형〕 재아의 의견을 뒷받침할 수 있는 다른 자료의 내용으로 알맞은 것을 한 가지 쓰시오.

_____

19 ㉠에서 명재가 곤란해하는 까닭은 무엇입니까? ( )

① 관련된 책이 적어서   ② 필요한 책을 찾지 못해서
③ 책 내용이 너무 어려워서   ④ 책에 원하는 내용이 없어서
⑤ 읽어야 할 책이 너무 많아서

20 〔중요〕 자료에 따라 알맞은 읽기 방법을 활용한 친구의 이름을 쓰시오.

> 연우: 기사문을 읽을 때 제목을 중심으로 훑어 읽었어.
> 혜나: 책을 읽을 때 첫 장부터 마지막까지 모두 꼼꼼하게 읽었어.
> 유진: 보도문을 볼 때 시간이 오래 걸리더라도 모두 끝까지 읽었어.

( )

자료 읽기에 필요한 시간과 노력을 절약하기 위해서는 어떻게 읽어야 할지 생각해 봐요.

가 세계보건기구[WHO]는 아동 비만을 21세기 최대 건강 문제 가운데 하나로 꼽고 있다. 한국도 예외는 아니다. 교육부에 따르면 2017년을 기준으로 우리나라 초중고 비만 학생은 100명당 약 17.3명인데 해마다 꾸준히 증가하고 있다.

영국의 한 초등학교에서 실시한 건강 달리기 프로그램이 성공을 거두어 큰 관심을 끌고 있다. 이 학교는 날마다 적절한 시간을 정해 1.6킬로미터를 달리게 하고 있다. 학생들을 관찰한 □□대학의 ○ 박사는 "이 학교의 학생들에게는 비만 문제가 보이지 않는다."라고 했다.

미국 일리노이주의 한 학교 역시 건강 달리기로 하루를 시작한다. 이 학교의 학생들은 건강은 물론 집중력도 향상되었고, 우울증과 불안감은 줄어들었다고 한다.

『○○신문』

나

요즘 초등학교에서는 건강 달리기에 많은 관심을 보이고 있습니다. ○○○ 기자의 보도입니다.

초등학교 건강 달리기

건강 달리기에 많은 관심 보여

한 초등학교 체육관에 아침 여덟 시부터 학생 마흔 명이 모여 있습니다. 가벼운 체조로 몸을 푼 뒤 이어지는 달리기 수업, 체육관에서 웃음소리가 끊이지 않습니다.

○○초등학교 건강 달리기

아침마다 운동을 하니까 기분이 상쾌해요. 그래서 공부가 더 잘돼요.

5학년 ○○○ 어린이

이 학교에서는 삼 년 동안 학생 백 명이 꾸준히 건강 달리기를 실시하여 비만 학생이 해마다 열네 명, 아홉 명, 네 명으로 줄어들었다고 합니다.

꾸준히 할수록 효과 커

- 『○○방송 뉴스』

독해로 이해 콕

17 세계보건기구는 아동 비만을 21세기 최대 건강 문제 중 하나로 꼽고 있다.
(○ , ✕)

18 우리나라 초중고 비만 학생은 해마다 (증가 , 감소)하고 있다.

19 영국의 한 초등학교에서는 (   ) 프로그램을 실시하여 성공을 거두었다.

20 건강 달리기를 한 미국 학교 학생들은 집중력이 (감소 , 향상)되었다.

낱말풀이

세계보건기구[WHO] 보건 상태의 향상을 위하여 국제적으로 협력을 촉진하고자 1948년에 설립된 국제 연합의 전문 기구. 중앙 검역소 업무·유행병 및 감염병에 대한 대책·회원국의 공중 보건 행정 강화의 세 가지 업무를 맡고 있다.

예외 일반적 규칙이나 정례에서 벗어나는 일. 예 이번에 정한 규칙은 누구에게도 예외 없이 적용될 것이라고 했다.

향상 실력, 수준, 기술 따위가 나아짐. 또는 나아지게 함. 예 매일 연습을 했더니 피아노 실력이 크게 향상되었다.

우울증 이유 없이 불안하고 슬퍼하거나 고민에 빠지며 모든 일에 의욕을 잃는 마음 상태에 빠지는 병.

21 자료 **가**와 **나**는 어디에서 찾은 자료인지 알맞게 선으로 이으시오.

(1) | 자료 **가** | ・ | ・ ㉮ | 방송 뉴스 보도 |

(2) | 자료 **나** | ・ | ・ ㉯ | 신문 기사 |

교과서 문제
22 다음은 자료 **가**를 정리한 것입니다. 건강 달리기의 효과를 어떻게 표현했는지 두 가지 고르시오. (　　　　　)

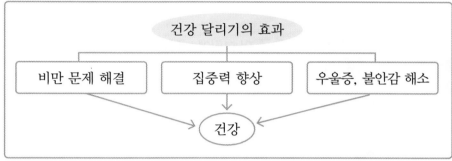

① 긴 문장으로 나타냈다.　　　② 차례나 단계로 나타냈다.
③ 내용을 간단히 줄여서 썼다.　　④ 과정을 중심으로 차례로 썼다.
⑤ 도형과 선, 화살표를 이용해 서로 연결했다.

> 자료 **가**의 마지막 문단에 드러난 건강 달리기의 효과를 찾아봐요.

서술형
23 자료 **나**를 다음과 같이 나타냈을 때의 표현 방법은 무엇인지 쓰시오.

[건강 달리기를 실천한 예]
• 삼 년 동안 건강 달리기를 실시한 초등학교
• 비만 학생이 해마다 열네 명, 아홉 명, 네 명으로 줄어들었다.

중요
24 찾은 자료를 알기 쉽게 표현하는 방법으로 알맞지 <u>않은</u> 것은 무엇입니까?
（　　　　　）

① 도표로 나타내기　　　　② 간단하게 요약하기
③ 차례나 단계로 나타내기　④ 내용을 자세하게 꾸며 쓰기
⑤ 사진이나 그림으로 나타내기

> 자료를 중요한 낱말 중심으로 요약하여 나타내면 알기 쉽게 표현할 수 있어요.

01~02 다음 그림을 보고, 물음에 답하시오.

01 이 그림에 나타난 태하와 지민이의 의견이 무엇인지 빈칸에 들어갈 알맞은 말을 쓰시오.

> (1) 태하: (   )을/를 쓰고 생활 하자.
> (2) 지민: 학교 곳곳에 (   )을/를 설치하자.

02 그림 4 와 5 에 나타난 문제점은 무엇입니까?

(   )

① 서로 높임말을 사용하지 않았다.
② 상대의 의견을 비판하기만 했다.
③ 상대가 말하는 도중에 끼어들어 말했다.
④ 토의 주제와 관련이 없는 내용을 말했다.
⑤ 토의 과정에 적극적으로 참여하지 않았다.

03~05 다음 그림을 보고, 물음에 답하시오.

03 이 그림에 나타난 의견 조정 방법에 ○표 하시오.

(1) 문제 파악하기   (   )
(2) 결과 예측하기   (   )
(3) 반응 살펴보기   (   )
(4) 의견 실천에 필요한 조건 따지기   (   )

04 미세 먼지 마스크를 사용할 때 발생할 수 있는 문제점을 찾아 빈칸에 들어갈 알맞은 말을 쓰시오.

(   )이/가 일어날 수 있다.

서술형

05 이 그림과 같이 토의할 때 의견을 조정해야 하는 까닭은 무엇인지 쓰시오.

_____

중요

06 의견을 조정하는 태도로 바르지 <u>않은</u> 것은 무엇입니까? (   )

① 결정한 의견에 따른다.
② 의견과 발언에 집중한다.
③ 해결 방안을 끝까지 알아본다.
④ 자신의 생각을 적극적으로 표현한다.
⑤ 끝까지 자신의 의견을 굽히지 않는다.

07~09 다음 그림을 보고, 물음에 답하시오.

10~11 다음 그림을 보고, 물음에 답하시오.

공부한 날

월

일

07 이 그림에 나타난 자료의 종류는 무엇인지 쓰시오.

( )

08 이 그림에서 제시한 자료를 통해 알 수 있는 것을 두 가지 고르시오. ( )

① 마스크의 형태가 얼마나 다양한가.
② 미세 먼지가 얼마나 몸에 해로운가.
③ 마스크로 인해 쓰레기가 얼마나 증가하는가.
④ 마스크를 쓰고 생활하는 것이 얼마나 힘든가.
⑤ 마스크가 얼마나 효과적으로 미세 먼지를 막아 주는가.

중요

09 이 그림에 제시된 자료의 특징은 무엇입니까?

( )

① 보기에 예쁘다.
② 눈으로 확인하기 쉽다.
③ 쉽게 사용하기 어렵다.
④ 한눈에 내용을 파악하기 쉽다.
⑤ 글을 읽어야 상세한 정보를 얻을 수 있다.

10 재아는 필요한 자료를 어디에서 찾으려고 하는지 쓰시오.

( )

11 재아가 자료를 찾을 때 주의해야 할 점은 무엇입니까? ( )

① 모든 내용을 꼼꼼하게 읽는다.
② 어려운 낱말을 찾아보며 읽는다.
③ 훑어 읽으며 필요한 내용을 찾는다.
④ 차례를 보고 필요한 내용을 찾는다.
⑤ 모든 내용을 기억할 수 있도록 여러 번 읽는다.

서술형

12 의견을 뒷받침할 자료의 출처를 쓰는 까닭은 무엇인지 쓰시오.

_____

_____

13~17 다음 글을 읽고, 물음에 답하시오.

세계보건기구[WHO]는 아동 비만을 21세기 최대 건강 문제 가운데 하나로 꼽고 있다. 한국도 예외는 아니다. 교육부에 따르면 2017년을 기준으로 우리나라 초중고 비만 학생은 100명당 약 17.3명인데 해마다 꾸준히 증가하고 있다.

영국의 한 초등학교에서 실시한 건강 달리기 프로그램이 성공을 거두어 큰 관심을 끌고 있다. 이 학교는 날마다 적절한 시간을 정해 1.6킬로미터를 달리게 하고 있다. 학생들을 관찰한 □□대학의 ○○박사는 "이 학교의 학생들에게는 비만 문제가 보이지 않는다."라고 했다.

미국 일리노이주의 한 학교 역시 건강 달리기로 하루를 시작한다. 이 학교의 학생들은 건강은 물론 집중력도 향상되었고, 우울증과 불안감은 줄어들었다고 한다. 『○○신문』

13 이 자료가 뒷받침할 수 있는 의견으로 알맞은 것은 무엇입니까? (   )

① 우울증을 해결하자.
② 건강 달리기를 하자.
③ 학습 습관을 기르자.
④ 음식을 골고루 먹자.
⑤ 집중력을 향상시키자.

중요
14 이 자료를 정리할 때, 읽기 쉽게 표현한 방법을 말한 사람은 누구입니까? (   )

① 연지: 대화의 내용을 넣지 않고 다시 썼어.
② 다정: 큰 글씨로 기사 내용을 자세히 썼어.
③ 민주: 신문 기사 내용을 노래로 만들어 썼어.
④ 선유: 기사에서 어려운 단어를 찾아 길게 뜻을 풀어 썼어.
⑤ 영우: 건강 달리기의 효과를 요약하고 도형과 선으로 나타냈어.

15 다음은 이 자료를 어떻게 표현한 것인지 알맞은 것에 ○표 하시오.

[아동 건강 문제]
• 세계보건기구: 아동 비만은 21세기 최대 건강 문제 가운데 하나
• 교육부: 우리나라 초중고 비만 학생은 100명당 약 17명(2017년 기준)

[건강 달리기의 효과]
• 비만 문제를 해결할 수 있다.
• 집중력이 향상되고, 우울증과 불안감이 줄어든다.

⑴ 내용을 읽기 쉽게 요약했다.   (   )
⑵ 재미있는 내용을 모아 적었다.   (   )
⑶ 새롭게 알게 된 내용을 추가했다.   (   )

16 이 자료의 내용 중 아동 건강 문제를 보기에서는 어떻게 표현했습니까? (   )

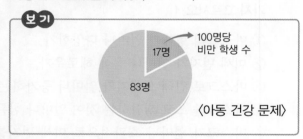
〈아동 건강 문제〉

① 비만으로 인한 문제를 요약하여 나타냈다.
② 100명당 비만 학생 수를 도표로 나타냈다.
③ 비만 학생의 증가 속도를 도표로 나타냈다.
④ 비만 학생의 모습을 찍은 사진을 제시했다.
⑤ 영국과 미국의 비만 학생 수를 도표로 나타냈다.

서술형
17 16번과 같이 자료를 새롭게 표현했을 때의 효과는 무엇인지 쓰시오.

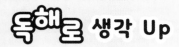

18~19 다음 글을 읽고, 물음에 답하시오.

[6-1] 3단원 108쪽

미래의 인재
어떤 일을 할 수 있는 학식이나 능력을 갖춘 사람.

자료 1
100대 기업의 인재상 변화

	2008년	2013년	2018년
1순위	창의성	도전 정신	소통과 협력
2순위	전문성	주인 의식	전문성
3순위	도전 정신	전문성	원칙과 신뢰
4순위	원칙과 신뢰	창의성	도전 정신
5순위	소통과 협력	원칙과 신뢰	주인 의식

– 출처: 대한상공회의소, 2018.

설명하는 말

미래에는 어떤 인재가 필요할까요? 대한상공회의소에서 조사한 '100대 기업의 인재상 변화'에 따르면 2008년에는 창의성이 1순위였는데 2013년에는 도전 정신이, 2018년에는 소통과 협력이 1순위입니다. 이처럼 시대에 따라 필요한 인재상은 달라지고 있습니다.
뜻이 서로 통하여 오해가 없음.   힘을 합하여 서로 도움.

우리가 어른이 되는 미래에는 어떤 인재가 필요할까요? 우리 모둠은 인공 지능, 사물 인터넷 같은 4차 산업 혁명으로 이전과는 다른 산업 형태가 나타나면서 필요한 인재상도 달라질 것이라고 예상했습니다. 미래에는 변화가 굉장히 빠른 속도로 일어나기 때문에 미래의 인재에게 가장 중요한 것은 계속 배우려는 의지라고 생각합니다.
어떠한 일을 이루고자 하는 마음.

어떻게 읽을까?

1. 글쓴이의 의견이 드러나는 부분에 밑줄을 그으며 읽어 보세요.
2. 글쓴이가 제시한 자료가 의견을 어떻게 뒷받침하는지 생각하며 읽어 보세요.

공부한 날

월

일

● 글쓴이의 의견
　미래의 인재에게 가장 중요한 것은 계속 배우려는 ①▢▢이다.

● 자료가 뒷받침하는 내용
　시대에 따라 필요한 ②▢▢
▢이/가 ③▢▢▢▢
있다.

답 ① 의지 ② 인재상 ③ 달라지고

단원 개념

18 글쓴이가 '자료 1'을 제시한 까닭으로 알맞은 것은 무엇입니까? (　　　)

① 예의를 갖추려고
② 예쁘게 꾸미려고
③ 역사적 사실을 알려 주려고
④ 새로운 이야기를 들려 주려고
⑤ 자신의 의견을 객관적으로 뒷받침하려고

19 글쓴이가 제시한 자료 외에 글쓴이의 의견을 뒷받침할 수 있는 자료로 알맞은 것에 ○표 하시오.

(1) 대한상공회의소 건물 사진　　　(　　　)
(2) 여러 위인들의 뛰어난 점을 정리한 도표
　　　　　　　　　　　　　　(　　　)
(3) 빠른 속도로 변화하는 산업 형태를 다룬 신문 기사
　　　　　　　　　　　　　　(　　　)

어휘 확인

1 다음 문장의 빈칸에 들어갈 알맞은 낱말을 **보기**에서 찾아 쓰시오.

> **보기**
>
> 예측   대처   소모

(1) 날씨가 추울수록 칼로리 ⬚ 효과가 커진다.

(2) 과거의 날씨 기록을 통해 변화를 ⬚ 할 수 있다.

(3) 물이 부족해지고 있는 사회 변화에 ⬚ 해야 한다.

어휘 적용

2 다음 문장에서 밑줄 그은 낱말과 뜻이 비슷한 낱말을 찾아 선으로 이으시오.

(1) 모두 갖고 싶은 욕심을 <u>자제</u>했다.	•	• ㉮	상승
(2) 성적 <u>향상</u>을 위해서는 꾸준히 공부해야 한다.	•	• ㉯	값
(3) 시계를 수리하는 <u>비용</u>이 비쌌다.	•	• ㉰	절제

어법

3 다음 낱말의 뜻을 보고, 제시된 문장에 들어갈 알맞은 말을 골라 ○표 하시오.

> • 조정하다: 분쟁을 중간에서 화해하게 하거나 서로 타협점을 찾아 합의하도록 하다.
> • 조종하다: 비행기나 선박, 자동차 따위의 기계를 다루어 부리다.

(1) 학급에서 발생하는 갈등을 〔 조정하기 / 조종하기 〕 위해 모였다.

(2) 비행기를 〔 조정하는 / 조종하는 〕 것이 내 꿈이다.

속담

4 다음 글과 그림을 보고, 　사공이 많으면 배가 산으로 간다 　와 가장 어울리는 상황에 ○표 하시오.

공부한 날

월

일

사공이 많으면 배가 산으로 간다

주관하는 사람 없이 여러 사람이 자기주장만 내세우면 일이 제대로 되기 어려움을 비유적으로 이르는 말.

같은 배를 탄 사공들이 각자의 생각대로 노를 젓는다면 배는 어떻게 될까요? 이 말은 어떤 일을 결정할 때 자기주장만 내세우지 말고 서로의 의견을 중재해야 일을 진행할 수 있다는 뜻이에요.

(1) ┌─────────────┐
　　아무도 의견을 내지 않을 때
　　└─────────────┘
　　　　(　　)

(2) ┌─────────────┐
　　의견이 모이지 않을 때
　　└─────────────┘
　　　　(　　)

(3) ┌─────────────┐
　　하고 싶은 것이 없을 때
　　└─────────────┘
　　　　(　　)

4

겪은 일을 써요

단원에 대한 공부 계획을 세우고, 공부한 내용을
얼마나 이해했는지 스스로 평가해 보세요.

★★★ 잘함.   ★★ 보통임.   ★ 아쉬움.

그림으로 개념 탄탄

Q 문장 성분의 호응 관계를 어떻게 살펴볼까요?

주어, 목적어, 서술어와 같이 문장을 구성하는 부분.

문장 성분에 어울리는 서술어가 따로 있다고?

'결코'에 어울리는 서술어는 '~않겠다.' 라고!

주어

시간을 나타내는 말

높임의 대상을 나타내는 말

'결코, 전혀, 별로'

'~지 않다, ~지 못하다'와 같은 서술어와 호응

서술어

+

A ❀ 주어, 시간, 높임의 대상을 나타내는 말과 서술어의 호응 관계가 바른지 살펴봐요.

앞에 어떤 말이 오면 거기에 응하는 말이 따라오는 관계

❀ '결코, 전혀, 별로'와 같이 호응하는 서술어가 따로 있는 낱말을 주의해서 써요.

Q 겪은 일이 드러나는 글은 어떻게 쓸까요?

친구들이 쉽고 재미있게 읽을 수 있는 글을 써야지.

계획하기   내용 생성하기   내용 조직하기

표현하기

읽는 사람이 이해하기 어려운 내용은 없을까?

고쳐쓰기

'처음-중간 -끝'으로 구성!

글

A ❀ 글을 쓰는 목적, 글의 종류, 읽는 사람, 주제를 고려해서 계획해요.

❀ 자신이 겪은 일 또는 생각 가운데에서 글감을 정해요.

경험과 같이 글을 쓰는 재료가 되는 것

❀ 처음-중간-끝의 세 부분으로 나누어 글 내용을 조직해요.

❀ 글머리를 어떻게 시작하면 좋을지 생각하고 글을 써요.

글을 시작하는 첫 부분

매체를 활용해 겪은 일이 드러나는 글을 쓰는 방법은 무엇일까요?

<u>어떤 작용을 한쪽에서 다른 쪽으로 전달하는 물체. 또는 그런 수단.</u>

A

✿ 글쓰기에 활용할 매체를 정해요.

✿ 매체를 활용해 글을 쓰거나 의견을 나눌 때 주의할 점을 알아봐요.
읽기 쉽게 글자 크기와 줄 간격 조정하기, 저작권 침해하지 않기 등

✿ 매체를 활용해 쓴 글에 대해 의견을 주고받아요.

✿ 친구들과 나눈 의견을 바탕으로 하여 자신의 글을 고쳐 써요.

확인 문제

? 매체를 활용해 글을 쓰거나 의견을 나눌 때 주의할 점으로 알맞지 <u>않은</u> 것에 ×표 하시오.

(1)
친구의 의견에서 고칠 부분만을 골라 지적한다. ❗

( )

(2)
책에서 본 내용은 누가 쓴 글인지 밝힌다. ✏️

( )

(3)
읽는 사람이 보기 편하도록 글자 크기와 줄 간격을 조절한다. ✔️

( )

답 (1) ×

나만 미워해

"아함! 졸려."

㉠어제저녁에 방에서 컴퓨터를 하는데 졸음이 밀려온다. 안방으로 가서 가만히 누워 있는데 내 동생 용준이가 나를 툭툭 치며 장난을 걸어왔다. 나는 용준이가 또 **덤빌까** 봐 용준이 손을 잡고 안 놓아주었다. 그러다가 그만 내 눈에 쇳덩어리(용준이 머리)가 '쿵' 하고 부딪쳤다. / "아야!"

나는 너무 아파서 눈물을 **글썽였다**. 그랬더니 용준이가 혼날까 봐 따라 울려고 그랬다. 나는 결코 용준이를 아프게 한 적이 없는데도 말이다.

"야, 네가 왜 울어?"

그때였다. 아버지께서 눈을 크게 뜨며 / "진윤서, 너 왜 동생 울려?" 하고 큰소리를 내셨다. 나한테만 뭐라고 하시는 아버지를 이해할 수 없었다.

<small>윤서가 아버지께 섭섭한 마음이 든 까닭</small>
나는 화가 나서 울며 내 방으로 들어가 침대에 누웠다.

'쳇, 나한테만 뭐라고 하고…….'

용준이가 문을 똑똑 두드렸다.

"누나야, 문 열어 봐." / "싫어."

나는 앞으로 용준이와 놀아 주지 않겠다고 다짐했다. 한참 있다가 어머니께서 오셨다. ㉡문을 열어 보라고 하시는데 어머니의 목소리가 별로 좋아 보였다. 나는 혼이 날까 봐 살짝 문을 열었다.

"윤서야, 너 좋아하는 연속극 해." / "일기 쓸래요."

㉢그때 안방에서 아버지가 불렀다.

"윤서야, 이리 와 봐."

나는 입을 쭉 내밀고 절대 앉기 싫다는 표정으로 아버지 옆에 앉았다.

"왜 울었어?" / "잘못은 용준이가 했는데 저만 야단맞아서요."

"서러웠니?" / "예."

"윤서가 다 컸다고 아빠가 쉽게 생각했어. 미안하구나." / "…….".

"용준이 너 이리 와."

아버지의 **호령**에 용준이가 똥 마려운 아이처럼 쭈뼛쭈뼛 다가왔다.

<small>누나에게 미안한 마음이 나타남.</small>
"누나……, 미안."

용준이가 씩 웃으며 나를 쳐다보았다. 웃음이 나오려는 것을 참고 아버지 쪽으로 얼굴을 돌렸는데 아버지께서 손으로 하트 모양을 만들고 계셨다. 그만 나는 **피식** 웃어 버렸다. 아버지께서도 웃으셨다. 내 마음이 녹아 버렸다.

<small>가족의 정이 느껴져서</small>

읽기 탭

문장 성분의 호응이 바르지 않은 문장을 찾고, 어떻게 바르게 고쳐 써야 할지 생각하며 글을 읽어 보세요.

독해로 이해 콕

1 윤서는 동생인 용준이에게 먼저 장난을 걸었다. (○ , ×)

2 윤서는 (자신, 동생)한테만 뭐라고 하시는 아버지를 이해할 수 없었다.

3 아버지께서 손으로 하트 모양을 만들고 계신 것을 본 윤서는 (울음, 웃음)이 나왔다.

4 윤서는 아버지와 동생의 사과를 받고도 마음이 풀리지 않았다. (○ , ×)

낱말풀이

덤빌까 마구 대들거나 달려들까. 예 동생이 버릇없이 큰형에게 **덤빌까** 봐 주의를 단단히 주었다.

글썽였다 눈에 눈물이 넘칠 듯이 그득하게 고였다. 예 책을 읽다가 성냥팔이 소녀가 추위에 떠는 모습을 보고 눈물을 **글썽였다**.

호령 부하나 동물 따위를 지휘하여 명령함.

피식 입술을 힘없이 터뜨리며 싱겁게 한 번 웃을 때 나는 소리. 또는 그 모양.

교과서 문제

01 이 글에서 윤서가 겪은 일은 무엇입니까? (   )

① 동생과 연속극을 보았다.

② 동생과 장난을 치다가 실수로 동생을 때렸다.

③ 동생에게 화를 내다가 일기 쓰는 것을 잊었다.

④ 동생과 싸운 일로 어머니께 꾸중을 들어 슬펐다.

⑤ 동생과 장난치다가 아버지께 혼나고 서러웠지만 금방 마음이 풀렸다.

02 ㉠이 바른 문장이 아닌 까닭은 무엇입니까? (   )

① 언제 있었던 일인지 알 수 없다.

② 사실이 아닌 일을 사실처럼 썼다.

③ 알맞은 높임말을 사용하지 않았다.

④ 장소를 나타내는 말을 쓰지 않았다.

⑤ 과거의 일인데 현재를 나타내는 서술어가 쓰였다.

중요

03 ㉡, ㉢의 문장을 바르게 고쳐 쓰시오.

(1) ㉡: _____

(2) ㉢: _____

문장의 주어가 서술어와 어울리는지, 높임의 대상에 맞는 서술어를 썼는지 점검해 보세요.

서술형

04 문장 성분의 호응이 바르게 이루어지도록 글을 써야 하는 까닭은 무엇인지 쓰시오.

_____

05 윤서가 다음과 같이 생각한 내용은 글쓰기 과정에서 어느 단계에 해당합니까?

(   )

> • 읽는 사람이 이해하기 어려운 내용은 없을까?
> • 문장 성분의 호응이 바르지 않은 부분은 없는지 살펴봐야지.
> • 문장을 좀 더 간결하고 정확하게 쓰려면 어떻게 고쳐야 할까?

글쓰기 과정에서 가장 마지막에 하는 일이에요.

① 계획하기   ② 고쳐쓰기   ③ 표현하기

④ 내용 생성하기   ⑤ 내용 조직하기

가 윤서가 고친 문장과 그 까닭을 선으로 잇기

| 우리가 환경을 보호해야 하는 까닭은 환경 파괴의 피해가 결국 우리에게 돌아오는 것이라고 생각한다. | 할아버지는 얼른 밥을 다 먹고 또 일하러 나가셨다. | 어제저녁 우리 가족은 함께 동네 공원으로 산책을 나간다. |

| 주어와 서술어의 호응 관계가 바르지 않아서 | 시간을 나타내는 말과 서술어의 호응 관계가 바르지 않아서 | 높임의 대상을 나타내는 말과 서술어의 호응 관계가 바르지 않아서 |

나 윤서 친구들이 쓴 잘못된 문장 고치기

| 나는 친구가 거짓말을 한 것이 결코 바른 행동이라고 생각한다. | 선생님 말씀은 전혀 들어 본 내용이었다. | 나는 책 읽기를 별로 좋아하는 편이다. |

다 문장에서 잘못된 부분을 찾아 밑줄을 긋고 바르게 고쳐 쓰기

- ㉠내가 이번 대회에 참가하면서 느낀 점은 어떤 일에 도전하고 그 목표를 성취하고자 노력하는 순간들도 소중하다는 것을 느꼈다.
- 평소 은주는 바른 말을 쓰고 친구들을 잘 이해하는 친구였기 때문에 나는 결코 그것이 은주가 한 행동이라고 생각했다.
- 선생님께서는 이번 시험 문제가 쉽다고 말씀하셨는데 ㉡전혀 쉬워서 친구들이 모두 놀랐다.
- 그림책은 어린아이들이나 읽는 것이라고 생각해서 평소에 별로 읽는 편이다. 하지만 부모님께서 권해 주신 그 책은 내 생각과 달랐다.

활동 €

문장 성분의 호응이 잘못된 문장을 어떻게 고치면 좋을지 알아보세요.

5 '할아버지는 얼른 밥을 다 먹고 또 일하러 나가셨다.'는 시간을 나타내는 말과 서술어의 호응 관계가 바르지 않은 문장이다. (○ , ✕)

6 '어제저녁 우리 가족은 함께 동네 공원으로 산책을 나간다.'에서 '어제저녁'은 (   )의 시간을 나타내므로 서술어를 고쳐 써야 한다.

7 '결코', '전혀', '별로'와 같은 낱말은 (긍정적인 , 부정적인) 서술어와 호응한다.

8 '나는 책 읽기를 별로 좋아하는 편이다.'에서 밑줄 그은 말은 '(   )'(으)로 고쳐야 한다.

낱말풀이

호응 앞에 어떤 말이 오면 거기에 응하는 말이 따라옴. 또는 그런 일.

성취 목적한 바를 이룸. ⑩ 올해 목표인 책 100권 읽기를 성취하고자 오늘도 열심히 책을 읽는다.

권해 어떤 일을 하도록 부추겨. ⑩ 언니는 부모님이 권해 주신 학교에 들어갔다.

06 **가**의 첫 번째 문장에서 '까닭은'에 어울리는 서술어는 무엇입니까? (　　　)

① 없다 　　　　　② 아니다 　　　　　③ 다르다
④ 것이다 　　　　　⑤ 때문이다

4 단원
13 회

공부한 날

월

일

교과서 문제

07 **가**의 두 번째 문장을 바르게 고친 것은 무엇입니까? (　　　)

① 할아버지는 얼른 밥을 다 먹고 또 일하러 나갔다.
② 할아버지는 얼른 진지를 다 먹고 또 일하러 나가셨다.
③ 할아버지는 얼른 진지를 다 잡수시고 또 일하러 나갔다.
④ 할아버지께서는 얼른 밥을 다 잡수시고 또 일하러 나가셨다.
⑤ 할아버지께서는 얼른 진지를 다 잡수시고 또 일하러 나가셨다.

> 할아버지는 웃어른이므로 높임을 나타내는 표현을 사용해야 해요.

중요

08 **나**에서 밑줄 그은 '결코', '전혀', '별로' 뒤에는 어떤 서술어가 어울리는지 알맞은 것에 모두 ○표 하시오.

(1) '안', '못'이 꾸며 주는 서술어 　　　　　　　　　(　　　)
(2) '-겠다'와 같은 추측을 나타내는 서술어 　　　　(　　　)
(3) '-지 않다', '-지 못하다'와 같은 부정적인 서술어 (　　　)

> '결코', '전혀', '별로'를 국어사전에서 찾고 예문을 살펴보면 어울리는 서술어를 알 수 있어요.

서술형

09 ㉠에서 잘못된 부분을 찾아 쓰고, 바르게 고쳐 쓰시오.

잘못된 부분	(1)
바르게 고치기	(2)

10 ㉡을 바르게 고친 것에 ○표 하시오.

(별로 쉬워서, 전혀 쉽지 않아서)

매체를 활용해 겪은 일이 드러나는 글 쓰기

1단계 활용할 매체 정하기

2단계 매체를 활용할 때 주의할 점 알기

글자 크기가 너무 작고 줄 간격이 좁아서 읽기가 힘들어.

지호가 올린 글은 이 책의 내용과 너무 비슷한데?

3단계 매체를 활용해 글 쓰기

글 쓰는 방법	☐ 지난 시간에 썼던 글을 고치며 매체에 옮기기 ☐ 새로운 글을 매체에 직접 쓰기
주의할 점	☐ 글을 쓸 때 생각해야 할 점 살펴보기 ☐ 읽는 사람이 쉽게 읽을 수 있도록 쓰기 ☐ 글을 평가하는 **기준** 살펴보기

4단계 의견 주고받기

┌ 친구가 쓴 글에서 잘못된 점만 찾지 말고 잘한 점은 칭찬해야 함.

친구가 쓴 글에 의견 쓰기	☐ 잘한 점 칭찬하기 ☐ 고칠 부분 말하기 ☐ 자신이 쓴 글과 비교하고 새롭게 생각한 것 쓰기
친구가 남긴 의견 읽기	☐ 친구 의견에 대한 생각 쓰기 → 친구의 의견에서 받아들일 부분은 받아들임. ☐ 친구 의견에서 **반영**할 부분 생각하기

5단계 고쳐쓰기

글 고쳐 쓰는 방법	☐ 처음 썼던 글을 복사해서 붙이기 ☐ 고쳐 쓸 부분을 찾아 고치고 저장하기 ☐ 새롭게 고쳐 쓴 글임을 밝히기
처음 썼던 글과 비교하기	☐ 처음 썼던 글과 달라진 점 생각하기 ☐ 처음 썼던 글보다 좋아진 점 생각하기
확인하기	☐ 문장 성분의 호응이 잘 이루어졌는지 확인하기 ☐ 글을 쓸 때 생각해야 할 점을 잘 해결했는지 살펴보기

활동 📋

매체를 활용해 글을 써 보거나 의견을 나누어 본 경험을 떠올리며, 매체를 활용해 글을 쓰는 과정과 그때 주의할 점을 살펴보세요.

독해로 이해 콕

9 매체를 활용해 글을 쓸 때 가장 먼저 할 일은 활용할 (   )을/를 정하는 것이다.

10 매체를 활용해 글을 쓸 때는 읽는 사람이 (쉽게, 복잡하게) 읽을 수 있도록 써야 한다.

11 매체를 활용해 글을 쓰고 친구들과 의견을 주고받을 때는 친구가 쓴 글에서 잘못된 점만 찾는다. (○, ✕)

12 매체를 활용해 글을 쓰고 고쳐쓰기를 할 때는 문장 성분의 (   )이/가 잘 이루어졌는지 확인해야 한다.

낱말풀이

기준 기본이 되는 표준. 예 개인정보 보호 원칙과 <u>기준</u>을 마련했다.

반영 다른 것에 영향을 받아 어떤 현상이 나타남. 예 우리가 쓰는 말은 우리의 생각과 마음을 <u>반영</u>하므로 아름다운 말을 골라서 써야 합니다.

공부한 날

월

일

11 글을 쓸 때 활용할 수 있는 매체에는 어떤 것이 있는지 두 가지 쓰시오.

(   )

교과서 문제

12 학급에서 글을 쓰고 의견을 주고받으려고 할 때, 활용할 매체가 갖추어야 할 조건이 **아닌** 것은 무엇입니까? (   )

① 학교에서 사용할 수 있어야 한다.
② 긴 글을 쉽게 올릴 수 있어야 한다.
③ 반 학생이 모두 사용할 수 있어야 한다.
④ 반 학생이 다 같이 읽을 수 있어야 한다.
⑤ 글을 읽을 수는 있지만 쓸 수는 없어야 한다.

중요

13 매체를 활용해 글을 쓰거나 의견을 나눌 때 주의할 점으로 알맞은 것에 ○표 하시오.

(1) 다른 책의 내용이 좋으면 그 글을 그대로 가져다 쓴다.   (   )
(2) 누가 쓴 글인지 이름을 밝히고, 예의를 갖추어 글을 쓴다.   (   )
(3) 글자 크기나 줄 간격은 글을 쓰는 사람이 편하도록 맞춘다.   (   )

> 매체를 활용할 때는 저작권에 주의해야 하고, 읽는 사람을 생각해야 해요.

14 매체를 활용해 친구들과 의견을 주고받은 뒤 자신의 글을 고쳐 쓸 때 생각할 점으로 알맞지 **않은** 것은 무엇입니까? (   )

① 처음 썼던 글보다 좋아진 점을 생각한다.
② 새롭게 고쳐 쓴 글임을 밝힐 필요는 없다.
③ 고쳐 쓸 부분을 찾아 고치고 글을 저장한다.
④ 문장 성분의 호응이 잘 이루어졌는지 확인한다.
⑤ 글을 쓸 때 생각해야 할 점을 잘 해결했는지 살펴본다.

> 직접 종이에 글을 써서 의견을 나눌 때와 어떻게 다른지 생각해 보세요.

서술형

15 매체를 활용해 글을 쓰고 의견을 나누면 좋은 점을 한 가지 쓰시오.

_____

01 다음 문장에서 잘못된 점은 무엇입니까? (   )

> 할머니께서 잠을 잔다.

① 문장에 주어가 없다.
② 높임 표현이 잘못되었다.
③ '할머니'를 '할아버지'로 고쳐야 한다.
④ 실제로 일어날 수 없는 일을 문장으로 썼다.
⑤ 과거에 있었던 일이므로 '잔다'를 '잤다'로 고쳐야 한다.

02~05 다음 글을 읽고, 물음에 답하시오.

가 ㉠어제저녁에 방에서 컴퓨터를 하는데 졸음이 밀려온다. 안방으로 가서 가만히 누워 있는데 내 동생 용준이가 나를 툭툭 치며 장난을 걸어왔다. 나는 용준이가 또 덤빌까 봐 용준이 손을 잡고 안 놓아주었다. 그러다가 그만 내 눈에 쇳덩어리(용준이 머리)가 '쿵' 하고 부딪쳤다.

"아야!"

나는 너무 아파서 눈물을 글썽였다. 그랬더니 용준이가 혼날까 봐 따라 울려고 그랬다. 나는 결코 용준이를 아프게 한 적이 없는데도 말이다.

"야, 네가 왜 울어?"

그때였다. 아버지께서 눈을 크게 뜨며

"진윤서, 너 왜 동생 울려?"

하고 큰소리를 내셨다. 나한테만 뭐라고 하시는 아버지를 이해할 수 없었다. 나는 화가 나서 울며 내 방으로 들어가 침대에 누웠다.

나 한참 있다가 어머니께서 오셨다. ㉡문을 열어 보라고 하시는데 어머니의 목소리가 별로 좋아 보였다. 나는 혼이 날까 봐 살짝 문을 열었다.

"윤서야, 너 좋아하는 연속극 해."

"일기 쓸래요."

㉢그때 안방에서 아버지가 불렀다.

02 '내'가 화가 난 까닭은 무엇입니까? (   )

① 우는 '나'를 용준이가 놀려서
② 용준이가 '내' 손을 아프게 때려서
③ 용준이가 컴퓨터를 혼자 하려고 해서
④ 졸음이 오는데 용준이가 자꾸 장난을 쳐서
⑤ '나'한테만 뭐라고 하시는 아버지께 서운해서

서술형

03 ㉠을 문장 성분의 호응 관계에 맞게 바르게 고쳐 쓰시오.

_____

_____

04 ㉡의 문장이 어색한 까닭이 무엇인지 **보기**에서 찾아 그 기호를 쓰고 바르게 고쳐 쓰시오.

보기
㉮ '별로'라는 말과 서술어의 호응이 어색하다.
㉯ 시간을 나타내는 말과 서술어의 호응이 어색하다.
㉰ 높임을 나타내는 말과 서술어의 호응이 어색하다.

(1) 어색한 까닭 _____

(2) 고쳐 쓰기 _____

중요

05 ㉢을 바르게 고친 문장은 무엇입니까? (   )

① 그때 안방에서 아버지가 불렀다.
② 그때 안방에서 아버지가 부르셨다.
③ 그때 안방에서 아버지께서 불렀다.
④ 그때 안방에서 아버지께서 부르셨다.
⑤ 그때 안방에서 아버지가 불렀습니다.

06 다음 밑줄 그은 문장을 바르게 고친 것을 두 가지 고르시오. (   )

> 용준이가 씩 웃으며 나를 쳐다보았다. 웃음이 나오려는 것을 참고 아버지 쪽으로 얼굴을 돌렸는데 아버지께서 손으로 하트 모양을 만들고 계셨다. <u>그만 웃음이 피식 웃어 버렸다.</u>

① 그만 나는 피식 웃어 버렸다.
② 그만 피식 웃음이 웃어 버렸다.
③ 그만 웃음이 피식 웃어 버린다.
④ 그만 웃음이 피식 웃어 버리셨다.
⑤ 그만 웃음이 나서 피식 웃어 버렸다.

07 다음에 해당하는 글쓰기 단계는 무엇입니까?
(   )

> • 직접 글을 쓰는 단계이다.
> • 쓸 내용을 나누는 단계와 글을 고치는 단계 사이에 해당한다.

① 계획하기   ② 고쳐쓰기
③ 표현하기   ④ 내용 생성하기
⑤ 내용 조직하기

서술형

08 글쓰기의 단계 중 '내용 생성하기' 단계에서는 무엇을 하는지 쓰시오.

_____

_____

중요

09 다음 문장이 잘못된 까닭으로 알맞은 것에 ○표 하시오.

> 할아버지는 얼른 밥을 다 먹고 또 일하러 나가셨다.

(1) 주어와 서술어의 호응 관계가 바르지 않아서
(   )
(2) 시간을 나타내는 말과 서술어의 호응 관계가 바르지 않아서
(   )
(3) 높임의 대상을 나타내는 말과 서술어의 호응 관계가 바르지 않아서
(   )

10 다음 문장의 밑줄 그은 부분을 알맞게 고친 것은 무엇입니까? (   )

> 어제저녁 우리 가족은 함께 동네 공원으로 산책을 <u>나간다.</u>

① 나갔다   ② 나갑니다
③ 나가신다   ④ 나가겠다
⑤ 나갈 것이다

11 다음 중 문장 성분의 호응이 바른 문장은 무엇입니까? (   )

① 선생님 말씀은 <u>전혀</u> 들어 본 내용이었다.
② 나는 책 읽기를 <u>별로</u> 좋아하지 않는 편이다.
③ 나는 친구가 거짓말을 한 것이 <u>결코</u> 바른 행동이라고 생각한다.
④ 그림책은 어린아이들이나 읽는 것이라고 생각해서 평소에 <u>별로</u> 읽는 편이다.
⑤ 선생님께서는 이번 시험 문제가 쉽다고 말씀하셨는데 <u>전혀</u> 쉬워서 친구들이 모두 놀랐다.

12 보기 에서 바르게 쓴 문장을 찾아 기호를 쓰시오.

> **보기**
> ㉮ 나는 결코 친구에게 나쁜 말을 했다.
> ㉯ 나는 내일 가족과 함께 놀이공원에 놀러 갔다.
> ㉰ 책을 많이 읽어야 한다고 생각한다. 그 까닭은 책을 읽으면 지식이 생기고 재미도 있기 때문이다.

(   )

서술형

13 호응하는 서술어에 주의하여 '여간'을 활용한 짧은 글을 쓰시오.

_____

_____

14 글의 재료가 되는 것을 뜻하는 말은 무엇입니까?

(   )

① 주제   ② 글감
③ 표현   ④ 제목
⑤ 구성

중요

15 매체를 활용하여 글을 쓰거나 의견을 나눌 때 주의할 점으로 알맞지 <u>않은</u> 것은 무엇입니까? (   )

① 누가 쓴 글인지 이름을 밝힌다.
② 다른 책의 내용을 그대로 가져다 쓰지 않는다.
③ 친구가 읽는 글이면 예의를 갖출 필요가 없다.
④ 읽는 사람이 편하도록 글자 크기와 줄 간격을 조절한다.
⑤ 친구의 의견에서 잘한 점을 칭찬하고 고칠 부분을 말해 준다.

16 매체를 활용해 겪은 일이 드러나는 글을 쓸 때 가장 먼저 해야 할 일은 무엇입니까? (   )

① 고쳐쓰기
② 의견 주고받기
③ 활용할 매체 정하기
④ 매체를 활용해 글 쓰기
⑤ 매체를 활용할 때 주의할 점 알기

17 다음은 매체를 활용해 의견을 주고받는 방법입니다. ㉠에 들어갈 내용으로 알맞지 <u>않은</u> 것은 무엇입니까? (   )

친구가 쓴 글에 의견 쓰기	• 잘한 점 칭찬하기 • 고칠 부분 말하기 • 자신이 쓴 글과 비교하고 새롭게 생각한 것 쓰기
친구가 남긴 의견 읽기	㉠

① 친구 의견에 대한 생각 쓰기
② 친구 의견에서 반영할 부분 생각하기
③ 친구의 의견에서 반영하기 힘든 내용 삭제하기
④ 친구의 의견에서 반영하기 힘든 부분과 그 까닭 생각하기
⑤ 친구의 글을 읽고 자신의 글에서 좀 더 달라졌으면 하는 부분 생각하기

18 매체를 활용해 친구들과 나눈 의견을 바탕으로 하여 글을 고쳐 쓸 때의 방법으로 알맞지 <u>않은</u> 것은 무엇입니까? (   )

① 새롭게 고쳐 쓴 글임을 밝힌다.
② 고쳐 쓸 부분을 찾아 고치고 저장한다.
③ 처음 썼던 글보다 좋아진 점을 생각한다.
④ 어떤 매체를 활용해 글을 쓸지 생각한다.
⑤ 문장 성분의 호응이 잘 이루어졌는지 확인한다.

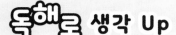

19~20 다음 글을 읽고, 물음에 답하시오.

[6-2] 3단원 133쪽

4 단원

14 회

공부한 날

월

일

제발 저희 가게를 도와주세요

가 얼마 전, 누리 소통망에 퍼진 「△△식당 불매 운동」이라는 글을 보신 적이
있나요? 그 가게는 바로 저희 어머니께서 운영하시는 식당입니다. 하지만 누
리 소통망에 실린 이야기는 사실과 다릅니다.
<small>어떤 특정한 상품을 사지 아니하는 일.</small>

나 손님이 몰려들기 시작하는 토요일 점심시간에 한 손님께서 짜장면을 주문
해서 드시고 계셨습니다. 그러다 곧 주문을 담당한 직원을 화난 표정으로 부
르시더군요. / "여기 짜장면 맛이 왜 이래? 빨리 사장 나오라고 해!"

어머니께서 나오셔서 맛을 확인하고도 이상한 점을 발견하지 못해 갸우뚱하
셨지만 손님께 짜장면을 새로 가져다드렸습니다. 하지만 손님께서는 새로 가
져다드린 짜장면도 이상하다며 배상을 하라고 계속 소란을 피우셨습니다. 결
국 저희는 음식값을 받지도 않고 연신 죄송하다고 사과하며 손님을 보내 드렸
습니다.
<small>남에게 끼친 손해를 물어 주는 일.</small>
<small>잇따라 자꾸</small>

다 며칠 뒤, 친구에게 연락이 왔습니다. 걱정스러운 목소리로 "성민아, 인터
넷 누리 소통망에 너희 가게 이야기가 있는데, 너도 한번 보는 게 좋을 것 같
아."라며 인터넷 글을 보내 주더군요. 그 글에는 며칠 전 있었던 일이 사실과
는 다르게 적혀 있었습니다. / △△식당에서 짜장면을 먹었는데 맛이 이상한
짜장면을 그냥 먹으라고 하고 사과는커녕 자신을 밀치며 불친절하게 말했다는
겁니다. 사람들은 댓글에 모두 저희 가게를 욕하며 불매 운동을 벌이고 있었
습니다. 게다가 저를 아는 누군가가 제 이름과 다니는 학교까지 인터넷에 올
리는 바람에 학교에도 소문이 났습니다. 그리고 그 사건 뒤 저희 가게에는 정
말 손님이 뚝 끊겨 저희 가족은 힘든 나날을 보내고 있습니다.
<small>뒷말의 근거나 원인을 나타내는 말.</small>

어떻게 읽을까?

1. 글쓴이가 글을 쓴 까닭이 무엇
   인지 생각하며 읽어 보세요.
2. 매체를 활용해 겪은 일이 드러
   나게 글을 쓸 때 주의할 점을
   떠올려 보세요.

● 글 **가**~**다**의 중심 내용

• 글 **가**: 얼마 전 누리 소통망에 퍼진
  글은 ① ☐ ☐ 와/과 다릅니다.

• 글 **나**: 한 손님이 짜장면 맛이 이
  상하다며 배상을 하라고 계속 소란
  을 피우셨습니다.

• 글 **다**: 누리 소통망에 사실과 다
  른 내용이 올라와 사람들이 ②
  ☐ ☐ ☐ 을/를 벌이고, 저
  희 가족은 힘든 나날을 보내고 있습
  니다.

● 이 글에 나타난 누리 소통망의
  단점

• 잘못된 정보가 쉽게 퍼질 수 있다.
• 개인 정보가 유출되기 쉽다.

답 ① 사실 ② 불매 운동

---

19 글쓴이가 이 글을 쓴 까닭은 무엇입니까? ( )

① 맛있는 음식점을 소개하기 위해서
② 음식값을 내지 않은 손님을 찾기 위해서
③ 불친절한 가게의 불매 운동을 하기 위해서
④ 소문을 낸 친구들에게 사과를 받기 위해서
⑤ 누리 소통망에 퍼진 이야기가 사실이 아님을
   밝히기 위해서

단원 개념

20 이와 같이 매체를 활용하여 글을 쓰면 좋은 점이 **아
닌** 것은 무엇입니까? ( )

① 의견을 쉽게 주고받을 수 있다.
② 글과 사진을 쉽게 올릴 수 있다.
③ 한번 쓴 글은 쉽게 고치기 어렵다.
④ 하고 싶은 말을 편하게 전할 수 있다.
⑤ 한 사람이 쓴 글을 여러 사람이 동시에 읽고
   의견을 쓸 수 있다.

어휘 확인

1 다음 문장의 빈칸에 들어갈 낱말은 무엇인지 제시된 초성을 참고하여 쓰시오.

(1) 요즘 많이 사용하는 　ㅁ　ㅊ　에는 누리집, 블로그, 누리 소통망, 전자 우편 등이 있습니다.

→ (　　　　　　　　　)

(2) 주어, 목적어, 서술어와 같이 문장을 구성하는 부분을 　ㅁ　ㅈ　ㅅ　ㅂ　(이)라고 한다.

→ (　　　　　　　　　)

(3) '키와 몸무게가 늘었다.'는 주어와 서술어의 　ㅎ　ㅇ　 관계가 바르지 않은 문장이다.

→ (　　　　　　　　　)

(4) 　ㄱ　ㅁ　ㄹ　는 글을 시작하는 첫 부분으로, 글의 전체 인상을 만들어 준다.

→ (　　　　　　　　　)

어휘 적용

2 ⬤에 제시된 낱말과 뜻이 비슷한 말을 찾아 ○표 하시오.

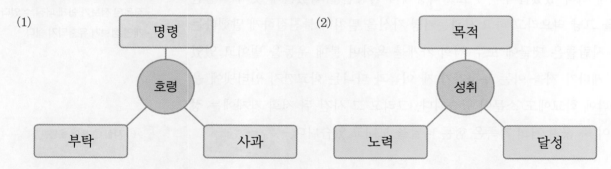

(1)
명령

호령

부탁　　　사과

(2)
목적

성취

노력　　　달성

어법

3 '결코, 전혀, 별로'에 어울리는 서술어를 골라 ○표 하시오.

(1) 나는 <u>결코</u> 그곳에 간 적이 (있다, 없다).

(2) 나는 등산을 <u>별로</u> (좋아한다, 좋아하지 않는다).

(3) 지금 누리 소통망에 올라온 이야기는 <u>전혀</u> (사실이다, 사실이 아니다).

사자성어

4 다음 글과 그림을 보고, 부전자전 을 사용할 수 있는 상황으로 알맞은 것에 ○표 하시오.

공부한 날

월

일

부전자전

(父 아버지 부, 傳 전할 전, 子 아들 자, 傳 전할 전)
아들의 성격이나 생활 습관 따위가 아버지로부터 대물림된 것처럼 같거나 비슷하다는 말.

할머니께서는 준서에게 늘 이렇게 말씀하세요. "네 아버지도 손재주가 좋아서 뭐든 뚝딱 만들었는데, 우리 준서도 손재주가 좋구나."라고요. 이렇게 자식이 부모를 닮았을 때 '부전자전'이라는 말을 쓴답니다.

(1) 여러 사람이 서로 말이 달라서 어떤 일을 결정하지 못할 때 ( )

(2) 한 가지 목표를 정하여 끝까지 열심히 노력해서 이루어 냈을 때 ( )

(3) 아버지가 아침잠이 없어 일찍 일어나는데, 아들도 어려서부터 일찍 일어날 때 ( )

5

여러 가지 매체 자료

단원에 대한 공부 계획을 세우고, 공부한 내용을
얼마나 이해했는지 스스로 평가해 보세요.

★★★ 잘함.   ★★ 보통임.   ★ 아쉬움.

그림으로 개념 탄탄

Q 매체 자료에는 무엇이 있을까요?

수업 시간

집에 돌아와서

학교 가는 중

A
❋ 인쇄 매체 자료에는 신문, 잡지, 책 등이 있어요.

❋ 영상 매체 자료에는 연속극과 같은 텔레비전 영상물, 영화 등이 있어요.

❋ 인터넷 매체 자료에는 문자 메시지, 누리 소통망[SNS] 등이 있어요.

Q 매체 자료에 따른 알맞은 읽기 방법은 무엇일까요?

○○신문

글, 그림, 사진을 모두 살펴봐야 해.

오옷~ 자막, 영상, 소리가 합쳐지니 흥미진진해.

글, 그림은 물론 영상도 사용할 수 있지!

A
❋ 인쇄 매체 자료는 글과 그림, 사진으로 나타낸 시각 정보를 잘 살펴봐요.

❋ 영상 매체 자료는 화면 구성을 잘 살피고 소리에 담긴 정보도 탐색해야 해요.

❋ 인터넷 매체 자료는 글과 그림이 주는 시각 정보를 잘 살펴볼 뿐만 아니라 화면 구성과 소리에 담긴 정보도 탐색해야 해요.

Q 이야기를 읽고 현실 세계와 비교하는 방법은 무엇일까요?

민서영의 두 번째 거짓말!

여러분, 민서영은 또 한 번 여러분을 우롱하고 있습니다. 민서영이 내놓은 사진들을 살펴보면 단박에 그걸 알 수 있습니다.

민서영 아빠가 의료 봉사를 하고 있는 사진은 인터넷 여기저기에서 얼마든지 퍼 올 수 있는 사진들입니다. 사진 속 의사가 민서영 아빠라는 걸 누가 증명해 줄까요?

또 패션쇼 사진도 마찬가지입니다. 민서영이 마음만 먹으면 다른 디자이너의 패션쇼 사진을 얼마든지 퍼 올 수 있는 게 아닙니까?

민서영은 교묘한 잔꾀로 우리 모두를 속여 넘기려는 것입니다.

이야기에 나오는 인물의 모습과 우리 모습을 비교해 보며 읽어 봐.

A

❈ 이야기가 실린 매체의 특성을 생각하며 이야기 속 사건과 갈등을 파악해요.

❈ 이야기에 등장하는 인물들의 말과 행동을 살펴보고, 현실 세계 속 우리 모습과 비교해 봐요.

❈ 대화 예절을 지키며 이야기의 주제에 대해 친구들과 이야기해요.

확인 문제

❓ 다음 매체 자료에 알맞은 정보 전달 방법을 찾아 선으로 이으시오.

(1)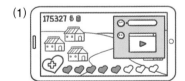

(2)

(3)

⑦ 글, 그림, 사진

⑭ 소리, 자막 등의 여러 가지 연출 방법

⑮ 글, 그림, 사진, 소리, 자막 등을 모두 사용함.

답 (1)—⑭ (2)—⑦ (3)—⑮

여러 가지 매체 자료

가

민준

○○어린이신문 　　2000년 ○○월 ○○일

걸어서 만나는 세계적인 생태 천국, 창녕 우포늪

여름철 우포늪은 온갖 생명의 움직임으로 분주하다. 개구리밥, 마름, 생이가래 같은 수생 식물이 세력을 넓히고, 새하얀 백로가 얕은 물가를 느긋하게 거닐며 먹이 활동을 한다. 가시연꽃이 보랏빛 꽃을 피워 여름의 절정을 알릴 날도 머지않았다.

나

아름다운 몸짓으로 피겨 스케이팅의 새 역사를 열어

아름다운 몸짓으로 피겨 스케이팅의 새 역사를 열어

다

오늘 미세 먼지가 많다고 하는데 공원에 놀러 갈 거야?

얼마나 심한데?

오늘 미세 먼지 소식이야. 위에 있는 것은 수치이고, 아래 있는 것은 오늘 일기 예보야.

활동 팁

민준이가 어떤 매체 자료들을 접하고 있는지 살펴보고, 각 매체 자료의 내용을 잘 이해하려면 어떻게 읽어야 할지 생각해 보세요.

독해로 이해 콕

1 그림 가에서 민준이는 (책 , 신문)을 보고 있다.

2 그림 가의 매체 자료는 글로만 내용을 전달한다. (○ , ×)

3 그림 나의 매체 자료는 소리, 화면 등을 다양하게 사용해 내용을 전달한다.
(○ , ×)

4 그림 다에서 민준이가 사용하는 매체 자료는 (영상 매체 , 인터넷 매체) 자료에 해당한다.

낱말풀이

생태 생물이 살아가는 모양이나 상태.

분주하다 몹시 바쁘게 뛰어다니다. 또는 이리저리 바쁘고 수선스럽다. 예 아침이면 학교에 갈 준비를 하느라 우리 형제들은 늘 분주하다.

수생 식물 물속에서 사는 식물을 통틀어서 이르는 말.

절정 사물의 진행이나 발전이 최고의 경지에 달한 상태. 예 그 배우는 이번 영화가 성공하자 인기가 절정에 올랐다.

수치 계산하여 얻은 값. 예 대기 오염이 기준 수치를 넘어서고 있다.

01 그림 **가**~**다**에서 민준이가 읽거나 본 매체 자료를 찾아 선으로 이으시오.

(1) 그림 **가** •

(2) 그림 **나** •

(3) 그림 **다** •

• ㉮ 휴대 전화 문자 메시지

• ㉯ 텔레비전 영상물

• ㉰ 신문

5 단원
15 회

공부한 날

월

일

중요

02 그림 **가**의 매체 자료를 읽는 방법으로 알맞은 것은 무엇입니까? ( )

① 글만 자세히 읽어야 한다.
② 사진만 보고 넘어가야 한다.
③ 이어질 내용을 상상해야 한다.
④ 제목을 반복해서 읽어야 한다.
⑤ 사진과 글을 모두 살펴보아야 한다.

그림 **가**에 나타난 인쇄 매체 자료는 문자, 사진, 그림 등을 표현 수단으로 하지요.

서술형

03 그림 **나**의 매체 자료를 읽을 때 유의할 점을 쓰시오.

_____

영상 매체 자료는 시각과 청각을 모두 이용해요.

교과서 문제

04 그림 **다**의 매체 자료와 특징이 비슷한 매체 자료는 무엇입니까? ( )

① 잡지
② 서적
③ 영화
④ 연속극
⑤ 누리 소통망

 이미지로 보는
📷 **사전**

#매체 #매체 자료

매체란 내용을 전달하는 수단을 말해요.

매체 자료에는 인쇄 매체 자료, 영상 매체 자료, 인터넷 매체 자료 등이 있어요.

매체가 달라지면 내용을 전달하는 표현 방법도 달라져요.

매체 자료마다 표현하는 특성이 다르기 때문에 매체 자료를 이용하는 방법도 서로 달라요.

가 인물이 처한 상황을 표현한 방법

조선 시대의 유명한 의원으로, 의학 서적인 『동의보감』을 지은 허준의 이야기를 담은 연속극인 「허준」의 한 장면입니다. 허준은 치러야 하는 과거 시험일이 _{인물이 처한 상황} 촉박한데 병을 치료해 주기를 바라는 마을 사람들이 많아 한양으로 가지 못하고 있습니다.

인물이 처한 상황	장면
주인공이 밤새도록 환자를 치료한다.	
㉠여기서 무너지면 안 된다고 다짐한다.	
㉡무엇인가 이상한 낌새를 느낀다.	

나 사건을 어떻게 표현했는지 알아보기

유의태의 아들인 유도지가 자신의 아버지와 사이가 나쁜 벼슬아치들에게 뇌물을 바치는 장면입니다. 유도지는 벼슬아치들에게 아버지와의 관계 때문에 과거 시험에서 자신을 떨어뜨리지 말고 실력만 봐 달라고 부탁하고 있습니다.

장면	표현 방법
	사건을 일으키는 인물을 카메라가 가까이 다가가 보여 준다. _{유도지}
	㉢

활동 명

영상 매체 자료의 특징을 생각하고, 인물이 처한 상황이나 사건을 어떻게 표현하고 있는지 살펴보세요.

독해로 이해 콕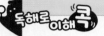

5 영상 매체 자료에서는 화면이 가장 중요하기 때문에 음향 효과는 자세히 살피지 않아도 된다. (◯, ✕)

6 이 영상 매체 자료에 등장하는 주인공 허준은 환자를 치료하는 (   )이다.

7 이 영상 매체 자료에서는 인물이 처한 상황을 보여 주기 위해 다양한 표현 방법을 사용하고 있다. (◯, ✕)

8 각 장면에서 사건을 다양하게 표현하는 방법으로 카메라가 가까이 다가가 인물을 보여 주는 방법도 있다. (◯, ✕)

낱말풀이

동의보감 조선 시대에, 의관(醫官)인 허준이 선조의 명에 따라 편찬한 의서(醫書).

촉박한데 기한이 바싹 닥쳐와서 가까운데.

밤새도록 밤이 지나 날이 밝아 오도록.
예 사람들은 밤새도록 일했다.

낌새 어떤 일을 알아차릴 수 있는 눈치. 또는 일이 되어 가는 묘한 분위기.
예 경찰은 수상한 낌새를 알아차리고 주변을 수색했다.

중요

05 이와 같은 매체 자료를 볼 때 주의할 점은 무엇입니까? (   )

① 화면의 자막 내용에만 집중하여 본다.
② 장면마다 화면을 멈춘 상태에서 본다.
③ 인물이 몇 명 나오는지 세어 보며 본다.
④ 화면 연출, 음향 효과 등을 주의해서 본다.
⑤ 소리만 들어도 내용을 알 수 있으므로 화면은 보지 않아도 된다.

06 ㉠의 상황을 영상으로 표현하는 방법으로 알맞은 것에 ○표 하시오.

⑴ 인물의 속마음을 혼잣말로 들려준다. ( )
⑵ 인물이 당황하는 표정을 연달아 보여 준다. ( )
⑶ 인물의 얼굴을 짧게 보여 준 뒤 화면을 어둡게 한다. ( )

영상 매체 자료는 음악, 화면 연출 등으로 내용을 전달해요.

교과서 문제

07 ㉡의 상황을 표현하기 위해 어떤 표현 방법을 사용하는 것이 어울리겠습니까?
( )

① 화면 전체를 까맣게 표현한다.
② 밝고 즐거운 음악을 들려준다.
③ 아무 소리도 들리지 않게 한다.
④ 인물의 모습을 보여 주지 않는다.
⑤ 인물이 주위를 두리번거리는 모습을 가까이 보여 준다.

08 **보기**의 장면 설명을 볼 때 ㉢에서 인물이 놀라는 모습에 맞추어 어떤 배경 음악을 사용하면 좋을지 쓰시오.

> **보기**
> 유도지에게 뇌물을 받은 인물이 놀라는 장면

(   ) 배경 음악

서술형

09 각 매체 자료의 특징에 따라 읽는 방법을 다르게 읽으면 좋은 점이 무엇일지 쓰시오.

매체 자료마다 표현 방법이 다르기 때문에 각각의 자료의 특징을 알아 두어야 해요.

김득신에 대한 영상 매체 자료

가 김득신에 관한 영상 매체 자료를 보고 알 수 있는 점 정리하기

김득신은 열 살에 처음 글을 배우기 시작했다. 김득신은 정삼품 부제학을 지낸 김치의 아들로 태어났다. 주변에서는 **우둔한** 김득신을 포기하라고 했다. 하지만 김득신의 아버지는 공부를 포기하지 않는 김득신을 **대견스럽게** 여겼다. 김득신은 스무 살에 처음으로 **작문**을 했다. 김득신의 아버지는 공부란 꼭 과거를 보기 위한 것만이 아니니 더욱 노력하라고 김득신을 격려했다. 김득신은 같은 책을 반복해서 여러 번 읽으며 공부했으나 하인도 외우는 내용을 기억하지 못하는 **한계**를 드러냈다. 김득신은 자신의 한계를 극복하기 위해 만 번 이상 읽은 책에 대한 기록을 남겼다. 김득신은 59세에 문과에 급제해 성균관에 입학했다. 김득신은 많은 책과 시를 읽었지만 자신만의 시어로 시를 썼다. 많은 사람이 김득신의 시를 높이 평가했다.

나 자료에 사용한 음악이 어떤 효과를 주는지 생각하기 → 사용된 매체 자료: 영상 매체

장면	음악을 들은 느낌	음악이 주는 효과
	• 잔잔하고 차분하다. • **아련하다.**	• 이야기의 시작을 알린다. • 묵묵히 노력하는 인물의 모습이 더욱 강조된다.
	• 경쾌하다. • 춤을 추고 싶은 생각이 들게 함.	읽은 내용을 자꾸 잊어버리는 우스꽝스러우면서도 안타까운 김득신의 모습이 강조된다.
	⊙ 고요하고 평화롭다.	꾸준히 노력해서 자신의 한계를 극복한 김득신의 삶을 돌아보는 느낌을 준다.

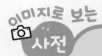
이미지로 보는 사전

#김득신 #독서왕 #대기만성

▲ 출처: 독서왕김득신문학관
(https://www.jp.go.kr/kds.do)

1604년에 태어난 김득신은 어릴 때 천연두를 앓아서 공부를 잘하지 못했지만, 포기하지 않고 노력한 결과 문과에 급제했고 「백곡집」, 「종남총지」 등의 책을 남겼어요.

충청북도 증평군에는 김득신문학관이 있어요. 김득신의 생애와 정신을 이해할 수 있는 다양한 전시품들이 전시되어 있어요.

읽기 🔖

김득신에 관한 매체 자료를 알맞은 방법으로 읽고 주요 내용을 정리하는 방법이 무엇일지 생각해 보세요.

독해로 이해 콕

9 글 **가**에서 소개하는 인물은 (   )이다.

10 김득신은 어려서부터 매우 영리하여 한 번 읽은 내용은 모두 기억했다.
(○, ×)

11 김득신은 스무 살에 문과에 급제해 성균관에 입학했다. (○, ×)

12 많은 사람이 김득신의 (   )을/를 높이 평가했다.

낱말풀이

우둔한 어리석고 둔한. 예 농부는 우둔한 척을 했지만 사실 굉장히 영리한 사람이었다.

대견스럽게 보기에 흐뭇하고 자랑스러운 데가 있게. 예 어린 나이에도 씩씩하게 심부름을 하는 동생을 할아버지께서는 대견스럽게 여기셨다.

작문 글을 지음. 또는 지은 글.

한계 사물이나 능력, 책임 따위가 실제 작용할 수 있는 범위.

아련하다 똑똑히 분간하기 힘들게 아렴풋하다. 예 그때 그 시절의 추억이 아련하다.

교과서 문제

10 글 **가**의 김득신에 대한 설명으로 알맞지 **않은** 것은 무엇입니까? (　　　)

① 김득신은 열 살에 처음 글을 배우기 시작했다.
② 김득신의 아버지는 김득신을 대견스럽게 여겼다.
③ 김득신은 59세에 문과에 급제해 성균관에 입학했다.
④ 김득신은 많은 책과 시를 읽었지만 자신만의 시어로 시를 썼다.
⑤ 김득신의 아버지는 과거를 보기 위해 공부를 해야 한다고 하였다.

11 김득신에 관한 영상 매체 자료를 보고 친구에게 할 질문으로 알맞지 **않은** 것은 무엇입니까? (　　　)

① 김득신의 아버지는 누구인가요?
② 김득신의 시는 어떤 평가를 받았나요?
③ 김득신은 공부를 포기한 후 무엇을 했나요?
④ 김득신의 한계가 드러난 일화는 무엇인가요?
⑤ 김득신을 두고 주변 사람들은 어떻게 이야기했나요?

제시된 자료를 보고
알 수 있는 점에 대해
질문을 만들어 봐요.

중요

12 장면 ㉠에서 사용하기에 알맞은 음악은 어느 것입니까? (　　　)

① 빠른 느낌의 음악
② 경쾌한 느낌의 음악
③ 조마조마한 느낌의 음악
④ 갑자기 큰 소리가 나는 음악
⑤ 고요하고 평화로운 느낌의 음악

영상 매체 자료에서는
음향 효과도 중요하게
사용돼요.

13 김득신에게 본받을 점을 바르게 말한 친구에 ○표 하시오.

(1) 서준: 나도 해야 할 일을 기록해 두어야겠어.　　　　　(　　　)

(2) 주영: 꾸준히 노력해서 자신의 한계를 극복한 점을 본받고 싶어.
　　　　　　　　　　　　　　　　　　　　　　　　　　(　　　)

(3) 민기: 어렵다는 생각이 들면 빨리 포기하고 다른 일을 찾아야겠어.
　　　　　　　　　　　　　　　　　　　　　　　　　　(　　　)

서술형

14 김득신에 관한 자료를 더 찾는다면 어떤 매체를 이용해 조사하고 싶은지 쓰시오.

_____

[앞부분 이야기] 전학 온 서영이는 성격이 좋아 금세 친구들과 잘 어울렸다. 그런 서영이가 부러운 미라는 핑공 카페에 '흑설 공주'라는 계정으로 서영이와 관련한 거짓 글을 올린다. 아이들은 서영이가 거짓으로 부모님 이야기를 한다는 '흑설 공주'의 글을 읽고 수군대기 시작한다.
처음에 사건이 일어나게 된 까닭
한편, 미라와 친해지고 싶었던 민주는 '흑설 공주'인 미라가 거짓말을 하고 있다는 것을 알았지만 서영이에게 그 사실을 알리지 못하고 망설인다.
'흑설 공주'인 미라가 올린 글의 내용

1 민주는 날마다 핑공 카페를 들여다보았다. 혹시 서영이가 무슨 **반박** 글을 올리지 않을까 해서였다. 그러던 어느 날 민주는 눈이 **휘둥그레졌다.** 마침내 서영이가 자기 입장을 밝히는 글을 올린 것이다.
서영이가 드디어 반박 글을 올려서

"서영이가 이제 모든 걸 다 알았구나. 어떻게 알았지? 누가 핑공에 들어가 보라고 일러 주었나?"

민주는 떨리는 마음으로 서영이가 올린 글을 읽어 보았다. 흑설 공주에 대한 분노, 엄마 아빠에 대한 **자부심**과 사랑과 함께 흑설 공주의 글이 모두 사실이 아니라는 걸 당당하게 밝혀 놓은 글이었다.
서영이가 올린 글의 내용

'역시 민서영이구나.'

민주는 자기 생각을 당당하게 밝힐 줄 아는 서영이의 용기가 몹시 부러웠다. 하지만 핑공 카페에 들어와 서영이가 올린 글을 읽은 아이들은 저마다 자기 의견을 달아 놓았다. 그중에는 서영이를 **두둔하는** 선플도 있었지만, 흑설 공주를 **비방하는** 악플과 함께 여전히 흑설 공주 편을 드는 아이들도 있었다.
서로 다른 아이들의 의견

사냥꾼 도대체 누구 말이 진실인가?

빨간 풍선 민서영이 흑설 공주에게 일방적으로 당한 것 같다. 지금이라도 민서영이 자기 입장을 밝혀 주어 속 시원하다.

은하수 내가 보기에 흑설 공주가 너무 심하다. 본인이 사실이 아니라는데 왜 그런 거짓 글을 실었을까?

거지 왕자 어쩌면 우리가 모르는 두 사람만의 **갈등**이 있는 건 아닐까?

하이디 흑설 공주의 글을 보면 민서영에 대해서 잘 알고 있는 듯하다. 그러니 어쩌면 흑설 공주의 글이 사실이 아닐까?

기쁜 나무 아무리 흑설 공주의 글이 사실이라고 해도 인터넷에 남의 **사생활**을 퍼뜨리는 건 나쁜 짓이다.

삐삐 그럼 흑설 공주와 민서영, 둘 중 한 사람은 우릴 속이고 있는 거네?

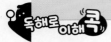

읽기

인터넷 매체에서 이루어지는 대화를 읽으며 인터넷 매체에서 지켜야 할 대화 예절이 무엇일지 생각해 보세요.

독해로 이해 쏙

13 미라는 '흑설 공주'라는 계정으로 서영이와 관련된 거짓 글을 올렸다. (○ , ✕)

14 민주는 미라가 거짓말을 하고 있음을 알게 되자 서영이에게 그 사실을 (알렸다, 알리지 못하고 망설였다).

15 서영이는 카페에 흑설 공주의 글이 모두 (사실이라고, 사실이 아니라고) 밝혔다.

16 서영이가 올린 글에 아이들은 서영이를 두둔하는 의견만 달아 놓았다. (○ , ✕)

낱말풀이

반박 어떤 의견, 주장, 논설 따위에 반대하여 말함.

휘둥그레졌다 놀라거나 두려워서 눈이 크고 둥그렇게 되었다. 예 사고가 났다는 말에 그의 눈이 휘둥그레졌다.

자부심 자기 자신 또는 자기와 관련되어 있는 것에 대하여 스스로 그 가치나 능력을 믿고 당당히 여기는 마음.

두둔하는 편들어 감싸 주거나 무조건 한쪽 편을 들어 주는. 예 신영이는 동생만 두둔하는 부모님께 서운한 마음이 들었다.

비방하는 남을 비웃고 헐뜯어서 말하는.

갈등 개인이나 집단 사이에 목표나 이해관계가 달라 서로 적으로 여기거나 충돌함.

사생활 개인의 사사로운 일상생활. 예 아이들의 사생활을 보호해 주어야 합니다.

어떤 매체 자료가
사용되었는지
살펴봐요.

5 단원

17 회

공부한 날

월

일

중요

15 이 글에서 인물들이 이야기를 나누는 공간은 어디입니까? (   )

① 교실   ② 빵집

③ 서영이네 집   ④ 인터넷 카페

⑤ 반 친구들이 같이 쓰는 교환 일기장

16 이 글에서 주요 갈등을 겪는 인물 두 명을 찾아 ○표 하시오.

> 민주   서영   사냥꾼   흑설 공주   빨간 풍선

17 미라가 흑설 공주라는 아이디로 인터넷 카페에서 한 일은 무엇입니까?

(   )

① 서영이와 크게 다투었다.

② 서영이를 칭찬하는 글을 올렸다.

③ 서영이에게 친구가 되자는 편지를 썼다.

④ 새로운 아이디를 만들어 친구들과 대화했다.

⑤ 인터넷 카페에 서영이와 관련한 거짓 글을 올렸다.

교과서 문제

18 서영이가 올린 글을 읽은 아이들의 의견이 서로 달랐던 까닭은 무엇입니까?

(   )

① 서영이와 친한 아이들이 많아서

② 민주가 아이들에게 상황을 설명해서

③ 서영이가 쓴 글의 내용이 계속 바뀌어서

④ 흑설 공주의 정체를 아이들이 알게 되어서

⑤ 카페에 올라온 글만으로는 무엇이 사실인지 알 수 없어서

인터넷에 올라오는
글에는 사실이 아닌 것도 섞여
있으므로 정보를 분별하는
능력이 중요해요.

서술형

19 이 글의 내용과 같이 인터넷 매체 자료를 이용할 때 비슷한 경험을 한 적이 있는
지 떠올려 쓰시오.

허수아비 맞다. 흑설 공주가 근거도 없이 얼토당토않은 글을 올리지는
않았을 것이다. 내가 보기에 민서영이 거짓말을 하고 있는 것 같다.

솔로몬 이 사실을 밝힐 수 있는 명탐정은 누구인가?

중심 내용 흑설 공주가 핑공 카페에 서영이와 관련한 거짓 글을 올리자 서영이도 흑설 공주의 글에 대한 반
박 글을 올렸고, 글을 읽은 아이들은 서로 다른 의견을 달아 놓았다.

2 아이들의 댓글은 꼬리에 꼬리를 물고 이어졌다. 민주는 ㉠숨을 죽인 채 카페
끊이지 않고 계속
에 올라온 글들을 읽고 또 읽었다. 그리고 다음 날 민주는 또다시 자기 눈을 의
흑설 공주가 또다시 서영이를 공격하는 글을 올려서
심하였다. 흑설 공주가 서영이를 공격하는 또 하나의 글이 올라와 있었기 때문
이었다. 민주는 덜덜 떨리는 마음으로 흑설 공주가 올린 글을 읽기 시작하였다.

> ㉡민서영, 내가 쓴 글이 사실이 아니라면 그걸 반박할 증거를 내놓아라.
> 그럴 용기가 없다면 내가 쓴 모든 글이 사실임을 인정해야 할 것이다.

민주는 어이가 없어서 저절로 욕이 튀어나올 지경이었다. 이걸 보고 놀랄 서
민주는 흑설 공주의 글이 사실이 아님을 알고 있기 때문에
영이를 생각하니 딱하기만 했다. 아무것도 아닌 일에 휘말려 마치 그물 속의
물고기처럼 허우적거리고 있는 서영이가 생각할수록 가여웠다. 하지만 이번에
는 서영이도 반격을 늦추지 않았다. 지난
번처럼 잠자코 있으면 아이들이 흑설 공주
의 주장이 사실이라고 받아들일까 봐 두
려운 듯 보였다. 민주는 이번에는 더욱더
숨을 죽인 채 서영이가 올린 글을 읽어 나
갔다.

흑설 공주의 글이 사실이 아니라는 증거 두 가지

여러분, 저는 흑설 공주에게 모함을 받고 있는 민서영입니다.

여러분 중에서도 흑설 공주의 글을 읽고 여전히 제가 거짓말쟁이라고
의심하는 분들이 있다는 걸 알고 매우 슬펐습니다. 만약 아직도 저에 대한
의심과 오해를 풀지 못한 분이 있다면 아래에 있는 사진을 참조해 주시기
흑설 공주의 글로 인한 오해를 풀기 위해 사진을 올림.
바랍니다.

17 아이들은 모두 흑설 공주의 말이 사실이
라고 믿었다. (○, ×)

18 흑설 공주는 더이상 서영이를 공격하는
글을 올리지 않았다. (○, ×)

19 흑설 공주는 자신이 쓴 글이 사실이 아니
라면 그걸 반박할 (   )을/를 내
놓으라고 했다.

20 민주는 (흑설 공주, 서영이)의 글을 읽고
어이가 없었다.

21 서영이는 흑설 공주의 글에 대해 아무 반
응을 보이지 않았다. (○, ×)

낱말풀이

얼토당토않은 전혀 합당하지 아니한.
예 그런 얼토당토않은 소문을 믿을 까
닭이 없다.

명탐정 사건을 해결하는 능력이 뛰어나
이름이 널리 알려진 탐정.

반격 되받아 공격함.

잠자코 아무 말 없이 가만히. 예 나는 잠
자코 듣기만 했다.

모함 나쁜 꾀로 남을 어려운 처지에 빠지
게 함. 예 그는 전쟁에서 큰 공을 세웠
지만 간신들의 모함으로 상을 받지 못
하였다.

20 이 글의 내용으로 알맞은 것에 ○표 하시오

(1) 허수아비는 흑설 공주가 거짓말을 하고 있다고 생각한다. ( )

(2) 카페에 올린 흑설 공주의 글에 아이들은 댓글을 달지 않았다. ( )

(3) 서영이는 흑설 공주에게 모함을 받고 있다고 생각한다. ( )

교과서 문제

21 ⓐ '숨을 죽인 채'에서 '숨을 죽이다'의 뜻은 무엇입니까? ( )

① 긴장하여 집중하다.

② 다른 생각에 빠지다.

③ 흥분하여 마구 떠들다.

④ 당황하여 머릿속이 텅 비다.

⑤ 몹시 기뻐서 어쩔 줄 모르다.

'숨을 죽이다'는 숨소리가 들리지 않을 정도로 조용히 한다는 말이에요.

22 ⓑ의 글이 올라왔을 때 민주는 어떤 마음이 들었습니까? ( )

① 서영이와 친하게 지내고 싶어졌다.

② 흑설 공주의 말이 옳다고 생각했다.

③ 서영이 대신 반박하는 글을 올리고 싶었다.

④ 흑설 공주의 정체를 직접 밝히기로 마음먹었다.

⑤ 어이가 없다고 생각했고 서영이를 딱하게 여겼다.

중요

23 흑설 공주가 카페에 두 번째 글을 올렸을 때, 서영이가 어떻게 했는지 빈칸에 들어 갈 알맞은 말을 쓰시오.

> 서영이는 반격을 늦추지 않고 흑설 공주의 글에 (1) ( )
> 하는 (2) ( )을/를 올렸다.

뜻이 다른 사람을 따돌리는 현상을 '마녀사냥' 이라고 표현하기도 해요.

서술형

24 이 이야기의 제목을 「마녀사냥」이라고 붙인 까닭은 무엇일지 생각하여 쓰시오.

_____

5단원 17회

공부한 날

월

일

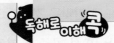
첫 번째는 우리 아빠가 아프리카 탄자니아 은좀베에서 의료 봉사를 하고 있는 병원의 모습을 찍은 사진입니다. 진찰실에서 청진기를 들고 아프리카 아이를 진찰하고 있는 분이 바로 우리 아빠입니다. 정말 자랑스러운 우리 아빠 말이지요.

두 번째는 디자이너인 우리 엄마가 지난봄에 연 패션쇼 모습을 찍은 사진입니다. 엄마가 디자인한 옷을 입은 모델들이 패션쇼를 하고 있는 모습이 보이지요?

이처럼 <u>뚜렷한</u> 증거를 올렸으니 여러분은 이제 제가 거짓말쟁이가 아니라는 걸 믿으시겠지요?

아빠와 엄마의 사진

추신: 이제 증거를 밝혔으니 흑설 공주는 <u>터무니없는</u> 글로 나와 우리 엄마, 아빠를 모함하는 일을 그만두기 바란다.

중심 내용 흑설 공주가 자신을 공격하는 글을 또 올리자 서영이는 흑설 공주가 쓴 글이 사실이 아니라는 증거로 부모님의 사진과 함께 글을 올렸다.

3 서영이가 핑공 카페에 아빠가 은좀베 마을에서 의료 봉사를 하는 모습과 엄마가 디자인한 옷을 입고 모델들이 패션쇼를 하는 사진을 올리자, 이번에는 서영이를 응원하는 댓글과 흑설 공주를 비난하는 댓글이 수없이 올라와 있었다.

허수아비 아무리 얼굴과 이름을 숨기고 자기 생각을 마음대로 실을 수 있는 인터넷 세상이지만, 최소한의 예의는 지켜야 한다. 그런데도 거짓 정보를 올린 흑설 공주는 당장 사과해라!

어린 왕자 흑설 공주가 대체 누구인가? 이런 사람은 카페에 들어올 자격이 없다.

매운 고추 민서영, 잠시라도 널 의심해서 미안하다. 네 용기에 박수를 보낸다.

독해로 이해 콕

22 서영이는 흑설 공주의 글이 사실이 아니라는 증거를 두 가지 제시했다.
(○ , ×)

23 서영이는 아빠가 (의사 , 디자이너)라고 했다.

24 서영이는 흑설 공주에게 자신과 부모님을 (   )하는 일을 그만두라고 했다.

25 서영이가 핑공 카페에 글을 올리자 서영이를 비난하는 댓글이 수없이 올라왔다.
(○ , ×)

낱말풀이

의료 봉사 의료인들이 환자들의 진료를 위하여 여러 가지 일을 하는 것.
예 그는 해외에서 의료 봉사를 하고 돌아왔다.

뚜렷한 누구나 알 수 있을 만큼 확실한.
예 지수는 뚜렷한 병명도 없이 며칠째 병원에 입원 중이다.

추신 뒤에 덧붙여 말한다는 뜻으로, 편지의 끝에 더 쓰고 싶은 것이 있을 때에 그 앞에 쓰는 말.

터무니없는 헛되고 황당하며 믿어지지 않고 전혀 근거가 없는. 예 그런 터무니없는 거짓말에 속을 줄 알고?

25 서영이가 흑설 공주의 글이 사실이 아니라는 증거로 보여 준 것을 두 가지 고르시오. (   )

① 아빠와 엄마의 글

② 아빠가 의료 봉사를 하는 사진

③ 모델들에게 받은 사인

④ 부모님과 아프리카 여행을 하는 사진

⑤ 엄마가 디자인한 옷을 입은 모델들이 패션쇼를 하는 사진

공부한 날

월

일

26 서영이가 흑설 공주에게 요구하는 것은 무엇입니까? (   )

① 자신이 누구인지 정체를 밝혀라.

② 핑공 카페에 사과하는 글을 올려라.

③ 흑설 공주도 부모님 사진을 올려라.

④ 다시는 핑공 카페에 글을 올리지 마라.

⑤ 나와 우리 부모님을 모함하는 일을 그만둬라.

서영이는 추신에서 어떤 말을 했나요?

교과서 문제
27 흑설 공주에게 계속 공격받은 서영이는 어떤 기분이 들었을지 쓰시오.

(   )

중요
28 핑공 카페에서 서영이의 글을 본 아이들의 반응은 어떠했습니까? (   )

① 흑설 공주를 위로하는 친구들이 늘었다.

② 서영이를 비난하는 댓글이 많이 올라왔다.

③ 서영이의 글을 믿지 못하겠다는 반응이 많았다.

④ 흑설 공주의 반박 글을 요구하는 댓글이 올라왔다.

⑤ 서영이를 응원하는 댓글과 흑설 공주를 비난하는 댓글이 많이 올라왔다.

서영이가 흑설 공주의 글에 반박 글을 올리자 아이들이 어떻게 반응했는지 살펴봐요.

서술형
29 인터넷 매체를 이용하여 정보를 얻을 때 주의할 점은 무엇인지 이 글의 내용과 연관 지어 쓰시오.

_____

_____

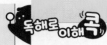

하이디 글은 자기의 얼굴과 마찬가지이다. 거짓 글로 민서영에게 상처를 준 흑설 공주는 카페에 글을 쓸 자격이 없다. 마녀사냥은 민서영이 아니라 흑설 공주에게 해야 한다.

삐삐 핑공 카페지기는 당장 흑설 공주의 신상 털기를 해라!

방글이 요즈음 거짓 정보 때문에 목숨을 끊은 연예인이 얼마나 많은가. 우리 어린이들까지 그런 잘못된 걸 본받으면 안 된다!

중심 내용 서영이가 핑공 카페에 글을 올리자, 서영이를 응원하는 댓글과 흑설 공주를 비난하는 댓글이 수없이 올라왔다.

---

26 서영이가 글을 올리자 (흑설 공주, 서영이)가 사과해야 한다는 댓글이 수없이 올라왔다.

27 서영이의 역공 작전이 성공하자 민주는 (고소했다, 화가 났다).

28 흑설 공주는 서영이의 글을 읽고 곧바로 자신의 잘못을 뉘우치는 글을 올렸다.
(◯ , ✕)

29 흑설 공주가 다시 글을 올리자 흑설 공주와 민서영의 싸움에 대한 아이들의 관심이 식었다. (◯ , ✕)

---

4 '드디어 서영이의 역공 작전이 성공했구나. 이걸 보고 미라가 어떤 표정을
　　　　서영이가 흑설 공주의 글에 반박 글을 올린 것
지을까? 된통 당했으니 이젠 슬그머니 꼬리를 내리겠지?'

민주는 마치 자기 일처럼 고소하기 짝이 없었다. 하지만 웬걸, 싸움은 그게
　　　　민주는 서영이를 응원하고 있음.
끝이 아니었다. 흑설 공주가 곧바로 서영이의 글을 읽고 또 다른 공격을 해 온 것이다.

민서영의 두 번째 거짓말!

여러분, 민서영은 또 한 번 여러분을 우롱하고 있습니다. 민서영이 내놓은 사진들을 살펴보면 단박에 그걸 알 수 있습니다.

민서영 아빠가 의료 봉사를 하고 있는 사진은 인터넷 여기저기에서 얼마든지 퍼 올 수 있는 사진들입니다. 사진 속 의사가 민서영 아빠라는 걸 누가 증명해 줄까요?

또 패션쇼 사진도 마찬가지입니다. 민서영이 마음만 먹으면 다른 디자이너의 패션쇼 사진을 얼마든지 퍼 올 수 있는 게 아닙니까?

민서영은 교묘한 잔꾀로 우리 모두를 속여 넘기려는 것입니다.

흑설 공주는 마치 먹이를 문 사자처럼 좀처럼 서영이를 잡고 놓아주지 않았다. 그러자 핑공 카페는 점점 더 흑설 공주와 민서영의 싸움을 구경하려는 구경꾼들로 가득 찼다. 흑설 공주와 민서영이 올린 글의 조회 수는 점점 더 올라가고, 모두들 민서영이 어떤 반격을 해 올지 기다리는 눈치였다.

중심 내용 흑설 공주가 다시 반박 글을 올려 흑설 공주와 서영이의 진실 싸움으로 바뀌었다.

낱말풀이

신상 한 사람의 몸이나 처신, 또는 그 주변에 관한 일이나 형편. '신상 털기'는 어떤 사람의 신상 정보를 인터넷에 무분별하게 공개하는 것을 뜻하는 말임.

역공 공격을 받던 편에서 거꾸로 맞받아 하는 공격이나 공세.

된통 아주 몹시. 📍 동생은 심한 장난을 쳤다가 부모님께 된통 혼났다.

고소하기 미운 사람이 잘못되는 것을 보고 속이 시원하고 재미있기

우롱하고 사람을 어리석게 보고 함부로 대하거나 웃음거리로 만들고.

단박에 그 자리에서 바로.

교묘한 솜씨나 재주 따위가 재치 있게 약삭빠르고 묘한. 📍 토끼는 교묘한 말솜씨로 용왕을 속였다.

30 흑설 공주는 서영이의 글을 읽고 어떤 글을 올렸습니까? ( )

① 서영이에게 사과하는 글

② 자신이 누구인지 밝히는 글

③ 핑공 카페 아이들에게 사과하는 글

④ 서영이가 인터넷에서 사진을 퍼 왔다고 주장하는 글

⑤ 서영이의 엄마, 아빠를 직접 만나고 왔다는 내용의 글

 교과서 문제

31 이 글 전체의 사건을 파악하여 일이 일어난 순서대로 기호를 쓰시오.

> ㉠ 카페 가입자들이 흑설 공주를 비난함.
> ㉡ 민서영이 흑설 공주의 글에 대한 반박 글을 올림.
> ㉢ 흑설 공주가 핑공 카페에 민서영과 관련한 거짓 글을 올림.
> ㉣ 흑설 공주가 다시 반박 글을 올려 흑설 공주와 민서영의 진실 싸움으로 바뀜.

( ) → ( ) → ( ) → ( )

중요

32 이 글의 주제에 대해 바르게 이야기하지 <u>못한</u> 친구는 누구인지 쓰시오.

친구들이 인터넷에 올라온 글의 사실 여부를 판단하지 않고 말하고 있어.

가원

친구가 잘못을 했다면 그 친구의 신상과 잘못한 까닭을 인터넷에 올려 다른 친구들에게 알려야 해.

동재

인터넷에 올라오는 정보는 사실인 것과 사실이 아닌 것이 섞여 있기 때문에 잘 구분해야 해요.

( )

인터넷에서도 다른 사람의 입장과 기분을 고려해야 해요.

서술형

33 이 글에 나오는 인물의 모습을 현실 세계 속 우리 모습과 비교하여 쓰시오.

_____

5 여러 가지 매체 자료

맞힌 개수 [ ] 개

01~02 다음 자료를 보고, 물음에 답하시오.

01 가~다 중 인터넷 매체 자료는 무엇인지 기호를 쓰시오.

( )

02 나에 대한 설명으로 알맞지 <u>않은</u> 것은 무엇입니까?

( )

① 영상 매체 자료이다.
② 정보를 주로 글로 전달한다.
③ 시각과 청각을 모두 이용한다.
④ 자막, 영상, 소리의 관계를 파악해야 한다.
⑤ 장면과 어우러지는 음악이나 연출 기법의 의미를 생각해야 한다.

03 인쇄 매체 자료에 해당하는 것을 **보기**에서 모두 골라 ○표 하시오.

보기
잡지 영화 신문 연속극
누리 소통망 휴대 전화 문자 메시지

04 매체 자료가 정보를 전달하는 방법을 찾아 선으로 이으시오.

(1) 인쇄 매체 자료 • • ㉮ 글, 그림, 사진

(2) 영상 매체 자료 • • ㉯ 글, 그림, 사진, 소리, 화면 구성

(3) 인터넷 매체 자료 • • ㉰ 소리, 자막 등의 여러 가지 연출 방법

중요
05 여러 가지 매체 자료를 읽는 방법으로 알맞은 것은 무엇입니까? ( )

① 인쇄 매체 자료는 청각 정보를 잘 살펴야 한다.
② 매체 자료는 모두 정보를 전달하므로 읽는 방법이 모두 같다.
③ 인터넷 매체 자료는 인쇄 매체 자료를 읽는 방법과 똑같이 읽어야 한다.
④ 영상 매체 자료는 글과 사진으로 나타낸 시각 정보를 주로 살펴봐야 한다.
⑤ 영상 매체 자료는 화면 구성을 잘 살피고 소리에 담긴 정보도 파악해야 한다.

서술형
06 다음 영상 매체 자료는 주인공이 밤새도록 환자를 치료하는 상황을 표현하기 위해 어떤 방법을 사용하였는지 쓰시오.

장면	표현 방법

07~09 다음 글을 읽고, 물음에 답하시오.

> ㉠김득신은 같은 책을 반복해서 여러 번 읽으며 공부했으나 하인도 외우는 내용을 기억하지 못하는 한계를 드러냈다. 김득신은 자신의 한계를 극복하기 위해 만 번 이상 읽은 책에 대한 기록을 남겼다. 김득신은 59세에 문과에 급제해 성균관에 입학했다. 김득신은 많은 책과 시를 읽었지만 자신만의 시어로 시를 썼다. 많은 사람이 김득신의 시를 높이 평가했다.

07 김득신에 대한 설명으로 알맞지 <u>않은</u> 것은 무엇입니까? (   )

① 59세에 무과에 급제했다.
② 같은 책을 반복해서 읽었다.
③ 자신만의 시어로 시를 썼다.
④ 만 번 이상 읽은 책을 기록했다.
⑤ 많은 사람이 김득신의 시를 높이 평가했다.

08 ㉠의 장면에 다음과 같은 음악을 사용할 때 얻을 수 있는 효과는 무엇입니까? (   )

> 경쾌한 느낌의 음악

① 김득신의 차분한 성격을 강조한다.
② 김득신에 대한 안타까움을 드러낸다.
③ 예전에는 공부가 무척 힘들었음을 알린다.
④ 앞으로 일어날 일에 대한 궁금증을 더한다.
⑤ 읽은 내용을 자꾸 잊어버리는 우스꽝스러우면서도 안타까운 김득신의 모습이 강조된다.

09 김득신에게 본받을 점을 생각하여 쓰시오.

_____

_____

10~12 다음 글을 읽고, 물음에 답하시오.

> 민주는 떨리는 마음으로 ㉠서영이가 올린 글을 읽어 보았다. 흑설 공주에 대한 분노, 엄마 아빠에 대한 자부심과 사랑과 함께 흑설 공주의 글이 모두 사실이 아니라는 걸 당당하게 밝혀 놓은 글이었다. '역시 민서영이구나.' / 민주는 자기 생각을 당당하게 밝힐 줄 아는 서영이의 용기가 몹시 부러웠다. 하지만 핑공 카페에 들어와 서영이가 올린 글을 읽은 아이들은 저마다 자기 의견을 달아 놓았다. 그중에는 서영이를 두둔하는 선플도 있었지만, 흑설 공주를 비방하는 악플과 함께 여전히 흑설 공주 편을 드는 아이들도 있었다.

10 ㉠의 내용이 <u>아닌</u> 것은 무엇입니까? (   )

① 흑설 공주에 대한 분노
② 엄마 아빠에 대한 사랑
③ 엄마 아빠에 대한 자부심
④ 흑설 공주가 먼저 사과해야 한다는 요구
⑤ 흑설 공주의 글이 모두 사실이 아니라는 것

11 서영이가 올린 글에 대해 아이들의 반응은 어떠했습니까? (   )

① 모두 서영이를 두둔했다.
② 모두 서영이를 비방했다.
③ 모두 흑설 공주를 두둔했다.
④ 모두 흑설 공주에게 악플을 달았다.
⑤ 서영이를 두둔하는 아이들도 있었고 흑설 공주 편을 드는 아이들도 있었다.

12 서영이의 글을 읽고 아이들의 의견이 서로 다른 까닭은 무엇인지 알맞은 것에 ○표 하시오.

> 흑설 공주와 서영이의 글 중 어느 것이 정확한 사실인지 (알 수 없어서, 확실해서)이다.

13~16 다음 글을 읽고, 물음에 답하시오.

> 허수아비: 아무리 얼굴과 이름을 숨기고 자기 생각을 마음대로 실을 수 있는 인터넷 세상이지만, 최소한의 예의는 지켜야 한다. 그런데도 거짓 정보를 올린 흑설 공주는 당장 사과해라!
>
> 어린 왕자: 흑설 공주가 대체 누구인가? 이런 사람은 카페에 들어올 자격이 없다.
>
> 매운 고추: 민서영, 잠시라도 널 의심해서 미안하다. 네 용기에 박수를 보낸다.
>
> 하이디: 글은 자기의 얼굴과 마찬가지이다. 거짓 글로 민서영에게 상처를 준 흑설 공주는 카페에 글을 쓸 자격이 없다. ㉠마녀사냥은 민서영이 아니라 흑설 공주에게 해야 한다.

13 이 글에서 인물들이 비난하고 있는 대상을 쓰시오.

(   )

중요

14 이 글에 나온 인물들의 말과 행동으로 알맞은 것에 ○표 하시오.

(1) 자기 일만 신경 쓴다. (   )

(2) 상대의 말을 잘 듣지 않는다. (   )

(3) 남의 일에 너무 관심을 가진다. (   )

15 ㉠'마녀사냥'의 뜻은 무엇입니까? (   )

① 법률에 따라 행동하는 것

② 남을 의심하지 않고 모두 믿는 것

③ 정의를 위해 나쁜 사람을 처벌하는 것

④ 자신의 정체를 사람들에게 드러내는 것

⑤ 부정확한 내용을 근거로 누군가를 공격하는 것

서술형

16 인터넷 매체를 바르게 이용하는 방법을 생각하여 한 가지만 쓰시오.

_____

17~18 다음 글을 읽고, 물음에 답하시오.

> 여러분, 민서영은 또 한 번 여러분을 우롱하고 있습니다. 민서영이 내놓은 사진들을 살펴보면 단박에 그걸 알 수 있습니다.
>
> 민서영 아빠가 의료 봉사를 하고 있는 사진은 인터넷 여기저기에서 얼마든지 퍼 올 수 있는 사진들입니다. 사진 속 의사가 민서영 아빠라는 걸 누가 증명해 줄까요?
>
> 또 패션쇼 사진도 마찬가지입니다. 민서영이 마음만 먹으면 다른 디자이너의 패션쇼 사진을 얼마든지 퍼 올 수 있는 게 아닙니까?
>
> 민서영은 교묘한 잔꾀로 우리 모두를 속여 넘기려는 것입니다.

> 흑설 공주는 마치 먹이를 문 사자처럼 좀처럼 서영이를 잡고 놓아주지 않았다. 그러자 핑공 카페는 점점 더 흑설 공주와 민서영의 싸움을 구경하려는 구경꾼들로 가득 찼다.

17 흑설 공주가 민서영이 사람들을 속이고 있다고 주장하면서 내세운 의견은 무엇인지 빈칸에 들어갈 알맞은 말을 쓰시오.

> 민서영이 내놓은 사진은 (   ) 에서 얼마든지 퍼 올 수 있다.

18 흑설 공주의 글에 대해 아이들의 반응으로 알맞은 것은 무엇입니까? (   )

① 서영이를 찾아가 위로하였다.

② 흑설 공주에게 이제 그만두라고 하였다.

③ 서영이가 거짓말한 증거를 함께 올렸다.

④ 흑설 공주와 민서영의 싸움 구경에 열을 올렸다.

⑤ 더 이상 흑설 공주의 말에 관심을 갖지 않았다.

19~20 다음 자료를 읽고, 물음에 답하시오.

[6-2] 4단원 150쪽

공부한 날

월

일

가

잡고 있습니까?
잡혀 있습니까?

잡고 있습니까?
잡혀 있습니까?

혹시 당신도 하루 종일 스마트폰만 잡고 계시진 않나요?
어쩌면 우리는 스마트폰에 잡혀 살고 있는 건지도 모릅니다.
오늘은 스마트폰보다 당신 곁에 있는 가족의 손을 잡아 보세요.

공익광고협의회

나

〈휴대 전화 관련 교통사고 발생〉 (단위: 건)

624 848 1058 1111 1360
2011년 2012년 2013년 2014년 2015년

― 출처: 국민안전처, 2016.

어떻게 읽을까?

1. **가**에서 나타내려고 하는 주제가 무엇인지 생각하며 사진과 글을 모두 살펴보세요.

2. **나**의 도표를 통해 무엇을 알 수 있는지 생각해 보세요.

● 각 매체 자료의 종류

• **가**: ① ☐☐☐☐ 사진

• **나**: 도표

● 각 자료의 내용

• **가**: ② ☐☐☐☐ 중독에 대해 글과 ③ ☐☐을/를 이용하여 휴대 전화에 중독된 사람이 많다는 내용을 전달하고 있습니다.

• **나**: 휴대 전화 관련 교통사고 발생 건수가 매년 증가하고 있는 것을 ④ ☐☐☐☐로 제시하여 걸을 때나 운전할 때 휴대 전화를 사용하면 위험하다는 내용을 전달하고 있습니다.

답 ① 공익 광고 ② 스마트폰 ③ 사진
④ 막대 그래프

---

19 매체 자료 **가**와 **나**에서 알 수 있는 것은 무엇입니까? (   )

① 스마트폰은 중독이 되지 않는다.

② 스마트폰은 사용 방법이 까다롭다.

③ 휴대 전화와 교통사고는 관련이 없다.

④ 스마트폰을 사용하는 사람이 줄고 있다.

⑤ 휴대 전화 관련 교통사고 발생 건수가 늘고 있다.

단원 개념

20 매체 자료 **가**를 읽는 방법으로 알맞은 것은 무엇입니까? (   )

① 사진에 집중하여 읽는다.

② 글 내용에 집중하여 읽는다.

③ 글과 사진이 주는 시각 정보를 살피며 읽는다.

④ 소리와 자막 등의 연출 방법에 주의하여 읽는다.

⑤ 동영상을 어떤 방법으로 연출했는지 생각하며 읽는다.

어휘 확인

1 제시된 뜻에 알맞은 낱말을 **보기** 에서 찾아 쓰시오.

> **보기**
>
> 반박, 갈등, 한계

(1) 어떤 의견, 주장, 논설 따위에 반대하여 말함. → ▢

(2) 사물이나 능력, 책임 따위가 실제 작용할 수 있는 범위. → ▢

(3) 개인이나 집단 사이에 목표나 이해관계가 달라 서로 적대시하거나 충돌함. → ▢

어휘 적용

2 밑줄 그은 낱말과 뜻이 비슷한 낱말을 골라 ○표 하시오.

(1) 아침이면 거리의 사람들이 더욱 분주하게 움직인다.

→	한가롭다	바쁘다	편안하다

(2) 그는 우둔한 외모와는 달리 놀랄 만큼 상황 판단이 정확했다.

→	똑똑하다	두둔하다	미련하다

(3) ○○식품의 대응은 소비자를 우롱하는 태도라는 비판이 거셌다.

→	조롱하다	방해하다	가르치다

어법

3 다음 문장에서 표기가 올바른 낱말에 ○표 하시오.

(1) 내가 영수를 괴롭힌다는 말은 [터무니있는 / 터무니없는] 헛소문이다.

(2) 닭이 금달걀을 낳았다는 [얼토당토한 / 얼토당토않은] 이야기를 믿다니!

사자성어

4 다음 글과 그림을 보고, ┃ **무쇠도 갈면 바늘 된다** ┃ 를 사용할 수 있는 상황으로 알맞은 것에 ○표 하시오.

공부한 날

월

일

무쇠도 갈면 바늘 된다

꾸준히 노력하면 어떤 어려운 일이라도 이룰 수 있다는 말.

커다랗고 단단한 무쇠를 갈아서 언제 가느 다란 바늘이 될까요? 이 말은 오래도록 꾸준 히 노력하면 언젠가는 이룰 수 있다는 뜻으 로 쓰이는 속담이에요.

(1) 자신의 재주를 믿고 연습을 게을리하다 시험을 통과하지 못한 상황 （　　）

(2) 그림 실력이 부족하지만 꾸준히 노력해 자신만의 화풍을 이루어 낸 상황 （　　）

(3) 한 가지 일을 꾸준히 하다 보니 생각지 못한 이익을 얻어 일이 잘 풀린 상황 （　　）

6

타당성을 생각하며
토론해요

무엇을 배울까요?

글을 읽고 근거 자료의
타당성 평가하기

토론 절차와 방법 알기

단원에 대한 공부 계획을 세우고, 공부한 내용을
얼마나 이해했는지 스스로 평가해 보세요.

	공부할 내용	스스로 평가
19회	**그림으로 개념 탄탄** **독해로 교과서 쏙쏙 ❶** • 「유행에 따라 희망 직업을 바꾼다면」	☆☆☆
20회	**독해로 교과서 쏙쏙 ❷** • 민재네 반에서 한 토론	☆☆☆
21회	**독해로 교과서 쏙쏙 ❸** • 민재네 반에서 한 토론	☆☆☆
22회	**단원 평가** **독해로 생각 Up →** 「자연 보호는 우리가 꼭 해야 할 일」 **어휘 마무리 뚝딱 →** 사자성어 〈낭중지추〉	☆☆☆

★★★ 잘함.　★★ 보통임.　★ 아쉬움.

그림으로 개념 탄탄

Q 언제 토론이 필요할까요?

A ❀ 주변에서 일어나는 일을 보고 '왜 이런 일이 생겼을까?', '이것을 바꿀 수는 없을까?'라는
생각이 들 때 토론이 필요해요.

❀ 우리 주변에서 문제 상황이 발생했을 때 상대방을 설득하기 위해 필요해요.

Q 근거 자료의 타당성을 어떻게 평가할까요?

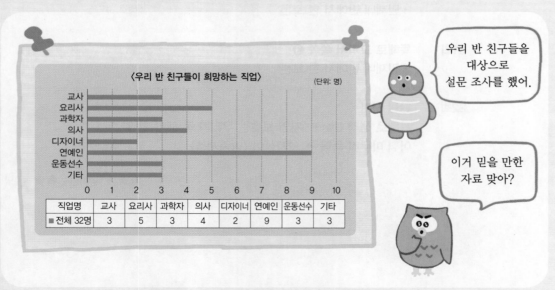

A ❀ 면담 자료는 주장을 뒷받침하는 자료인지, 믿을 만한 전문가의 의견인지 살펴봐야 해요.

❀ 설문 조사 자료는 주장을 뒷받침하는 자료인지, 자료의 출처가 정확한지, 자료가 믿을 만한
지 확인하고, 조사 대상과 범위가 적절한지도 살펴봐야 해요.

Q 토론의 절차와 방법은 어떠할까요?

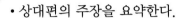주장펼치기
- 근거를 들어 주장을 펼친다.
- 근거와 관련해 구체적인 자료를 제시한다.

반론하기
- 상대편의 주장을 요약한다.
- 상대편의 주장이 타당하지 않다는 것을 밝히기 위한 질문을 한다.
- 주장에 대한 근거나 그에 대한 자료가 적절하지 않다는 것을 밝힌다.

주장다지기
- 자기편의 주장을 요약한다.
- 상대편에서 제기한 반론이 타당하지 않음을 지적한다.
- 자기편 주장의 장점을 정리한다.

A

✻ 토론은 '주장 펼치기 – 반론하기 – 주장 다지기'의 절차로 이루어져요.

✻ 토론할 때는 상대의 주장과 근거가 타당한지 판단하면서, 주장과 근거를 기록하며 들으면 좋아요.

확인 문제

? 토론이 필요한 상황으로 적절하지 <u>않은</u> 것에 ×표 하시오.

(1)
봄 소풍 장소를 정하는 문제

(   )

(2)
쓰레기통 주변이 오히려 더 지저분해지므로 쓰레기통을 없애자는 의견

(   )

(3)
수업이 두 시간 연달아 있을 때 쉬는 시간이 필요하다는 의견

(   )

답 (1) ×

유행에 따라 희망 직업을 바꾼다면

최근 한 매체에서 '연예인'이 초등학생들의 장래 희망 직업 1위를 차지했다는
최근 초등학생들의 장래 희망 1위인 직업
결과를 발표했다. 초등학생들 사이에서 번진 아이돌 **열풍** 때문이다. 몇 년 전
에는 꿈이 '요리사'인 초등학생이 많았는데, 그 당시에는 요리를 주제로 한 텔
유행에 따라 장래 희망이 바뀜.
레비전 프로그램이 유행했기 때문이다. 게임 산업의 발전에 따라 '프로 게이머'
를 희망 직업으로 뽑은 학생이 대다수였을 때도 있었다. 직업은 생활 수단이자
자신의 능력을 발휘하고 꿈을 실현할 수 있는 기회이기도 하다. 그런데 자신이
희망하는 직업을 유행에 따라 결정하는 일이 과연 옳은 것일까?

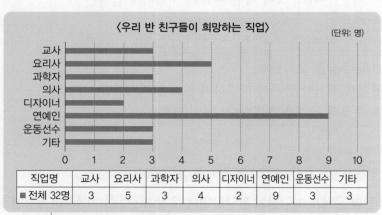

〈우리 반 친구들이 희망하는 직업〉 (단위: 명)

직업명	교사	요리사	과학자	의사	디자이너	연예인	운동선수	기타
■ 전체 32명	3	5	3	4	2	9	3	3

└ 주장을 뒷받침하려고 사용한 설문 조사 자료

㉠ 실제로 자신의 꿈이 '연예인'으로 바뀌었다고 하는 한 학생을 면담한 결과,
주장을 뒷받침하려고 사용한 면담 자료 ①
"요즘에는 연예인이 **대세**이다."라면서도 "사실은 한 해에도 여러 번 바뀌는 희
망 직업 때문에 고민이 많다. 무엇을 준비해야 할지 모르겠다."라고 털어놓았
다. 직업의 선택은 유행이 아니라 자신의 **적성**이나 흥미, 특기를 고려해 이루
어져야 한다. 정작 자신이 무엇을 원하는지보다 다른 많은 사람이 원하는 것에
이끌려 인생의 중요한 결정을 내린다면 결국 후회만 남을 것이다. 또 이것저것
유행에 따라 장래 희망을 결정하면 안 되는 까닭
유행에 휘둘리다 보면 자신의 능력을 집중적으로 개발하는 시간도 빼앗길 것
이다.

㉡ 이와 같은 현실과 관련해 직업 **평론가** ○○○ 씨와 면담한 결과, 그는 "자
주장을 뒷받침하려고 사용한 면담 자료 ②
신이 원하는 일이 무엇인지 모르며 사회에 어떤 다양한 직업이 있는지 알아보
려고 하지 않는 사실이 문제"라며 **우려**를 나타냈다. 직업은 미래에 자기 삶을
유지해 줄 수 있는 **수단** 가운데 하나이다. 직업으로 사람들은 소득을 얻기도 하
고, 행복과 보람을 느끼기도 한다. 그러므로 유행보다는 자신의 흥미와 적성,
특기를 알고, 이것을 바탕으로 하여 직업을 고르려고 노력해야 한다.

읽기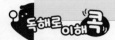

주장하는 글에서 글쓴이의 주장과 그
주장을 뒷받침하려고 사용한 근거 자료
를 찾아보고, 주장하는 글에서 든 근거
자료의 타당성을 평가하는 방법을 알
아보세요.

독해로 이해 콕

1 최근 한 매체에서 (연예인, 요리사)이/
가 초등학생들의 장래 희망 직업 1위를
차지했다는 결과를 발표했다.

2 초등학생들의 장래 희망 직업 1위는 몇
년째 바뀌지 않고 있다. (○, ×)

3 글쓴이는 유행에 따라 자신이 희망하는
직업을 결정해야 한다고 생각한다.
(○, ×)

4 글쓴이는 학생과 (   )을/를
면담했다.

낱말풀이

열풍 매우 세차게 일어나는 기운이나 기
세를 비유적으로 이르는 말. ⓔ 우리 반
에 게임 열풍이 불었다.

대세 일이 진행되어 가는 결정적인 형세.
ⓔ 대세가 점점 우리에게 유리하게 바
뀌고 있었다.

적성 어떤 일에 알맞은 성질이나 적응 능
력. 또는 그와 같은 소질이나 성격.

평론가 사물의 가치, 우열, 선악 따위를
평가하여 논하는 일을 전문으로 하는
사람.

우려 근심하거나 걱정함. ⓔ 경찰은 범인
이 도주의 우려가 있다고 판단했다.

수단 어떤 목적을 이루기 위한 방법.

6 단원
19 회

공부한 날

월

일

01 글쓴이의 주장은 무엇인지 빈칸에 들어갈 알맞은 낱말을 쓰시오.

> (   )은/는 유행보다는 자신의 흥미, 적성, 특기를
> 고려해서 선택해야 한다.

02 글쓴이가 자신의 주장을 뒷받침하려고 사용한 근거 자료 두 가지를 쓰시오.

(   ), (   )

근거 자료의 타당성을 평가할 때는 주장을 뒷받침하는 자료인지, 믿을 만한 전문가의 의견인지 따져 보아야 해요.

서술형

03 자료 ㉠과 ㉡ 중 더 믿을 만한 근거 자료는 무엇인지 기호를 쓰고, 그렇게 생각하는 까닭을 쓰시오.

_____

교과서 문제

04 다음 자료를 이 글의 근거 자료로 활용할 수 <u>없는</u> 까닭을 골라 ×표 하시오.

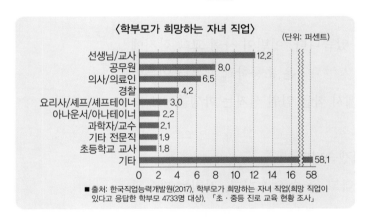

〈학부모가 희망하는 자녀 직업〉 (단위: 퍼센트)

직업	퍼센트
선생님/교사	12.2
공무원	8.0
의사/의료인	6.5
경찰	4.2
요리사/셰프/셰프테이너	3.0
아나운서/아나테이너	2.2
과학자/교수	2.1
기타 전문직	1.9
초등학교 교사	1.8
기타	58.1

■ 출처: 한국직업능력개발원(2017), 학부모가 희망하는 자녀 직업(희망 직업이 있다고 응답한 학부모 4733명 대상), 「초·중등 진로 교육 현황 조사」

(1) 사실이 아닌 내용을 다룬 자료이기 때문에 (   )
(2) 글의 주제와 관련이 없는 자료이기 때문에 (   )
(3) 출처가 없고 조사 대상을 정확히 알 수 없기 때문에 (   )

중요

05 근거 자료를 평가하는 기준으로 알맞지 <u>않은</u> 것은 무엇입니까? (   )

① 자료의 출처가 분명해야 한다.
② 글의 주제에 맞는 자료여야 한다.
③ 조사 대상과 범위를 정확히 알 수 있어야 한다.
④ 조사한 사람과 친한 사람만 답한 자료여야 한다.
⑤ 조사 시기가 언제인지 정확히 알 수 있어야 한다.

조사 범위가 좁으면 주장을 뒷받침하는 적절한 결론을 얻기 어려워요.

주장 펼치기

듣기 자료

사회자 지금부터 "학급 임원은 반드시 필요하다."라는 주제로 토론을 시작하겠습니다. 저는 토론의 사회를 맡은 구민재입니다. 먼저 찬성편이 주장을 펼치겠습니다.

찬성편 저희 찬성편은 두 가지 까닭에서 "학급 임원은 반드시 필요하다."라는 주제에 찬성합니다.

첫째, 실제로 학생 대표가 학교생활에 많은 역할을 합니다. 많은 학생들이 함께 생활하다 보니 학교에는 여러 가지 문제나 불편한 점이 생길 수 있습니다. 이러한 것에 대한 해결은 전교 학생회 회의에서 이루어지는데
_{학교에 생기는 여러 가지 문제나 불편한 점}
학급 임원은 여기에 참여해 우리 반 학생들의 의견을 전달하는 역할을 합니
_{학급 임원이 하는 일}
다. 저희가 설문 조사를 한 결과에 따르면 우리 지역의 초등학교 가운데에서
_{거의 대부분의 학교가 학급 임원을 뽑고 있음.}
95퍼센트가 넘는 학교가 학급 임원을 뽑고 있다고 합니다. 이렇게 많은 학교가 학급 임원을 뽑는다는 것은 실제로 학급 임원이 필요하기 때문이 아니겠습니까? 학급 임원이 없다면 누가 선생님을 돕고, 누가 전교 학생회 회의에
_{학급 임원이 없으면 안 되는 까닭}
참여해 우리의 뜻을 전하겠습니까?

둘째, 학교 안에서 선거를 경험할 수 있습니다. 어린이 사회 교육 잡지에 실린 한 전문가의 면담에 따르면, "민주 시민 교육은 초등학교 때부터 이루어져야 한다. 사회를 미리 경험한다는 점에서 학급 임원 선거는 학생들에게 소중한 경험이 될 수 있다."라고 했습니다.

사회자 네, 이어서 반대편이 주장을 펼치겠습니다.

반대편 학급 임원 제도는 반드시 필요하다고 할 수 없습니다. 저희는 다음과 같은 까닭으로 "학급 임원은 반드시 필요하다."라는 주제에 반대합니다.

말풍선: 실제로 학생 대표가 학교생활에 많은 역할을 합니다.

사회자 / 찬성편 / 반대편

읽기

토론의 과정을 들으며 토론의 절차와 방법에 맞게 토론이 진행되는지, 토론자들이 말한 내용은 무엇인지 생각하며 글을 읽어 보세요.

독해로 이해 콕

5 이 글에서 친구들은 (토론, 토의)을/를 하고 있다.

6 찬성편은 "(   )은/는 반드시 필요하다."라는 주제에 찬성하고 있다.

7 찬성편은 학생 대표가 학교생활에 많은 역할을 한다고 했다. (○, ×)

8 찬성편은 근거 자료로 전문가의 면담 내용을 제시했다. (○, ×)

낱말풀이

임원 어떤 단체에 속하여 그 단체의 중요한 일을 맡아보는 사람.

민주 시민 교육 시민들이 급격히 변화하는 사회에 적응하고 발전적인 민주 사회를 이룩할 수 있도록 훌륭한 시민으로서 지녀야 할 성품이나 능력 등을 기르는 데 목적을 둔 교육.

제도 관습이나 도덕, 법률 따위의 규범이나 사회 구조의 체계. 예 매년 바뀌는 입시 제도로 인해 학생들이 혼란을 겪고 있다.

교과서 문제

06 이 글에 나타난 토론 주제는 무엇입니까? ( )

① 학급 임원은 반드시 필요하다.
② 학급 임원은 투표로 뽑아야 한다.
③ 학생들은 항상 선생님을 도와야 한다.
④ 학교생활을 하면서 어려운 점이 많다.
⑤ 전교 학생회 회의에 모든 학생이 참여해야 한다.

토론 주제는 찬성과 반대로 의견이 나뉠 수 있는 것이어야 해요.

07 토론에 참여한 사람들의 역할을 모두 골라 ○표 하시오.

> 관중　　심판　　사회자　　찬성편 토론자　　반대편 토론자

중요

08 찬성편이 제시한 근거를 두 가지 고르시오. ( )

① 학교 안에서 선거를 경험할 수 있다.
② 공부 외의 취미 활동을 즐길 수 있다.
③ 실제로 학생 대표가 학교생활에 많은 역할을 한다.
④ 학교 안에서 문제나 불편한 점이 전혀 생기지 않는다.
⑤ 학생들의 요구 사항을 학교에서 전부 받아들일 수 있다.

주장을 펼치기 위해서는 알맞은 근거를 제시해야 해요.

09 찬성편이 제시한 근거의 자료는 각각 무엇인지 쓰시오.

첫 번째 근거의 자료	(1)
두 번째 근거의 자료	(2)

서술형

10 찬성편이 구체적인 예를 근거 자료로 제시한 까닭은 무엇일지 쓰시오.

첫째, 학급 임원을 뽑는 기준이 올바르다고 보기 어렵습니다. 한 매체에서 설문 조사를 한 결과에 따르면 70퍼센트 정도의 학생들이 "후보들의 능력보다 **친분**을 우선으로 투표한 적이 있다."라고 응답했습니다. 이 조사는 정말 우리가 우리를 대표할 수 있는 사람을 학급 임원으로 뽑았는지에 대한 의문을 가지게 합니다. 특히 1학기에는 서로 잘 알지도 못한 채로 학급 임원 선거가 이루어지는 경우도 있습니다. 이와 같은 학급 임원 선출은 인기 투표와 다르지 않습니다.

둘째, 학생들 간 **동등한** 관계에 부정적인 영향을 끼칩니다. 우리는 모두 평등한 관계여야 합니다. 하지만 학급 행사를 하는 과정에서 학생들과 학급 임원 사이에 의견 차이가 생겨 친구들끼리 사이가 멀어지는 경우가 생깁니다. 실제로 학급 임원을 한 경험이 있는 학생을 면담한 결과, "학급 임원을 하면서 사이가 멀어진 친구들이 있다."라고 하면서, "선생님께서 부탁하신 일과 친구들과의 관계 사이에서 고민스러운 일이 많았다."라고 말했습니다.

사회자 네, 여기서 주장 펼치기를 마치겠습니다. 이제 3분 동안 **협의** 시간을 드리겠습니다. 각 토론자께서는 상대편의 주장과 근거에 대한 **반론**을 준비해 주십시오.
<small>다음에 이어질 절차인 '반론하기'를 준비함.</small>

반론하기

사회자 이번에는 상대편이 펼친 주장에서 잘못된 점이나 궁금한 점을 **지적하고** 이에 답하는 반론하기 시간입니다. 먼저 반대편이 반론과 질문을 하고 이에 대해 찬성편이 답변하도록 하겠습니다. 시간은 2분입니다. 시작해 주십시오.
<small>'반론하기' 절차에서 하는 일</small>

반대편 찬성편에서는 학급을 위해 봉사하고, 학생 대표가 되어 우리의 뜻을 학교에 전하는 역할을 할 학급 임원이 필요하다고 했습니다. 하지만 학급을 위해 봉사하는 것은 몇 명의 학생이 아니라 전체 학생이 다 할 수 있는 일입니다. 또 요즘은 기술이 발달해서 여러 사람이 동시에 회의에 참여할 수 있습니다. 군이 학생 대표 한두 명만 회의에 참여하도록 할 필요가 없습니다. 따라서 찬성편의 근거는 학급 임원이 반드시 필요하다는 주장을 뒷받침하는 근거라고 보기 어렵습니다. 오히려 모든 학생이 학급 임원을 경험할 수 있도록 돌아가며 하는 게 좋지 않을까요?
<small>반대편이 찬성편에게 한 질문</small>

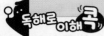 독해로 이해 콕

9 반대편은 학급 임원을 뽑는 기준이 올바르다고 생각한다. (○, ×)

10 반대편은 (구체적인 / 추상적인) 근거 자료를 제시해 자기편의 주장을 뒷받침하고 있다.

11 상대편이 펼친 주장에서 잘못된 점이나 궁금한 점을 지적하고 이에 답하는 절차는 (주장 펼치기, 반론하기)이다.

12 반대편은 학급을 위해 봉사하는 것은 몇 명의 학생만 할 수 있는 일이라고 했다.
(○, ×)

낱말풀이

친분 아주 가깝고 두터운 정분.

동등한 등급이나 정도가 같은. ⑩ 모든 사람은 차별받지 않고 동등한 대우를 받아야 합니다.

협의 둘 이상의 사람이 서로 협력하여 의논함. ⑩ 이번 일은 협의를 거쳐서 결정되었습니다.

반론 남의 논설이나 비난, 논평, 의견 따위에 대하여 반박함.

지적하고 허물 따위를 드러내어 폭로하고.

공부한 날

월

일

교과서 문제

11 반대편의 주장을 뒷받침하는 근거를 두 가지 고르시오. (   )

① 학급 임원들이 학급을 위해 봉사하지 않는다.

② 학급 임원을 뽑는 것에 반대하는 학생이 많다.

③ 학급 임원을 뽑는 기준이 올바르다고 보기 어렵다.

④ 학생들 간 동등한 관계에 부정적인 영향을 끼친다.

⑤ 선생님들이 학급 임원에 대해 부정적으로 생각한다.

12 반대편이 각각의 근거를 뒷받침하는 자료로 제시한 것을 두 가지 골라 ○표 하시오.

⑴ 설문 조사 결과   (   )

⑵ 선생님의 면담 자료   (   )

⑶ 학급 임원을 한 경험이 있는 학생의 면담 자료   (   )

중요

13 토론에서 주장을 펼치는 방법으로 알맞은 것은 무엇입니까? (   )

① 근거를 들어 주장을 펼친다.

② 상대편의 주장을 요약해서 말한다.

③ 상대편의 주장에서 잘못된 점이 무엇인지 말한다.

④ 주장과 관련이 없어도 최대한 많은 자료를 제시한다.

⑤ 주장이 가장 중요하므로 근거나 자료는 제시하지 않아도 된다.

'주장 펼치기'에서 어떤 방법으로 주장을 펼치는지 생각해 보세요.

14 '반론하기' 단계에서 반대편이 찬성편에게 한 반론을 정리했습니다. 빈칸에 들어갈 알맞은 말을 쓰시오.

> • 누구나 학급을 위해 봉사할 수 있다.
> • 요즘은 기술이 발달해서 여러 사람이 동시에 (   )에 참여할 수 있다.

서술형

15 반대편이 반론을 펼치기 전에 찬성편의 주장을 다시 한번 말한 까닭은 무엇일지 쓰시오.

_____

어떤 내용에 대해 반론을 할 것인지 먼저 밝히는 것이 효과적이에요.

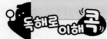
독해로
이해 쏙

찬성편 네, 반대편의 반론 잘 들었습니다. 모두가 돌아가면서 학급 임원을 한 번씩 경험해 볼 수도 있습니다. 그러나 말씀드렸다시피 학급 임원은 학급 학생 전체를 대표하는 자리입니다. <u>학생 대표는 모범적이면서 봉사 정신이 뛰어난 학생이 스스로 참여해야 한다고 생각합니다.</u>
찬성편의 반론
반대편의 반론처럼 모든 학생이 돌아가면서 학급 임원을 맡는다면 그 가운데에는 하고 싶은 마음이 없는 학생이 대표가 될 수 있습니다. 그러면 그 학생에게도 **부담**이 되는 일입니다.

사회자 이번에는 찬성편이 반론을 펴고, 반대편에서 찬성편의 반론을 **반박**해 주시기 바랍니다.

찬성편 반대편은 <u>학급 임원을 뽑는 기준이 올바르지 않은 까닭</u>을 근거로 들
반대편이 든 근거
었습니다. 하지만 반대편에서 첫 번째 자료로 제시한 설문 조사 결과는 다른 학교를 조사한 것입니다. 따라서 우리 학교의 상황과 설문 조사 결과가 반드시 같다고는 볼 수 없습니다. <u>우리 학교 사정을 **고려**해서 근거를 말씀해 주셔야 하지 않을까요?</u>
찬성편이 반대편에게 한 질문

반대편 네, 저희가 다른 학교에서 조사한 결과를 활용한 것은 맞습니다. 그러나 <u>그 자료는 학급 임원을 뽑는 기준에 문제가 있다고 생각하는 학생이 많다는 점을 보여 드리려는 자료입니다.</u>
반대편의 반박
여기 우리 학교 선생님을 면담한 결과를 보여 드리겠습니다. 그 선생님께서는 "봉사 정신이 뛰어나거나 모범적인 행동을 보이는 학생보다는 인기가 많은 학생이 학급 임원이 되는 경우가 종종 있다."라고 말씀하셨습니다. 이러한 점을 모두 고려해 학생 대표로서의 학급 임원이 필요한지 의문입니다.

사회자 양쪽 질문과 답변을 잘 들었습니다. 2분 동안 협의 시간을 드리도록 하겠습니다. 양쪽은 토론 내용을 바탕으로 하여 주장과 근거를 다시 정리해 주시기 바랍니다.

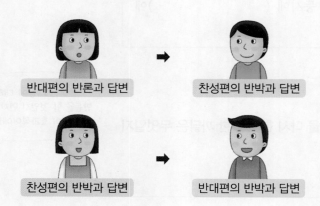

반대편의 반론과 답변 → 찬성편의 반박과 답변

찬성편의 반박과 답변 → 반대편의 반박과 답변

---

13 찬성편은 학생 대표는 모범적이면서 (   )이/가 뛰어난 학생이 스스로 참여해야 한다고 하였다.

14 반대편은 학급 임원을 뽑는 (   )이/가 올바르지 않은 까닭을 근거로 들어 주장하였다.

15 찬성편은 (우리 학교, 다른 학교) 사정을 고려해서 근거를 말해야 한다고 하였다.

16 반대편은 찬성편의 질문에 대한 답변으로 우리 학교 학생을 면담한 결과를 보여 주었다. (◯, ✕)

낱말풀이

부담 어떤 의무나 책임을 짐. 📋 책 가격이 너무 비싸 내 용돈으로 사기에 <u>부담</u>이 되었다.

반박 어떤 의견, 주장, 논설 따위에 반대하여 말함.

고려 생각하여 헤아려 봄. 📋 친구의 집이 먼 것을 <u>고려</u>해서 약속 시간을 늦추어 주었다.

교과서 문제

16 반대편의 다음 질문에 대해 찬성편이 답변한 내용을 골라 ○표 하시오.

> 오히려 모든 학생이 학급 임원을 경험할 수 있도록 돌아가며 하는 게 좋지 않을까요?

(1) 학급 임원이 자주 바뀌면 불편하다. ( )

(2) 학급 임원을 할 마음이 없는 학생에게 부담이 된다. ( )

(3) 누구나 학급 임원이 되게 하면 책임감이 없어질 수 있다. ( )

17 찬성편은 반대편의 주장에 대해 어떤 반론을 펼쳤습니까? ( )

① 학생들을 대상으로 설문 조사하지 않았다.

② 설문 조사 결과에 사실과 다른 내용이 들어 있다.

③ 조사 대상 수가 너무 적어서 결과가 정확하지 않다.

④ 너무 오래 전의 일을 조사한 것이어서 현재 상황에 맞지 않는다.

⑤ 다른 학교를 조사한 것이므로 설문 조사 결과가 우리 학교의 상황과 반드시 같다고는 볼 수 없다.

18 반대편은 찬성편의 질문에 대한 답변으로 어떤 자료를 보여 주었는지 쓰시오.

( )

서술형

19 '반론하기' 단계에서 찬성편과 반대편이 서로에게 질문하는 까닭은 무엇인지 쓰시오.

_____

토론에서는 상대편의 주장보다 자기편의 주장이 더 타당하다고 밝혀야 해요.

중요

20 토론에서 반론하는 방법을 생각하여 빈칸에 들어갈 알맞은 말을 쓰시오.

> • 상대편의 주장을 (1) ( )하고, 상대편의 주장이 타당하지 않다는 것을 밝히기 위한 (2) ( )을/를 한다.
> • 상대편의 주장에 대한 근거나 그에 대한 자료가 타당하지 않다는 것을 밝힌다.

'반론하기'는 상대편이 제시한 근거에 대해 반론 및 질문을 하고, 상대편은 그 질문에 대한 답을 하는 단계예요.

주장 다지기

사회자 이제 토론의 마지막 단계인 주장 다지기입니다. 먼저 찬성편이
<u>발언</u>해 주시기 바랍니다.
토론의 절차: 주장 펼치기 → 반론하기 → 주장 다지기

찬성편 <u>학급 임원은 반드시 필요합니다.</u> **공정한** 선거로 학생 대표를 뽑고, 그
찬성편의 주장
대표를 도와 학교생활이 잘 이루어지도록 하는 경험을 해 보는 것은 큰 의미
가 있습니다. 학급 임원을 뽑는 기준에 문제가 있다면 그 문제를 해결하면
됩니다. 반대편의 **대안**처럼 할 경우 원하지 않는 학생이 학생 대표를 맡게 되
는 또 다른 문제가 발생할 수 있습니다. 공정한 경쟁과 올바른 선택을 거쳐
학급 임원을 뽑는다면 문제를 **원만히** 해결할 수 있을 것이라고 생각합니다.

반대편 찬성편은 학급에 대표가 필요하고, 학급 임원을 뽑는 과정에서 선거
를 경험할 수 있기 때문에 학급 임원이 필요하다고 주장했습니다. 그러나 저
희 반대편은 <u>학급 임원이 반드시 필요하지는 않다고 생각합니다.</u> 학급 임원
반대편의 주장
을 뽑는 기준에 문제가 있고, 학생들 간 동등한 관계에 부정적인 영향을 끼
친다면 반드시 학급 임원 제도를 **유지**해야 할 필요가 있을까요? 물론 학급
대표가 필요한 경우도 있습니다. 그러나 그렇다고 해서 꼭 한두 사람이 학급
임원이 될 필요는 없습니다. 오히려 여러 학생이 한 번씩 돌아가면서 봉사하
고 학급을 대표하는 경험을 쌓는다면 좀 더 많은 학생이 **지도력**과 책임감을
키울 수 있다고 생각합니다.

사회자 모두 수고하셨습니다. 지금까지 "학급 임원은 반드시 필요하다."라는
주제를 놓고 토론을 진행해 보았습니다. <u>찬성편과 반대편의 토론으로 학급
임원의 필요성에 대해 깊이 생각해 볼 수 있었습니다.</u> 토론자 여러분, 감사
이번 토론의 의의
합니다. 그럼 여기서 토론을 마치겠습니다.

이미지로 보는
사전

#토론 #토론 절차 #토론 방법

토론을 할 때는 사회자, 찬성편
토론자, 반대편 토론자가 필요해.

토론의 절차는 '주장 펼치기 →
반론하기 → 주장 다지기'로
이루어져.

근거를 뒷받침하는 구체적인
자료를 제시해야 해.

상대의 주장과 근거가 타당
한지 판단하며 들어야 해.

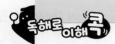
독해로 이해 콕

17 토론의 마지막 단계는 (반론하기, 주장
펼치기, 주장 다지기)이다.

18 찬성편은 학급 임원이 반드시 (필요하지
않다, 필요하다)고 했다.

19 반대편은 꼭 한두 사람이 학급 임원이 되
어야 한다고 했다. (○, ×)

20 사회자는 토론을 마치면서 반대편의 주
장이 옳다는 결론을 내렸다. (○, ×)

낱말풀이

발언 말을 꺼내어 의견을 나타냄. 예 사회
자의 허락을 받은 후 발언해 주십시오.

공정한 공평하고 올바른. 예 판사는 법률
에 따라 공정한 재판을 하려고 노력했다.

대안 어떤 안을 대신하는 안. 예 이번 일
에 대한 대안이 없다.

원만히 일의 진행이 순조롭게.

유지 어떤 상태나 상황을 그대로 보존하
거나 변함없이 계속하여 지탱함. 예 계
속해서 평화를 유지해야 한다.

지도력 어떤 목적이나 방향으로 남을 가
르쳐 이끌 수 있는 능력.

교과서 문제

21 '주장 다지기' 단계에서 찬성편의 발언을 정리한 내용으로 알맞지 <u>않은</u> 것은 무엇입니까? (   )

① 학급 임원은 반드시 필요하다.
② 공정한 선거로 학생 대표를 뽑는 경험은 큰 의미가 있다.
③ 학급 임원을 뽑는 기준에 문제가 있다면 그 문제를 해결하면 된다.
④ 여러 사람이 돌아가면서 학급을 대표하는 경험을 쌓는 것이 중요하다.
⑤ 반대편의 대안처럼 할 경우 원하지 않는 학생이 학생 대표를 맡게 되는 또 다른 문제가 발생할 수 있다.

찬성편과 반대편의 발언을 구분해서 정리해 보세요.

공부한 날

 월

 일

서술형

22 찬성편의 근거를 뒷받침하는 자료가 찬성편의 주장과 근거의 타당성을 높여 주는지 판단하여 쓰시오.

_____

_____

23 반대편에서 제시한 대안에 맞게 빈칸에 들어갈 알맞은 말을 쓰시오.

> 여러 학생이 돌아가면서 (   )을/를 맡는 방법을 제안했다.

'주장 다지기' 단계에서 토론하는 방법을 생각해 보세요.

중요

24 토론에서 주장을 다지는 방법으로 알맞지 <u>않은</u> 것에 ×표 하시오.

(1) 자기편의 주장을 요약한다.   (   )
(2) 자기편의 주장과 근거를 강조한다.   (   )
(3) 자기편에서 제기한 반론이 타당하지 않음을 지적한다.   (   )
(4) 듣는 사람이 자기편의 주장을 확실히 이해할 수 있도록 주장의 장점을 한 번 더 말한다.   (   )

6 타당성을 생각하며 토론해요

맞힌 개수   개

01~02 다음 그림을 보고, 물음에 답하시오.

01 그림 **가**와 **나**에 나타난 문제 상황을 찾아 선으로 이으시오.

(1) 그림 **가** •

(2) 그림 **나** •

• ㉮ 학교 운동장을 외부인에게 개방하여 쓰레기가 많다.

• ㉯ 학교 앞에 불법 주차 차량이 많고 차가 빨리 달린다.

중요

02 그림 **가**와 **나** 같은 문제 상황을 해결하기에 알맞은 방법에 ○표 하시오.

(1) 선생님께 여쭈어 본다. ( )

(2) 책에서 비슷한 상황을 찾아본다. ( )

(3) 찬성편과 반대편으로 나누어 토론을 한다. ( )

03~04 다음 그림을 보고, 물음에 답하시오.

03 민주가 ㉠을 어색해하는 까닭을 두 가지 고르시오. ( )

① 지킬 수 없는 약속 같아서
② 인사말이 너무 길어 말하기 귀찮아서
③ 착한 사람만 써야 하는 인사말 같아서
④ 지금은 착한 사람이 아닌 것 같이 느껴져서
⑤ "안녕하세요?"와 같은 전통적인 인사말을 우리가 지켜야 한다고 생각해서

04 그림 **나**에 대한 답변 그림 (1), (2) 중 문제를 해결하는 데 도움이 되는 대화에 ○표 하시오.

( )   ( )

서술형

05 자신이 반 친구들과 토론하고 싶은 주제를 생각하여 한 가지 쓰시오.

_____

→ 바른답·알찬풀이 21쪽

06~08 다음 글을 읽고, 물음에 답하시오.

이와 같은 현실과 관련해 직업 평론가 ○○○ 씨와 면담한 결과, 그는 "자신이 원하는 일이 무엇인지 모르며 사회에 어떤 다양한 직업이 있는지 알아보려고 하지 않는 사실이 문제"라며 우려를 나타냈다. 직업은 미래에 자기 삶을 유지해 줄 수 있는 수단 가운데 하나이다. 직업으로 사람들은 소득을 얻기도 하고, 행복과 보람을 느끼기도 한다. 그러므로 유행보다는 자신의 흥미와 적성, 특기를 알고, 이것을 바탕으로 하여 직업을 고르려고 노력해야 한다.

06 글쓴이가 직업을 고를 때 고려할 점으로 제시한 것을 모두 골라 ○표 하시오.

유행   흥미   소득
적성   특기   전문가의 말

07 이 글에서 글쓴이가 자신의 주장을 뒷받침하려고 활용한 근거 자료는 무엇입니까? (   )

① 신문 기사
② 동영상 자료
③ 선생님의 면담 자료
④ 학부모 설문 조사 자료
⑤ 직업 평론가의 면담 자료

서술형
08 이 글에서 활용한 근거 자료의 타당성을 판단하여 쓰시오.

_____

_____

09~11 다음 자료를 보고, 물음에 답하시오.

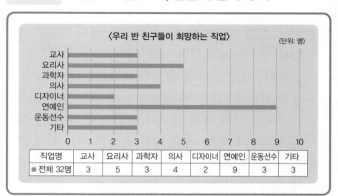

직업명	교사	요리사	과학자	의사	디자이너	연예인	운동선수	기타
■ 전체 32명	3	5	3	4	2	9	3	3

09 이 자료에서 알 수 있는 점으로 알맞지 않은 것은 무엇입니까? (   )

① 조사 범위는 32명이다.
② 조사 대상은 우리 반 친구들이다.
③ 응답이 가장 많은 항목은 요리사이다.
④ 응답이 가장 적은 항목은 디자이너이다.
⑤ 우리 반 친구들이 희망하는 직업을 조사한 결과이다.

10 이 자료를 '전체 초등학생들의 장래 희망'에 대한 글의 자료로 활용하기에 알맞지 않은 까닭에 ×표 하시오.

(1) 응답자의 수가 같은 항목이 있다.   (   )
(2) 지금은 사라진 직업이 포함되어 있다.
                                    (   )
(3) 조사 범위가 좁아서 모든 학생의 희망 직업을 대표하지 못한다.   (   )

중요
11 설문 조사 자료를 평가하는 기준으로 알맞은 것을 찾아 기호를 쓰시오.

㉠ 재미있는 자료인가?
㉡ 자료가 믿을 만한가?
㉢ 자료의 출처를 충분히 숨겼는가?

(   )

12~14 다음 글을 읽고, 물음에 답하시오.

> **찬성편**: 저희 찬성편은 두 가지 까닭에서 "학급 임원은 반드시 필요하다."라는 주제에 찬성합니다.
>
> 첫째, 실제로 학생 대표가 학교생활에 많은 역할을 합니다. 많은 학생들이 함께 생활하다 보니 학교에는 여러 가지 문제나 불편한 점이 생길 수 있습니다. 이러한 것에 대한 해결은 전교 학생회 회의에서 이루어지는데 학급 임원은 여기에 참여해 우리 반 학생들의 의견을 전달하는 역할을 합니다. 저희가 설문 조사를 한 결과에 따르면 우리 지역의 초등학교 가운데에서 95퍼센트가 넘는 학교가 학급 임원을 뽑고 있다고 합니다. 이렇게 많은 학교가 학급 임원을 뽑는다는 것은 실제로 학급 임원이 필요하기 때문이 아니겠습니까?

12 이 글은 토론 절차 중 무엇에 해당하는지 쓰시오.

(   )

13 찬성편이 든 첫 번째 근거는 무엇입니까? (   )

① 학급 임원이 맡은 일이 너무 적다.
② 학생 대표가 학교생활에 많은 역할을 한다.
③ 학급 임원이 아닌 학생들은 책임감이 부족하다.
④ 전교 학생회 회의에 전체 학생이 모두 참여할 수 있다.
⑤ 학생 대표가 있으면 학교에 문제가 발생하지 않는다.

14 찬성편은 근거를 뒷받침하기 위해 어떤 자료를 제시했는지 빈칸에 알맞은 말을 쓰시오.

> • 같은 지역의 초등학교를 대상으로 한 (   ) 자료

15~17 다음 글을 읽고, 물음에 답하시오.

> **반대편**: 찬성편에서는 학급을 위해 봉사하고, 학생 대표가 되어 우리의 뜻을 학교에 전하는 역할을 할 학급 임원이 필요하다고 했습니다. 하지만 학급을 위해 봉사하는 것은 몇 명의 학생이 아니라 전체 학생이 다 할 수 있는 일입니다. 또 요즘은 기술이 발달해서 여러 사람이 동시에 회의에 참여할 수 있습니다. 굳이 학생 대표 한두 명만 회의에 참여하도록 할 필요가 없습니다. 따라서 찬성편의 근거는 학급 임원이 반드시 필요하다는 주장을 뒷받침하는 근거라고 보기 어렵습니다. ㉠오히려 모든 학생이 학급 임원을 경험할 수 있도록 돌아가며 하는 게 좋지 않을까요?

중요

15 토론의 절차를 생각하여 이 글은 무엇에 해당하는지 빈칸에 들어갈 알맞은 내용을 쓰시오.

> 주장 펼치기 → (   ) → 주장 다지기

16 찬성편의 주장에 대한 반론으로 반대편이 든 내용을 두 가지 고르시오. (   )

① 누구나 학급을 위해 봉사할 수 있다.
② 학생 대표는 아무 일도 하지 않는다.
③ 회의에는 대표 한두 명만 참여해야 한다.
④ 학급 임원을 하고 싶지 않은 학생이 많다.
⑤ 요즘은 기술이 발달해서 여러 사람이 동시에 회의에 참여할 수 있다.

서술형

17 내가 찬성편이라면 ㉠과 같은 반대편의 질문에 어떻게 대답할지 생각하여 쓰시오.

_____

_____

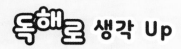 생각 Up

➔ 바른답·알찬풀이 21쪽

해설 강의

6단원

22회

공부한 날

월

일

18~19 다음 글을 읽고, 물음에 답하시오.

[6-1] 4단원 131쪽

자연 보호는 우리가 꼭 해야 할 일

1 우리나라뿐만 아니라 세계 곳곳에서 벌어지는 자연 개발은 우리 삶을 위협한다. 이러한 무분별한 개발로 우리 삶의 터전인 자연은 몸살을 앓고, 이제 인류의 생존까지 위협하는 상황에 이르렀다. 우리는 자연의 목소리에 귀를 기울이고 자연을 보호해야 한다. 왜 자연을 보호해야 할까?

2 첫째, 자연은 한번 파괴되면 복원되기가 어렵다. 어린나무 한 그루가 아름드리나무로 성장하는 데 약 30년에서 50년이 걸린다고 한다. 우유 한 컵(150밀리리터)으로 오염된 물을 물고기가 살 수 있는 깨끗한 물로 만들려면 우유 한 컵의 약 2만 배의 물이 필요하다. 이처럼 환경을 오염시키는 것은 순식간이
복원이 어려운 자연의 예
지만 오염된 환경을 되살리는 데는 수십, 수백 배의 시간과 노력이 든다. 자연의 힘이 아무리 위대해도 자정 능력을 넘어서는 오염을 감당하기는 어렵다.
오염된 물이나 땅 따위가 저절로 깨끗해짐.

3 둘째, 무리한 자연 개발은 생태계를 파괴한다. 생물은 서로 유기적인 생태
각 부분이 서로 밀접하게 관련을 가진.
계로 얽혀 있으며 주변 환경과 영향을 주고받으면서 살아간다. 자연 개발로 생태계를 파괴하면 결국 사람의 생활 환경을 악화시키는 결과를 초래한다. 예를 들어 사람의 편의를 돕는 시설을 만들면서 무분별하게 산을 파헤치면 동식
형편이나 조건 따위가 편하고 좋음.
물은 삶의 터전을 잃는다. 무리한 자연 개발의 결과로 기후 변화 현상까지 나타나 동물이 멸종 위기에 처하고, 지구 환경이 위협을 받기도 한다. 동식물이 살 수 없는 곳은 사람도 살 수 없는 곳이 된다. 사람도 자연의 일부분이므로
자연 파괴의 결과가 사람에게 돌아옴.
자연과 조화를 이루어야 우리 삶이 풍요로워진다.

어떻게 읽을까?

1. 글쓴이의 주장과 근거가 무엇인지 먼저 파악해 보세요.
2. 근거를 뒷받침하기 위해 어떤 자료를 활용할 수 있을지 생각해 보세요.

☺ **문제 상황**

무분별한 개발로 자연이 몸살을 앓고, 인류의 생존까지 ①☐☐하는 상황에 이름.

☺ **글쓴이의 주장**

우리는 자연의 목소리에 귀를 기울이고 ②☐☐을/를 ③☐☐해야 한다.

☺ **주장에 대한 근거**

• 근거 ①: 자연은 한번 파괴되면 ④☐☐되기가 어렵다.

• 근거 ②: 무리한 자연 개발은 ⑤☐☐☐을/를 파괴한다.

답 ① 위협 ② 자연 ③ 보호 ④ 복원 ⑤ 생태계

단원 개념

18 글쓴이가 주장을 뒷받침하기 위해 든 근거를 두 가지 고르시오. (   )

① 자연의 힘은 생각보다 위대하다.
② 자연 개발은 우리 삶을 편리하게 한다.
③ 무리한 자연 개발은 생태계를 파괴한다.
④ 자연은 한번 파괴되면 복원되기가 어렵다.
⑤ 오염된 환경은 시간이 지나면 원래대로 돌아온다.

19 이 글에 활용하기에 가장 알맞은 근거 자료는 무엇입니까? (   )

① 동물들이 뛰어노는 사진 자료
② 자연 보호 방법에 대한 설문 조사 자료
③ 글쓴이와 생각이 같은 친구의 면담 자료
④ 자연을 보호하는 것보다 개발하는 것이 더 중요하다는 내용의 책
⑤ 무리한 자연 개발로 지구 환경이 위협을 받고 있다는 전문가의 면담 자료

1 다음 뜻을 가진 낱말을 찾아 ○표 하시오.

(1) 서로 만나서 이야기함. → (면담, 설문)

(2) 남의 논설이나 비난, 논평 따위에 대해 반박함. → (반론, 찬성)

(3) 어떤 단체에 소속하여 그 단체의 중요한 일을 맡아보는 사람. → (사원, 임원)

(4) 어떤 일에 알맞은 성질이나 적응 능력. 또는 그와 같은 소질이나 성격. → (적성, 개성)

어휘 적용

2 **보기**의 문장에서 밑줄 그은 낱말과 같은 뜻으로 쓰인 것에 ○표 하시오.

> **보기**
>
> 아이돌 <u>열풍</u>으로 초등학생들의 장래 희망 직업 1위는 연예인이다.

(1) 지금 케이팝(K-pop) 열풍이 전 세계를 휩쓸고 있다. ( )

(2) 손바닥만 한 선풍기에서 후텁지근한 <u>열풍</u>만 내뿜었다. ( )

(3) 요즘처럼 <u>열풍</u>이 잦을 때, 어민들은 일기 예보를 주의해서 들어야 한다. ( )

어법

3 다음 **보기**를 참고하여, 빈칸에 들어가기에 알맞은 낱말에 ○표 하시오.

> **보기**
>
> 일반적으로 '−하다'가 붙는 말 뒤에 끝음절이 '히'로만 나거나 '이, 히'로 소리 나는 경우는 '−히'로 적고, 분명히 '이'로 소리 나는 경우에는 '−이'로 적습니다.
>
> **예** 정확히(○) / 정확이 (×), 깨끗이(○) / 깨끗히 (×)

(1) 날씨가 추워져서 옷을 (겹겹이, 겹겹히) 껴입었다.

(2) 세진이는 꼭 전해줄 것이 있다며 (급이, 급히) 뛰어왔다.

(3) (솔직이, 솔직히) 말해서 나는 소리가 정말 부러웠다.

사자성어

4 다음 글과 그림을 보고, **낭중지추** 를 알맞게 사용한 친구의 이름을 쓰시오.

낭중지추

(囊 주머니 낭, 中 가운데 중, 之 갈 지, 錐 송곳 추)
주머니 속의 송곳이라는 뜻으로, 재능이 뛰어난 사람은 숨어 있어도 저절로 사람들에게 알려짐을 이르는 말.

주머니에 날카로운 송곳을 넣으면 어떻게 될까요? 결국 뾰족하게 튀어나오겠지요? 이처럼 재능이 뛰어난 사람은 언젠가는 저절로 사람들에게 알려진다는 뜻으로 쓰는 말이에요.

(1) 영주: 낭중지추라는 말도 있듯이, 언젠가는 네 실력과 노력을 사람들이 알아줄 거야.

(2) 정민: 낭중지추라더니, 너희 둘은 어떻게 하는 행동이 그렇게 똑같니?

(   )

7

중요한 내용을
요약해요

단원에 대한 공부 계획을 세우고, 공부한 내용을
얼마나 이해했는지 스스로 평가해 보세요.

	공부할 내용	스스로 평가
23회	**그림으로 개념 탄탄** **독해로 교과서 쏙쏙 ❶** • 「내 귀는 건강한가요」	☆☆☆
24회	**독해로 교과서 쏙쏙 ❷** • 「존경합니다, 선생님」	☆☆☆
25회	**독해로 교과서 쏙쏙 ❸** • 「존경합니다, 선생님」	☆☆☆
26회	**독해로 교과서 쏙쏙 ❹** • 「식물의 잎차례」 • 「한지돌이」	☆☆☆
27회	**단원 평가** **독해로 생각 Up** → 「저승에 있는 곳간」 **어휘 마무리 뚝딱** → 속담 〈입에 쓴 약이 병을 고친다〉	☆☆☆

★★★ 잘함.　★★ 보통임.　★ 아쉬움.

그림으로 개념 탄탄

Q 낱말의 뜻을 짐작하며 읽어야 하는 까닭은 무엇일까요?

A
❋ 낱말의 뜻을 제대로 이해하지 못하면 글을 제대로 이해할 수 없기 때문이에요.

❋ 글을 읽으면서 모르는 낱말이 나올 때마다 사전을 찾아볼 수 없기 때문이에요.

Q 글을 요약하는 방법은 무엇일까요?

동물들은 한꺼번에 먹이를 나르려고 무엇을 이용할까?

다람쥐는 볼주머니를 이용한다. 볼주머니는 입 안 좌우에 있는 큰 주머니를 말한다. 다람쥐는 먹이를 입에 넣은 다음 볼에 차곡차곡 담는데 밤처럼 너무 큰 먹이는 이빨로 잘라서 넣기도 한다. 다람쥐의 경우 도토리 같은 열매 열 개 이상을 볼주머니에 잠시 저장할 수 있다.

밤 + 도토리 → 견과

원숭이도 볼주머니가 있다. 원숭이의 볼주머니에는 사과 한 개 정도가 들어갈 수 있는 공간이 있다. 원숭이는 먹이를 발견하면 대충 씹어 그곳에 잠시 저장한다. 그런 다음 다른 원숭이에게 먹이를 빼앗기지 않으려고 안전한 장소로 이동한 뒤 먹이를 조금씩 꺼내어 먹는다.

반복되는 '볼주머니'라는 낱말에 색칠을 했어.

난 다람쥐와 원숭이로 나누어서 구조를 그려 봤어.

A
❋ 글에서 여러 번 반복해서 나타나는 중심 낱말을 찾아요.

❋ 나열한 낱말들을 찾아 대표하는 낱말로 바꿀 수도 있어요.

❋ 중심 낱말을 활용해 글을 요약할 때 이용할 수 있는 글의 구조 틀을 떠올리고 내용을 정리해요.

글의 구조에 따라 요약하는 방법은 무엇일까요?

난 나열 구조로 정리했어.

순서 구조로 표현하니까 간단한걸?

비교와 대조 구조가 어울리네.

A

❀ 글의 구조를 파악하며 읽어요.

❀ 문단의 중심 내용을 간추려요.

❀ 글의 구조에 알맞은 틀을 그려 내용을 정리해요.

❀ 정리한 내용은 중요한 내용이 잘 드러나도록 간결한 문장으로 써요.

확인 문제

 다음과 같이 생각그물을 활용해 요약하면 좋은 점으로 알맞지 <u>않은</u> 것을 골라 ×표 하시오.

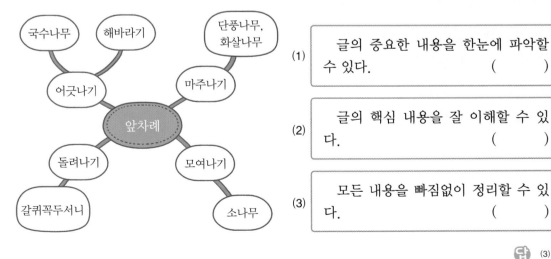

(1) 글의 중요한 내용을 한눈에 파악할 수 있다. (　　　)

(2) 글의 핵심 내용을 잘 이해할 수 있다. (　　　)

(3) 모든 내용을 빠짐없이 정리할 수 있다. (　　　)

답 (3) ×

내 귀는 건강한가요

□□신문

1 ⊙귀가 어두워 무슨 말을 해도 제대로 알아듣지 못하는 만화 주인공 '사오
정'을 아시나요? 만화 주인공 사오정과 비슷한 사람이 우리 주변에 많이 생겨
_{귀가 어두워 말을 잘 알아듣지 못하는 사람}
나고 있습니다. 사오정이 ⊙뜬금없는 말로 우리에게 재미와 웃음을 주지만 요
즘에 사오정들은 귀 건강을 위협받는 아주 위험한 상황에 놓여 있습니다.

2 귀가 건강하지 못하다는 사실은 소리 듣기로 가장 쉽게 알 수 있습니다. 소
리가 잘 들리지 않는다면 그만큼 귀가 건강하지 못하다는 의미입니다. 소
리가 잘 들리지 않으면 '최소 난청'이지만 귀 건강이 더 나빠지면 '전음성
난청'이 됩니다. 이 단계에서는 속삭이는 소리 외에도 일반적인 소리까지 선명
_{전음성 난청}
하게 듣지 못하고 비행기를 타거나 높은 곳에 올라갔을 때처럼 귀가 **먹먹한** 느
낌이 듭니다. 귀를 후비거나 하품하거나 귀에 바람을 넣어 봐도 순간적으로 증
상이 **호전**될 뿐 금세 귀가 먹먹해집니다. 그 밖에도 **염증**으로 인한 통증과 가려
움 같은 증상이 일어납니다.

3 우리 귀 건강에 가장 큰 ⊙걸림돌은 '이어폰'입니다. 사람들 대부분이 이어
폰으로 음악을 들으면 집중을 잘하기 때문에 학습하는 데 큰 힘이 될 것이라고
생각합니다. 하지만 이는 사실과 다릅니다. 양쪽 귀 바로 위쪽 부위에는 언어
_{도움}
중추가 있는 뇌 측두엽이 존재하는데 측두엽과 가까운 귀에 이어폰을 꽂으면
언어 중추가 음악 소리에 자극을 받기 때문에 학습 내용이 기억에 잘 남지 않
습니다. 왜냐하면 측두엽은 기억력과 **청각**을 담당하기 때문입니다. 다시 말해
노래를 들으며 공부를 하면 뇌는 이 두 가지를 한꺼번에 처리해야 하기 때문에
어려움을 겪습니다. 그래서 일반적으로 뇌 과학자들은 음악 듣기는 **고난도** 학
습이나 업무를 하는 데 도움을 주지 않는다고 설명합니다.

귀를 건강하게 하려면 이어폰 같은 **음향** 기기를 하루 2시간 이내로 사용해야
하고, 사용할 때에는 소리 크기를 60퍼센트로 유지해야 합니다. 또 귀를 건조
하게 유지하고 깨끗한 이어폰을 사용하는 방법도 좋습니다.

20○○. ○○. ○○.

△△△ 기자

읽기 팁

글을 읽다가 뜻을 잘 모르는 낱말이 있
을 때는 어떻게 해야 할지 생각하면
서 글을 읽어 보세요.

독해로 이해 콕

1 소리가 잘 들리지 않으면 귀가 건강하지
못하다는 뜻이다. (○, ×)

2 이 글에 나온 '걸림돌'과 바꾸어 쓸 수 있
는 말은 (디딤돌, 방해물)이다.

3 대부분의 사람들은 이어폰으로 음악을
들으면 학습에 도움이 되지 않는다고 생
각한다. (○, ×)

4 귀를 건강하게 하려면 이어폰을 적극적
으로 사용해야 한다. (○, ×)

낱말풀이

난청 청력이 나빠지거나 청력을 잃은 상
태. 예 평생 시끄러운 공사장에서 일한
아버지는 일찍 난청이 생기셨다.

먹먹한 갑자기 귀가 막힌 듯이 소리가 잘
들리지 않는.

호전 병의 증세가 나아짐. 예 병원을 계속
다니는데도 병이 호전되지 않는다.

염증 우리 몸의 조직이 손상을 입었을 때
몸 안에서 일어나는 방어적 반응으로
발열, 통증 등을 일으키는 증상.

중추 신경 기관 가운데, 신경 세포가 모여
있는 부분.

청각 소리를 느끼는 감각.

고난도 어려움의 정도가 매우 큼.

음향 물체에서 나는 소리와 그 울림.

중요

01 ㉠을 읽으면서 민찬이와 같이 생각했을 때 생길 수 있는 문제로 알맞은 것은 무엇입니까? (   )

> 민찬: 귀가 어둡다는 말은 무슨 뜻일까? 귀 색깔이 검은색이라는 뜻이겠지. 그냥 대충 읽어야겠다.

① 글을 너무 빨리 읽게 된다.
② 글의 내용을 잘 이해할 수 없다.
③ 글을 생생하고 밝게 표현할 수 없다.
④ 글에서 재미있는 내용을 찾을 수 없다.
⑤ 일이 일어난 때와 장소가 어떻게 바뀌었는지 알 수 없다.

교과서 문제

02 ㉡ '뜬금없는'과 바꾸어 쓸 수 있는 말을 **보기**에서 골라 쓰시오.

> **보기**
>
> 어려운   알맞은   엉뚱한   대단한

(   )

'뜬금없는' 대신 써도 문장의 의미가 자연스러운 낱말이 무엇인지 생각해 봐요.

03 ㉢ '걸림돌'의 뜻을 짐작하는 방법으로 알맞은 것을 모두 찾아 ○표 하시오.

(1) '걸림돌'의 앞뒤 내용을 자세히 살펴본다. (   )
(2) 같은 글자로 시작하는 낱말을 모두 떠올린다. (   )
(3) '걸림돌'을 이미 아는 낱말로 바꾸었을 때 뜻이 자연스러운지 살펴본다. (   )

잘 모르는 낱말 앞뒤의 내용을 살펴보거나 이미 아는 다른 낱말로 바꾸어 봐요.

04 귀를 건강하게 하는 방법으로 알맞지 <u>않은</u> 것은 무엇입니까? (   )

① 귀를 건조하게 유지한다.
② 깨끗한 이어폰을 사용한다.
③ 귀를 자주 후비고 귀에 바람을 넣어 준다.
④ 이어폰 같은 음향 기기를 하루 2시간 이내로 사용한다.
⑤ 이어폰을 사용할 때 소리 크기를 60퍼센트로 유지한다.

서술형

05 낱말의 뜻을 짐작하며 글을 읽은 경험을 떠올려 쓰시오.

_____

1 글쓰기반 수업 첫날, 켈러 선생님은 아무 ㉠기척도 없이 교실로 들어와 책상 사이를 왔다 갔다 하며 **엄포**부터 놓았다.

"오늘부터, 나는 너희 한 사람 한 사람을 완전히 훈련시켜서 진짜 멋진 작가로 만들어 줄 생각이다. 정말 기적 같겠지? 하지만!"

켈러 선생님은 **특유**의 진한 미국 남부 지방 억양으로 말을 이어 나갔다.

"이 수업을 만만하게 생각했다면 지금 당장 저 문으로 나가도록. 보잘것없이 짧은 너희의 인생 경험으로는 상상도 못 할 정도로 힘들 테니까. 아마 이 수업을 끝까지 따라오지 못하는 학생들도 나오겠지."

어쩐지 켈러 선생님이 **유독** 나만 노려보는 것 같았다.

켈러 선생님은 허리를 꼿꼿이 펴고 똑바로 서 있어서 실제 키보다 더 커 보였다. 특히 교탁에 기대설 때면, 마치 죽은 나뭇가지에 앉아 금방이라도 사냥감을 휙 **낚아챌** 듯 노려보는 매처럼 **매서워** 보였다.

"첫 번째 과제는 **수필**이다. 내가 놀라 **까무러칠** 정도로 재미있는 글을 써 오
일상생활에서의 느낌이나 체험을 생각나는 대로 쓰는 산문 형식의 글
도록. 내가 너희의 반짝이는 생각에 홀딱 빠질 만큼 대단한 작품을 써 보란 말이다. 너희가 이 수업을 들을 만한 자격이 있는지를 알아보려는 거니까! 주제는? 가족이나, 집에서 일어나는 일상생활에 대한 이야기라면 뭐든지 괜찮아."

우리는 허둥지둥 종이를 꺼내 **끼적이기** 시작했다.

"아니, 아니! 여기서 말고!"

켈러 선생님의 호통에 우리는 바로 연필을 놓았다.

"숙제란 말이다, 숙제! 세 쪽 가득 채워 오도록. **기한**은 내일까지!"

나는 ㉡마른침을 꿀꺽 삼켰다.

집으로 돌아오는 내내, 나는 줄곧 숙제 생각만 했다.

진짜 잘 써야 하는데!

어느덧 언덕길로 접어들어 집이 점점 가까워질 무렵, 옆집에 사는 슐로스 할아버지가 현관 계단에 앉아 있는 모습이 보였다. 슐로스 할아버지는 아내를 먼저 하늘 나라로 보내고, 자식들도 다 커서 떠나 혼자 살고 있었다.

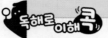

독해로 이해 **콕**

5 '나'는 켈러 선생님을 처음 보고 따뜻한 사람이라고 생각했다. (○, ×)

6 켈러 선생님께서는 글쓰기반 수업의 첫 번째 과제로 (   )에 대한 이야기를 써 오라고 하셨다.

7 '나'는 켈러 선생님께서 내 주신 숙제를 하기 싫었다. (○, ×)

8 슐로스 할아버지께서는 퍼트리샤와 같은 집에서 함께 사신다. (○, ×)

낱말풀이

엄포 실속 없이 호령이나 위협으로 으르는 짓.

특유 어떤 사물이나 사람만이 특별히 갖추고 있는 것.

유독 많은 것 가운데 홀로 두드러지게. 예 오늘따라 바람이 유독 심하게 분다.

낚아챌 무엇을 갑자기 세차게 잡아당길.

매서워 많이 무서워.

까무러칠 얼마 동안 정신을 잃고 죽은 사람처럼 될.

끼적이기 글씨를 대충 씀.

기한 미리 한정하여 놓은 때. 예 제출 기한에 맞추어 끝낼 수 있도록 서두르자.

7단원
24회

공부한 날
월
일

〔교과서 문제〕

06 이 글의 '나'가 느낀 켈러 선생님의 첫 인상은 어떠했습니까? ( )

① 켈러 선생님 마음에 들고 싶다.
② 켈러 선생님이 자기만 노려보는 것 같다.
③ 허리를 꼿꼿이 편 켈러 선생님이 멋있어 보인다.
④ 켈러 선생님과 함께하는 글쓰기 수업이 기대된다.
⑤ 켈러 선생님께 글쓰기를 배울 수 있게 되어서 기쁘다.

07 켈러 선생님의 숙제에 대해 '나'는 어떻게 생각했습니까? ( )

① 숙제를 잘하고 싶다.
② 글쓰기 수업을 더 이상 듣고 싶지 않다.
③ 글쓰기 수업을 더 이상 듣고 싶지 않다.
④ 쓸 내용이 머릿속에 떠올라서 빨리 쓰고 싶다.
⑤ 숙제를 하는 대신 슐로스 할아버지와 놀고 싶다.

퍼트리샤의 마음을 알 수 있는 부분을 찾아보세요.

〔중요〕

08 소율이는 이 글을 읽으며 ㉠'기척'의 뜻을 다음과 같이 짐작했습니다. 소율이가 낱말의 뜻을 짐작한 방법으로 알맞은 것에 ○표 하시오.

> '기척'은 누가 있는 줄을 알 만한 소리라는 뜻인 것 같아. '기척'이라는 낱말을 이미 알고 있는 '소리'라는 낱말과 바꾸어 써도 문장의 뜻이 자연스럽거든.

(1) 잘 모르는 낱말의 뜻을 사전에서 찾아보았다. ( )
(2) 잘 모르는 낱말의 앞뒤 내용을 자세히 살펴보았다. ( )
(3) 이미 아는 친숙한 낱말로 바꾸었을 때 문장의 의미가 자연스러운지 살펴보았다. ( )

소율이는 잘 모르는 낱말을 이미 알고 있는 낱말과 바꾸었어요.

〔서술형〕

09 ㉡'마른침'의 뜻을 짐작해 보고, 왜 그렇게 생각하는지 쓰시오.

짐작한 뜻	(1)
그렇게 짐작한 까닭	(2)

슐로스 할아버지가 나를 보더니, 옆에 앉으라는 듯 계단 옆자리를 탁탁 두드렸다.

"무슨 안 좋은 일이라도 있었니?"

슐로스 할아버지는 막 구워 낸 쿠키가 담긴 봉지를 호주머니에서 꺼내 나에게 내밀며 물었다. 유명한 **제빵사**인 슐로스 할아버지는 늘 호주머니에 쿠키가 들어 있었다.

"학교에서 가장 ㉠깐깐한 선생님한테 배우게 됐어요."

"설마 '마녀 켈러' 말이니?"

슐로스 할아버지가 **짐짓** 충격받은 척 머리를 감싸며 물었다. 나는 고개를 끄덕였다.

"흠, 우리 두 아들놈도 켈러 선생님한테 배웠지. 나중에 그때의 이야기를 좀 해 주마."

슐로스 할아버지와 나는 우두커니 앉아 거리를 가로지르는 전선에 내려앉은 새들을 쳐다보았다.

진짜 잘 써야 할 텐데!

그날 밤, 나는 책상에 앉아 글을 쓰기 시작했다. 나는 내 방이 정말 좋았다. 하루의 대부분을 내 방에서 보내는 만큼, 방을 쭉 둘러보면서 하나하나 **묘사**하면 어떨까. 아주 세세히! 그리고 내가 우리 집 고양이와 엄마를 얼마나 사랑하는지, 새로 산 치마가 얼마나 마음에 드는지, 집에서 먹는 아침밥이 얼마나 맛있는지를 보태면……. 와! 내가 쓴 글이지만, 잘 써도 너무 잘 쓴 것 같았다. 지금까지 쓴 글 중에서 최고라는 생각이 들었다.

나는 얼른 교실에서 큰 소리로 발표하고 싶어 몸이 ㉡근질근질했다.

(중심 내용) 켈러 선생님의 글쓰기 수업을 듣게 된 '나'는 수필 숙제를 마치고 자신의 글이 좋은 평가를 받을 것이라는 기대에 부풀었다.

2 이튿날 아침, 우리는 한 사람씩 차례로 자기가 써 온 글을 큰 소리로 발표했다. 나는 발표가 두렵지는 않았지만 무척 떨렸다. 그때 내 이름이 불렸다.

"다음, 퍼트리샤."

나는 우리 가족과 내 일상에 대해 쓴 '**걸작**'을 읽어 내려갔다. 내가 우리 가족 모두를 얼마나 사랑하는지 알면 켈러 선생님도 무척 감동하겠지?

하지만 내 **예상**과는 달리, 켈러 선생님의 숨소리가 점점 거칠어졌다.

_{켈러 선생님께서 수필 숙제를 칭찬해 주실 것이라는 생각}

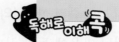
독해로 이해 콕

9 슐로스 할아버지는 유명한 (선생님, 제빵사)이시다.

10 슐로스 할아버지께서는 켈러 선생님께 글쓰기를 배운 적이 있다. (○, ×)

11 '나'는 자기가 쓴 글을 발표하면 켈러 선생님께서 감동하실 것이라고 생각했다.
(○, ×)

12 '나'는 발표를 들은 켈러 선생님께서는 퍼트리샤가 쓴 글을 마음에 들어 하셨다.
(○, ×)

낱말풀이

제빵사 빵을 만드는 일을 전문으로 하는 사람.

짐짓 마음으로는 그렇지 않으나 일부러 그렇게. 예 나는 비밀을 이미 알고 있었지만 짐짓 놀라는 표정을 지었다.

묘사 어떤 대상이나 사물, 현상 따위를 언어로 서술하거나 그림을 그려서 표현함. 예 그 소설은 주인공의 성격 묘사가 뛰어나다.

걸작 매우 훌륭한 작품.

예상 어떤 일을 당하기 전에 미리 생각하여 둠. 또는 그런 내용. 예 우리 편이 이길 거라던 예상이 빗나갔다.

10 ㉠'깐깐한'의 뜻을 알맞게 짐작한 친구의 이름을 쓰시오.

> 세영: 슐로스 할아버지께서 이미 켈러 선생님을 알고 계신 것으로 보아 학교에서 가장 유명하다는 뜻이야.
> 준호: 앞부분에서 켈러 선생님의 말씀이나 태도를 보면 행동이나 성격 등이 까다로울 만큼 빈틈이 없다는 뜻이야.
> 주아: 바로 뒤에 나오는 '마녀 켈러'라는 말을 보면 사람의 힘이나 지혜가 미치지 못할 정도로 신기한 느낌이 있다는 뜻이야.

낱말이 쓰인 앞뒤 상황을 살펴서 뜻을 짐작해 보세요.

공부한 날

월

일

(   )

교과서 문제

11 슐로스 할아버지께서 말씀하신 켈러 선생님의 별명은 무엇인지 쓰시오.

(   )

12 '나'가 글쓰기 숙제에 쓰지 <u>않은</u> 내용은 무엇입니까? (   )

① 자신의 방의 모습이 어떠한가
② 자신이 글쓰기를 얼마나 좋아하는가
③ 고양이와 엄마를 얼마나 사랑하는가
④ 새로 산 치마가 얼마나 마음에 드는가
⑤ 집에서 먹는 아침밥이 얼마나 맛있는가

13 '나'가 글쓰기 숙제를 마치고 난 뒤 한 생각이 <u>아닌</u> 것은 무엇입니까? (   )

① 잘 써도 너무 잘 썼다.
② 지금까지 쓴 글 중에서 최고이다.
③ 틀린 부분이 없는지 걱정이 된다.
④ 켈러 선생님이 무척 감동할 것이다.
⑤ 얼른 교실에서 큰 소리로 발표하고 싶다.

퍼트리샤가 자신의 글에 대해 어떤 태도를 보였는지 생각해 보세요.

서술형

14 ㉡'근질근질했다'는 어떤 상황에 쓰는 말인지 뜻을 짐작해서 쓰시오.

"퍼트리샤, 넌 지금 '사랑'이라는 낱말을 고양이에게도, 치마에도, 이웃에게도, 팬케이크에도……, 심지어 엄마에게도 사용하고 있어. 엄마에게 느끼는 감정과 팬케이크에 느끼는 감정이 똑같다는 말이니? 낱말은 감정을 전해 주지. 하지만 낱말 하나하나가 가진 차이를 이해해야 해! 자, 다들 주목. 지금 당장 종이에 '사랑'을 나타내는 낱말을 쭉 써 봐. 단, '사랑'이라는 낱말은 빼고."

우리는 모두 끙끙대며 머리를 짜냈지만 고작 몇 개밖에 쓰지 못했다.

"자, 자, 그만."

켈러 선생님은 교실을 휙 둘러보더니, 포기한 듯 교탁 앞에 섰다.

"'유의어'의 뜻을 아는 사람? 고대 물고기 이름 따위가 아니라는 것쯤은 알겠지." / 켈러 선생님의 질문에 아무도 대답하지 못했다.
_{'유의어'의 '어'는 '물고기 어(魚)'가 아니라는 뜻}

"그럼 이것이 바로 오늘 숙제다. '유의어'의 뜻을 알아보고, 다음 시간에 '유의어 사전'을 가져와서 '사랑'이라는 낱말을 찾아보도록."

그날 오후, 집으로 돌아오자마자 곧바로 슐로스 할아버지를 찾아갔다.

"유의어 사전이라고? 아마 우리 아들들이 켈러 선생님 수업 시간에 쓰던 것이 아직 어딘가에 있을 거야."

슐로스 할아버지는 웅얼거리며 아들들 방으로 느릿느릿 걸어갔다.

"아, 그럼 그렇지. 여기 있구나!"

슐로스 할아버지가 책 더미에서 ㉠조그마한 종이책 한 권을 끄집어냈다.

"모든 낱말이 알파벳순으로 정리되어 있구나. 어디 보자. 뒷면에는…… '낱말 15만 개 이상 수록'이라고 적혀 있네. 이 사전이 켈러 선생님 수업에서는 성경으로 통하지, 아마?"

다음 날, 켈러 선생님은 칠판에 ㉡'만족스러운', '시원한', '충성스러운' 같은 여러 낱말을 쭉 썼다. 그러고는 우리에게 유의어 사전을 뒤져 각 낱말을 대신할 수 있는 낱말을 최대한 많이 찾아보라고 했다. 낱말을 가장 많이 찾은 사람은 금요일 쪽지 시험이 면제였다.
_{유의어}

과연 그 결과는? 내가 낱말을 가장 많이 찾아냈다! 마침내 내가 해낸 것이다. 쪽지 시험 면제라니! 하지만 쉬는 시간에 남자아이 두 명이 심술궂게 ㉢빈정댔다. / "이제 퍼트리샤가 마녀의 새 인형이래!"

중심 내용 켈러 선생님께서는 낱말의 차이를 이해해야 한다며 유의어에 관한 숙제를 내 주셨고, '나'는 슐로스 할아버지께 받은 유의어 사전으로 수업 시간에 낱말의 유의어를 가장 많이 찾아냈다.

13 켈러 선생님께서는 '내'가 쓴 글에서 (　　　　　)(이)라는 낱말에 대해 지적하셨다.

14 켈러 선생님께서는 낱말 하나하나가 가진 (　　　　　)을/를 이해해야 한다고 하셨다.

15 켈러 선생님께서는 수업 시간에 '유의어'의 뜻을 알려 주셨다. (○ , ✕)

16 슐로스 할아버지께서 가지고 계신 유의어 사전은 모든 낱말이 (알파벳순 , 많이 사용하는 순)으로 정리되어 있다.

17 '나'는 수업 시간에 유의어를 가장 많이 찾아냈다. (○ , ✕)

낱말풀이

고작 기껏 따져 보거나 헤아려 보아야.
　예 1시간 동안 고작 한 문제밖에 풀지 못했다.

유의어 뜻이 서로 비슷한 말.

고대 옛 시대 혹은 원시 시대와 중세 시대의 사이 특정 때. 예 고대 옛 시대.

웅얼거리며 낮은 목소리로 남이 잘 알아듣지 못하게 입 속으로 중얼거리는 말을 자꾸 해 대며.

수록 책이나 잡지에 실음. 예 수영이가 준 책에는 50편의 시가 수록되어 있었다.

면제 책임이나 의무 따위를 면하여 줌.
　예 세금 면제, 수업료 면제.

15 다음 빈칸에 공통으로 들어갈 알맞은 말을 쓰시오.

퍼트리샤가 쓴 글의 문제점	엄마가 아침밥으로 해 주시는 팬케이크와 고양이, 엄마에 대한 ( )을/를 모두 동일한 낱말을 사용해 표현하였다.
켈러 선생님의 가르침	낱말은 ( )을/를 전해 주지만 낱말 하나하나가 가진 차이를 이해하고 낱말을 써야 한다.

켈러 선생님은 낱말을 어떻게 써야 한다고 했나요?

16 다음 중 ㉠에 대한 설명으로 알맞지 <u>않은</u> 것을 찾아 기호를 쓰시오.

㉮ 슐로스 할아버지가 쓰던 책이다.
㉯ 낱말이 15만 개 이상 수록되어 있다.
㉰ 모든 낱말이 알파벳순으로 정리되어 있다.
㉱ 켈러 선생님 수업에서 매우 중요하게 쓰이는 책이다.

( )

서술형

17 금요일 쪽지 시험을 면제 받으려면 어떻게 해야 했는지 정리하여 쓰시오.

_____

18 ㉡ '만족스러운'을 대신할 수 있는 낱말로 알맞은 것은 무엇입니까? ( )

① 까칠한   ② 귀여운   ③ 흡족한
④ 모자란   ⑤ 부드러운

우리는 어떤 때에 '만족스럽다'라는 말을 쓰나요?

교과서 문제

19 ㉢ '빈정댔다'의 뜻을 짐작하여 쓰시오.

( )

3 날이 갈수록 켈러 선생님은 온갖 종류의 글쓰기 훈련을 시켰다. 훈련은 다양하게 이루어졌다. 어떤 날은 교실에서, 또 다른 날은 교실 밖에서.

하루는 모두 밖으로 나가 숲속에서 들려오는 소리에 귀를 기울였다. 켈러 선생님은 이 훈련이 우리의 감각을 **예민하게** 다듬어 줄 것이라고 했다.

점심시간에는 '대화'에 관한 숙제를 하려고 아이들의 말소리에 귀를 쫑긋 세워야 했다. 심지어 색깔을 이해하기 위해 쓰레기장까지 찾아갔다.

그러던 어느 날, 켈러 선생님이 물건 한 **무더기**를 잔뜩 갖고 와서 탁자 위에 늘어놓았다. 그중에는 자전거 핸들이나 드라이버, 컵도 있었다.

"이 물건들을 하나씩 살펴보고 원래 쓰임새와는 다르게 어떻게 사용할 수 있을지 생각나는 대로 쭉 써 봐."

그날 숙제는 어른 한 명을 인터뷰해서, 그 어른이 집 안에서 가장 소중하게 여기는 물건에 대해 알아 오는 것이었다. 예쁜 접시든, 테이블보든 무엇이든 좋았다. 켈러 선생님은 일명 '보물찾기' 숙제라고 했다.

물론 나는 누구를 붙잡고 인터뷰할지 이미 정해 놓고 있었다.

당연히 슐로스 할아버지! / 나는 슐로스 할아버지와 함께 할아버지의 집을 둘러보며 물었다. / "할아버지는 가장 소중한 물건 하나를 고르라면 무엇으로 하실 거예요?"

슐로스 할아버지는 **쉽사리** 결정을 내리지 못하는 것처럼 보였다. 하지만 잠시 뒤, 벽난로 위에 놓인 아름다운 액자를 가져와 보이며 **나직이** 입을 열었다.

"이 사랑스러운 여인이 바로 내 아내란다. 난 첫눈에 반했지. 정말 사랑스러운 여자였어. 아내가 방 안에 들어섰을 때 해와 달도 내 아내를 한번 훔쳐보려는 듯 창가를 어른거렸지. 휴, 정말 보고 싶구나." 슐로스 할아버지의 목소리가 흐려졌다. 슐로스 할아버지는 그 뒤로도 아내에 대한 이야기를 한 시간이나 더 들려주었다. 나는 슐로스 할아버지의 집을 나서기 전부터 이미 머릿속으로 글을 쓰고 있었다.

이번에는 켈러 선생님 마음에 쏙 들겠지? 내 마음과 감정을 듬뿍 담아 썼으니까. 나는 당장 켈러 선생님에게 숙제를 보여 주고 싶었다. 그런데 숙제 점수를 받고 보니, 맨 아래에 시(C)라고 적혀 있었다. 또 시(C)라니! 대체 켈러 선생님은 나한테 무엇을 바라는 것일까?

그날, 켈러 선생님은 나에게 수업이 끝나고 잠깐 남아 있으라고 했다.

독해로 이해 콕

18 켈러 선생님의 수업은 교실 안에서만 이루어졌다. (○, ✕)

19 켈러 선생님께서는 학생들의 감각을 (진정되게, 예민하게) 다듬어 줄 만한 훈련을 시키셨다.

20 슐로스 할아버지께서는 가장 소중한 물건으로 (   )의 사진이 있는 액자를 고르셨다.

21 '나'는 자신이 쓴 글이 켈러 선생님의 마음에 들 것이라고 생각했다. (○, ✕)

22 '나'는 '보물찾기' 숙제에서 좋은 점수를 받았다. (○, ✕)

낱말 풀이

예민하게 무엇인가를 느끼는 능력이나 분석하고 판단하는 능력이 빠르고 뛰어나게. 예 개는 사람보다 청각이 발달해서 소리에 예민하게 반응한다.

무더기 한데 수북이 쌓였거나 뭉쳐 있는 더미나 무리를 세는 단위. 예 책 한 무더기.

쉽사리 아주 쉽게. 또는 순조롭게. 예 친구와 오해가 깊어서 쉽사리 화해할 수 없을 것 같다.

나직이 소리가 꽤 낮게. 예 한 시를 알리는 시계 소리가 나직이 들려왔다.

20 켈러 선생님께서 아이들에게 시키신 글쓰기 훈련이 <u>아닌</u> 것은 무엇입니까?
( )

① 쓰레기장에 찾아가서 색깔 이해하기
② 숲속에서 들려오는 소리에 귀 기울이기
③ 주변에 사시는 어른들을 찾아뵙고 인사하기
④ 물건을 원래 쓰임새와는 다르게 사용할 방법 쓰기
⑤ 어른 한 명을 인터뷰해서 그분이 소중하게 여기는 물건 알아 오기

7 단원
24 회

공부한 날

월
일

교과서 문제
21 '나'는 '보물찾기' 숙제를 하기 위해 누구를 인터뷰하기로 정했는지 쓰시오.

( )

서술형
22 슐로스 할아버지께서 가장 소중한 물건으로 액자를 고르신 까닭은 무엇일지 생각해서 쓰시오.

_____

슐로스 할아버지는 액자를 보면서 어떤 이야기를 들려주셨나요?

중요
23 '나'가 자신이 쓴 글이 켈러 선생님 마음에 쏙 들 것이라고 생각한 까닭은 무엇입니까? ( )

① 켈러 선생님께서 쓰라고 한 대로 썼기 때문에
② 자신의 마음과 감정을 듬뿍 담아 썼기 때문에
③ 켈러 선생님께서 좋아하시는 주제를 썼기 때문에
④ 슐로스 할아버지의 이야기를 그대로 옮겨 적었기 때문에
⑤ 켈러 선생님은 퍼트리샤의 글을 늘 칭찬해 주셨기 때문에

퍼트리샤가 당장 켈러 선생님에게 숙제를 보여 주고 싶다고 한 부분의 앞 내용을 살펴보세요.

24 '나'가 '보물찾기' 숙제에서 받은 점수를 쓰시오.

( )

"퍼트리샤, 음, 그러니까 일단 슐로스 할아버지의 아내를 주제로 삼은 점은 적절했단다. 하지만 이 글에서 진실한 감정을 드러내는 낱말이 어디에 있지?"

켈러 선생님은 나를 똑바로 보며 말을 이었다.

"글을 읽는 사람이 글쓴이의 '진짜' 감정을 느낄 수 있어야 해. 물론 **평범한** 방식으로는 절대 안 되지. 독자들이 전혀 예상하지 못한 방식으로, 깜짝 놀라도록. 한마디로 **독창적**이어야 한다는 말이야!"

어느 순간, 켈러 선생님은 내 눈을 뚫어져라 바라보고 있었다.

"퍼트리샤, 넌 이미 낱말을 아주 많이 알고 있어. 이제 그 낱말에 날개를 달아 줄 때란다."

중심 내용 '나'는 '보물찾기' 숙제에서 슐로스 할아버지의 아내를 주제로 글을 쓰고 좋은 점수를 받길 기대했지만 시(C)를 받았고, 켈러 선생님께서는 글을 읽는 사람이 글쓴이의 진짜 감정을 느낄 수 있어야 한다고 하셨다.

4 켈러 선생님의 수업은 **쏜살같이** 흘러갔다. 그러나 **한순간**도 쉽지는 않았다. 어느 날, 켈러 선생님이 중요한 발표를 했다.

"오늘, 너희에게 무시무시한 기말 과제를 내 줄 거다. 그동안 너희는 수많은 글쓰기 형식을 배웠어. <u>대화 글 쓰기나 상황을 묘사하는 글 쓰기, 주장을 펼치는 글 쓰기, 자신이 겪은 일 쓰기 등등.</u> 이 중에서 가장 자신 있는 형식 한 가지를 골라 글을 쓰는 것이 마지막 과제다. 아주 잘 골라야 할 거야. 이 기말 과제 점수로 합격이 결정되니까!"
그동안 배운 글쓰기 형식

역시! 이런 날이 올 줄 알았다. 나는 벌써부터 진땀이 났다. 엎친 데 덮친 격으로, 켈러 선생님이 할 말이 있다며 따로 남으라고 했다.

"퍼트리샤, 너는 자신이 겪은 일을 써 왔으면 좋겠다. 솔직히 말해서, 네 글은 여전히 감정이 잘 드러나지 않고 있으니까."

하지만 아무리 머리를 ㉠<u>쥐어짜도</u>, 켈러 선생님을 감동시킬 만한 주제가 하나도 떠오르지 않았다.

기말 과제 주제를 제출하기 전 마지막 일요일, 친구 세 명과 함께 슐로스 할아버지 집에 모였다. 이웃에 사는 할머니가 계단에서 넘어져 **뼈**가 부러지는 바람에, 할머니를 돕는 **성금** 모금 **바자회**에 내놓을 쿠키를 다 같이 만들기 위해서였다.

"참, 그러고 보니, 전에 이 할아비가 켈러 선생님에 대한 이야기를 해 주겠다고 했었구나!"

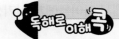
23 켈러 선생님께서는 내가 쓴 글에 진실한 (　　　　)을/를 드러내는 낱말이 없다고 하셨다.

24 켈러 선생님께서는 독자들이 예상할 수 있도록 글을 써야 한다고 가르쳐 주셨다.
(○ , ✕)

25 켈러 선생님께서는 퍼트리샤를 따로 불러 기말 과제를 내 주셨다. (○ , ✕)

26 '나'는 (친구들, 켈러 선생님)을/를 감동시킬 만한 주제를 떠올리려고 노력했다.

27 '나'는 친구들과 슐로스 할아버지 집에 모여 성금 모금 바자회에 내놓을 (　　　　)을/를 만들었다.

낱말풀이

평범한 뛰어나거나 색다른 점이 없이 보통인. ⓔ 지수는 눈에 잘 띄지 않는 평범한 학생이었다.

독창적 다른 것을 모방함이 없이 새로운 것을 처음으로 만들어 내거나 생각해 내는. ⓔ 한글은 독창적이고 과학적인 문자이다.

쏜살같이 쏜 화살과 같이 매우 빠르게. ⓔ 나는 쏜살같이 화장실로 뛰어갔다.

한순간 매우 짧은 동안.

성금 정성으로 내는 돈. ⓔ 불우 이웃 돕기 성금.

바자회 공공 또는 사회사업의 자금을 모으기 위하여 벌이는 시장.

교과서 문제

25 '나'가 쓴 글을 읽고 켈러 선생님께서 하신 말씀을 찾아 ○표 하시오.

(1) 글의 주제가 적절하지 않다. ( )

(2) 독자들이 예상할 수 없는 내용이다. ( )

(3) 진실한 감정을 드러내는 낱말이 없다. ( )

> 퍼트리샤가 쓴 글에 대한 켈러 선생님의 의견은 무엇인가요?

중요

26 켈러 선생님께서 글쓰기에서 강조하신 것은 무엇입니까? ( )

① 글을 읽는 사람이 누구인지 생각하며 써야 한다.

② 글을 읽는 사람의 수준에 맞는 낱말을 사용해야 한다.

③ 글을 읽는 사람을 만족시킬 만한 주제를 골라야 한다.

④ 글을 읽는 사람이 글쓴이의 진짜 감정을 느낄 수 있어야 한다.

⑤ 글을 읽는 사람이 흥미를 느낄 수 있는 표현을 많이 써야 한다.

27 켈러 선생님께서 내 주신 기말 과제의 주제는 무엇입니까? ( )

① 독자들이 깜짝 놀랄 내용의 글 쓰기

② 글쓰기 반에서 배운 것에 대한 자신의 감정 쓰기

③ 할머니를 도울 성금을 모금할 때 필요한 글 쓰기

④ 가장 자신 있는 글쓰기 형식을 한 가지 골라 글 쓰기

⑤ 진실한 감정을 드러내는 낱말이 무엇인지 설명하는 글 쓰기

28 켈러 선생님께서 '나'에게 기말 과제로 써 오라고 하신 것은 무엇인지 쓰시오.

( )

> 켈러 선생님이 글쓰기에서 중요하게 생각하는 점과 관련 있어요.

서술형

29 ⊙'쥐어짜도'의 뜻을 짐작해 보고, 그렇게 생각한 까닭을 쓰시오.

짐작한 뜻	(1)
그렇게 짐작한 까닭	(2)

슐로스 할아버지가 쿠키 반죽을 넓적하게 밀면서 기억을 더듬듯 천천히 입을 열었다.

"너희 모두 켈러 선생님이 그저 학생들을 괴롭히는 깐깐한 선생님이라고만 알고 있겠지. 하지만 말이다, 그리 오래전 일도 아니지. 예전에 글재주가 뛰어나서 훌륭한 작가로 성장할 만한 학생이 켈러 선생님 눈에 들어왔단다. 켈러 선생님은 ㉠그 학생이 쓴 글의 문제점을 모조리 지적해서 계속 다시 쓰게 했지. 완벽한 글이 될 때까지 몇 번이고 말이야. **단연코** 그 학생은 태어나서 그토록 엄하고 힘든 선생님은 만난 적이 없었어."

"그래서 그 학생은 어떻게 됐어요?" / 스튜어트가 물었다.

"물론 글 쓰는 사람이 되었지. 시카고에서 가장 큰 신문사에 들어갔단다! 나중에는 워싱턴에서 제일 큰 신문사로 옮겼고, 남아메리카에서 **중동**, 소련에
<u>미국의 수도</u>
이르기까지 두루두루 다니며 기사를 썼지. 그러다가 미국 최고의 **권위**를 자랑하는 **보도** 부문 퓰리처상까지 받았단다."
<u>미국의 언론인 '퓰리처'의 유산으로 제정된 상</u>

"어쩌면 그 학생은 켈러 선생님이 아니었더라도 훌륭한 글을 쓰는 사람이 되지 않았을까요?"

"꼭 그렇지만은 않단다, 퍼트리샤. 그 학생의 집은 아이를 대학교에 보낼 여유가 없었지. 켈러 선생님은 그 학생에게 글쓰기를 가르쳤을 뿐만 아니라, **학비**까지 ㉡손수 마련해서 대학교에 다닐 수 있도록 **주선**해 주었어. 켈러 선생님이 아니었다면 그 학생은 평생 아버지의 빵집에서 일할 수밖에 없었을 거야." / 슐로스 할아버지는 장난스럽게 눈을 찡긋했다.

"그래, 맞아. 그 학생이 바로 우리 아들이란다. 그러니까, 그 사실 하나만으로도, 나는 기 세고 고집 센 켈러 선생님에게 감사하지 않을 수 없지. 마녀 켈러라지만, 켈러 선생님이 없었다면 어떻게 되었을지……."

슐로스 할아버지는 알약을 하나 더 입에 넣었다.

[중심 내용] 슐로스 할아버지께서는 '나'와 친구들에게 할아버지의 아들이 켈러 선생님의 도움으로 대학교에 들어가 글을 쓰는 사람이 될 수 있었다는 이야기를 들려주셨다.

5 일주일이 채 지나지 않은 어느 날이었다. 나는 여전히 기말 과제 주제를 정하지 못한 채로 켈러 선생님 수업에 좀 일찍 도착해서 앉아 있었다. 그때, 학교 행정실 직원이 들어와 켈러 선생님에게 쪽지를 전해 주었다.

"퍼트리샤, 지금 행정실로 가 봐야겠구나."

켈러 선생님은 충격을 받아 슬픈 **기색**이 역력했다.

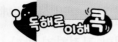
독해로 이해 콕

28 슐로스 할아버지의 아들은 켈러 선생님에게 글쓰기를 배웠고 훌륭한 글을 쓰는 사람이 되었다. (○, ×)

29 켈러 선생님 덕분에 슐로스 할아버지의 아들은 대학교에 다닐 수 있었다.
(○, ×)

30 슐로스 할아버지의 아들은 빵집에서 일하고 싶어 했다. (○, ×)

31 '나'는 슐로스 할아버지의 이야기를 듣고 기말 과제 주제를 무엇으로 할지 결정했다. (○, ×)

낱말풀이

단연코 확실히 단정할 만하게.

중동 아프가니스탄, 이란, 사우디아라비아와 같은 나라가 있는 서아시아 일대를 이르는 말.

권위 일정한 분야에서 사회적으로 인정을 받고 영향력을 끼칠 수 있을 만한 지식·기술, 또는 실력. 예 그분은 물리학 분야에서 권위 있는 학자이다.

보도 신문이나 방송으로 사람들에게 새로운 소식을 널리 알림. 또는 그 소식.

학비 공부하며 학문을 닦는 데에 드는 비용.

주선 일이 잘되도록 여러 가지 방법으로 힘씀. 예 주희는 친척 어른의 주선으로 일자리를 얻었다.

기색 마음의 작용으로 얼굴에 드러나는 빛. 예 친구는 내 이야기를 듣고 당황한 기색을 감추지 못했다.

역력했다 자취나 기미, 기억 따위가 환히 알 수 있게 또렷했다. 예 집 안에 도둑이 든 흔적이 역력했다.

7 단원
25 회

공부한 날

월

일

30 켈러 선생님께서 ㉠ '그 학생'을 위해 한 일로 알맞은 것을 두 가지 고르시오.

( )

① 좋은 일자리를 주선해 주었다.
② 자신감을 가질 수 있게 용기를 북돋워 주었다.
③ 대학교에 다닐 수 있도록 학비를 마련해 주었다.
④ 쓴 글의 문제점을 모두 지적해서 계속 다시 쓰게 했다.
⑤ 완벽한 글을 쓸 수 있게 잘못된 부분을 직접 고쳐 주었다.

31 슐로스 할아버지의 아들에 대한 설명으로 알맞지 <u>않은</u> 것은 무엇입니까?

( )

① 보도 부문 퓰리처상을 받았다.
② 아버지의 빵집에서 일하고 있다.
③ 켈러 선생님에게 글쓰기를 배웠다.
④ 시카고에서 가장 큰 신문사에서 일했다.
⑤ 여러 나라를 두루두루 다니며 기사를 썼다.

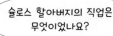
슐로스 할아버지의 직업은 무엇이었나요?

32 슐로스 할아버지가 켈러 선생님을 고맙게 생각하는 까닭이 무엇인지 빈칸에 들어갈 알맞은 말을 쓰시오.

> 아들이 글을 잘 쓸 수 있게 가르쳐 주었고, 아들의 (1) ( )을/를 마련해서 (2) ( )에 다닐 수 있도록 주선해 주었기 때문이다.

33 ㉡ '손수'와 바꾸어 쓸 수 있는 낱말로 알맞은 것은 무엇입니까? ( )

① 대충 　　　② 직접 　　　③ 힘들게
④ 어렵게 　　　⑤ 손으로

다른 낱말을 대신 넣었을 때 뜻이 통하는지 살펴보세요.

34 이 글의 내용으로 보아 켈러 선생님은 어떤 사람인지 짐작하여 쓰시오.

_____

켈러 선생님과 함께 행정실로 가 보니 엄마가 와 있었다. 엄마는 울고 있었다. 엄마는 아침에 슐로스 할아버지가 돌아가셨다고 했다, 갑작스러운 **심장 마비**로.

엄마와 내가 차고에 들어서자, 슐로스 할아버지의 두 아들이 보였다. 두 사람 다 **상심한** 얼굴이 말이 아니었다. 나는 마지막으로 한 번만 슐로스 할아버지 집을 구석구석 살펴보고 싶었다. 다행히 허락을 받아, 나는 모든 방을 천천히 둘러보았다. 슐로스 할아버지의 침대에 놓인 베개도 만져 보고, 슐로스 할아버지가 가장 아끼던 의자의 등받이도 쓰다듬었다. 그러다 우리가 함께 쿠키를 만들 때 슐로스 할아버지가 입었던 요리복을 발견했다. 나는 요리복을 덥석 움켜잡았다. **북받쳐** 오르는 눈물을 그칠 수가 없었다. 이제는 하늘도 ㉠꼴 보기 싫었다. 슐로스 할아버지 같은 사람이 돌아가셨는데, 어째서 세상은 이리도 멀쩡히 잘 돌아가고 있을까!

> 성금 모금 바자회에 내놓은 것

그날 밤, 나는 책상에 앉아 정신없이 글을 쓰기 시작했다. 쓰고 또 쓰고, 또 썼다.

슐로스 할아버지의 장례식에는 거의 모든 이웃이 참석한 것 같았다. 켈러 선생님도 보였다. 마을 상점들은 이날 하루 문을 닫기까지 했다. **새삼** 모든 것이 낯설게 보였다. 여기저기 마을 곳곳에 슬픔이 묻어났다.

기말 과제 제출 날을 훌쩍 넘긴 어느 날, 슐로스 할아버지가 돌아가신 날에 쓴 글을 켈러 선생님 책상에 올려놓았다. 이제는 켈러 선생님이 마음에 들어 하든 말든 전혀 상관없었다. 오로지 슐로스 할아버지를 사랑하는 내 마음이 잘 표현되었기를 바랄 뿐이었다.

> **중심 내용** 슐로스 할아버지께서 갑자기 심장 마비로 세상을 떠난 뒤, '나'는 할아버지를 사랑하는 마음을 담아 글을 써서 기말 과제로 제출했다.

6 며칠 뒤, 나는 분홍색 쪽지를 받았다. 켈러 선생님이 보낸 쪽지였다. 막상 켈러 선생님의 연락을 받자 가슴이 ㉡철렁했다. 이렇게 학기 말에 따로 불러낸다는 것은 좋지 않은 소식을 전하려는 경우가 많았다.

분명 켈러 선생님은 내 글이 마음에 들지 않았던 거야!

처음에는 슐로스 할아버지 생각에 눈물이 고였다가, 점점 <u>기말 과제 점수가 걱정되기 시작했다.</u>

> 기말 과제 점수로 합격이 결정됨.

합격을 못 하게 되면 어쩌지?

그런데 내가 교실에 들어서자, 켈러 선생님이 내 두 손을 꽉 잡았다.

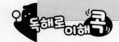
32 슐로스 할아버지께서는 심장 마비로 갑자기 돌아가셨다. (○ , ×)

33 '나'는 슐로스 할아버지의 요리복을 보고 (반가운 , 슬픈) 마음이 들었다.

34 '나'는 슐로스 할아버지를 사랑하는 마음을 표현한 글을 썼다. (○ , ×)

35 '나'는 켈러 선생님께서 마음에 들어 하실지 걱정하면서 기말 과제를 써서 냈다.
(○ , ×)

36 '나'는 켈러 선생님의 쪽지를 받고 기말 과제 점수가 (걱정 , 안심)되었다.

낱말풀이

심장 마비 심장의 기능이 갑자기 멈추는 일.

상심한 슬픔이나 걱정 따위로 속을 썩인. 예 나는 시험에 떨어져서 <u>상심한</u> 언니를 위로하기 위해 떡볶이를 샀다.

북받쳐 감정이나 힘 따위가 속에서 치밀어 올라. 예 슬픔이 <u>북받쳐</u> 올랐다.

새삼 이전의 느낌이나 감정이 다시금 새롭게. 예 늘 다니던 길인데 <u>새삼</u> 낯설게 보였다.

서술형

35 슐로스 할아버지께서 돌아가신 후 '나'의 마음은 어떠했을지 쓰시오.

_____

중요

36 ㉠'꼴'의 뜻을 알맞게 짐작한 친구의 이름을 쓰시오.

> 미나: 좋아하는 대상을 표현할 때 쓰는 말이야.
> 윤주: 어떤 사물이나 사람의 모양을 안 좋게 쓰는 말이야.
> 석형: 하늘이나 땅과 같은 자연을 표현할 때 쓰는 말이야.

(   )

> '꼴'이 사용된 문장에서 어떤 마음이 느껴지는지 살펴보세요.

37 '나'가 켈러 선생님께 기말 과제를 제출하면서 한 생각으로 알맞은 것에 ○표 하시오.

⑴ 켈러 선생님의 마음에 들었으면 좋겠다. (   )

⑵ 기말 과제에서 합격 점수를 받지 못할까 봐 걱정된다. (   )

⑶ 슐로스 할아버지를 사랑하는 마음이 잘 표현되었으면 좋겠다.

(   )

38 '나'가 켈러 선생님께서 보내신 쪽지를 보고 한 생각으로 알맞지 <u>않은</u> 것은 무엇입니까? (   )

① 슐로스 할아버지가 떠올랐다.
② 기말 과제 점수가 걱정이 되었다.
③ 켈러 선생님을 뵙게 되어 마음이 설렜다.
④ 좋지 않은 소식을 전하려는 것 같아서 가슴이 철렁했다.
⑤ 자신의 글이 켈러 선생님 마음에 들지 않았다고 생각했다.

> 켈러 선생님의 연락을 받은 퍼트리샤의 마음이 어떠했는지 살펴보세요.

교과서 문제

39 ㉡'철렁했다'의 뜻을 짐작하여 쓰시오.

(   )

"우리 퍼트리샤, 상심이 아주 컸구나."

그때, 켈러 선생님 책상 위에 내 기말 과제 종이가 반으로 접혀 있는 것이 눈에 들어왔다.

"점수는 다 매겼단다. 꼭 집에 가서 펼쳐 보도록 해. 알겠지?"

나는 가만히 고개를 끄덕였다.

그 순간, 나는 깜짝 놀랐다. 켈러 선생님이 나를 꽉 끌어안은 것이다.

'마녀 켈러'가 나를 안아 주다니! 그러면서 켈러 선생님은 나직이 속삭였다.

"퍼트리샤, 슐로스 할아버지에게 바치는 글은 정말 놀라웠다. 자신이 겪은 일 쓰기의 모범으로 ㉠삼아도 좋을 만큼 말이다."

반으로 접힌 기말 과제 종이를 손에 꼭 쥐고 집으로 달려가는 내내, 나는 기대에 ㉡들떠 가슴이 부풀어 올랐다.

언덕길에서는 잠깐 멈추어 서서 슐로스 할아버지의 집을 올려다보았다.

"슐로스 할아버지! 지금은 사랑하는 아내와 함께 계시겠지요?"

나는 거의 속삭이듯 물었다. 이런 생각만으로도 가슴이 따뜻해졌다.

나는 드디어 기말 과제 종이를 펼쳤다. 맨 위쪽 빈 공간에 빨간색 글씨가 가득했다.

'퍼트리샤, 맞춤법은 아직 <u>손보아야</u> 할 곳이 많지만, 낱말에 날개가 달려 있
<small>고쳐야</small>
구나, <small>슐로스 할아버지에 대한 자신의 '진짜' 감정이 잘 느껴지도록 글을 썼음.</small> 채점 기준만 고집할 수 없을 정도로. 그래서…… 네게 글쓰기반 최초로 에이(A) 점수를 주마.'

중심 내용 켈러 선생님께서는 퍼트리샤가 돌아가신 슐로스 할아버지에 대해 쓴 글을 읽고 글쓰기반 최초로 에이(A) 점수를 주셨다.

7 언제나 켈러 선생님을 떠올릴 때면, 내 가슴이 **아릿하게** 저려 온다.

훗날, 켈러 선생님은 내가 슐로스 할아버지에게 받은 유의어 사전을 가지고 기말 과제를 썼다는 사실에 굉장히 감동했다고 말했다. 나는 슐로스 할아버지가 유의어 사전 **가장자리**에 직접 적어 놓은 글들을 여전히 기억한다. 그 글들을 읽을 때마다 슐로스 할아버지가 내 곁에 있는 것만 같았다.

나는 분명히 '사랑'이라는 낱말을 썼지만, 그 낱말이 **빚어낼** 수 있는 모든 형태를 마지막 과제에 담았다. 지금도 슐로스 할아버지와 켈러 선생님을 생각하면 가슴이 **벅찰** 만큼 갖가지 낱말이 떠오른다. 왜냐하면 내가 늘 '존경하고 사랑해 **마지않는**' 두 분이니까.

중심 내용 어른이 된 '나'는 여전히 슐로스 할아버지와 켈러 선생님을 존경하고 있다.

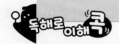
독해로 이해 콕

37 '나'는 언덕길에서 슐로스 할아버지의 집을 보자 다시 슬퍼졌다. (○, ×)

38 켈러 선생님께서는 퍼트리샤가 쓴 글을 읽고 낱말에 (   )이/가 달려 있다고 칭찬하셨다.

39 켈러 선생님께서는 '나'의 기말 과제 점수로 에이(A) 점수를 주셨다. (○, ×)

40 '나'는 슐로스 할아버지께서 주셨던 (   )을/를 가지고 기말 과제를 썼다.

41 '나'는 켈러 선생님과 슐로스 할아버지를 존경하고 사랑한다. (○, ×)

낱말풀이

아릿하게 조금 아린 느낌이 있게. 예 국물이 매워서 혀끝이 아릿하게 느껴졌다.

가장자리 둘레나 끝에 해당되는 부분.

빚어낼 어떤 결과나 현상을 만들어 낼. 예 파란 하늘과 노란 은행잎이 빚어낼 가을 풍경이 아름다웠다.

벅찰 감격, 기쁨, 희망 따위가 넘칠 듯이 가득할. 예 합격 소식을 들으면 가슴이 벅찰 것 같다.

마지않는 앞말이 뜻하는 행동을 진심으로 함을 강조하여 나타내는 말.

40 켈러 선생님께서는 '나'의 기말 과제를 어떻게 평가하셨는지 두 가지 고르시오.

( )

① 낱말에 날개가 달려 있다.
② 글의 주제가 기말 과제로 적절하지 않다.
③ 여전히 자신의 생각이 잘 드러나지 않는다.
④ 맞춤법이 틀린 부분이 많아서 좋은 점수를 줄 수 없다.
⑤ 자신이 겪은 일 쓰기의 모범으로 삼아도 좋을 만큼 잘 썼다.

공부한 날

월

일

41 ㉠'삼아도'의 뜻을 국어사전에서 찾을 때, 알맞은 형태는 무엇입니까? ( )

① 삼　　　② 삼아　　　③ 삼다　　　④ 삼아도　　　⑤ 삼아다

중요
42 ㉡'들떠'의 뜻을 알맞게 짐작한 것에 ○표 하시오.

(1) 뜻밖의 일에 놀라서 마음이 무거워져　　( )
(2) 마음이 가라앉지 않고 조금 흥분되어　　( )
(3) 생각 대로 일이 진행되지 않아 당황하여　　( )

낱말이 쓰인 상황을 보면
뜻을 짐작할 수 있어요.

교과서 문제
43 '나'에게 켈러 선생님과 슐로스 할아버지는 어떤 존재일지 알맞게 말한 친구의
이름을 쓰시오.

> 준호: 두 분 모두 퍼트리샤가 성장하는 데 도움을 주셨지만 퍼트리샤에게
> 는 여전히 어색하고 두려운 존재인 것 같아.
> 선영: 두 분이 퍼트리샤에게 준 영향을 생각해 보면 깜깜한 바다를 밝혀
> 주는 등대처럼 삶을 밝혀 준 존재인 것 같아.

( )

이 이야기의 주제
와도 관련이 있어요.

서술형
44 자신에게 슐로스 할아버지나 켈러 선생님과 같은 사람이 있는지 생각해 보고 그
렇게 생각하는 까닭이 무엇인지 쓰시오.

1 사람들의 집 짓기와 식물의 집 짓기는 서로 같은 점도 있고 다른 점도 있습니다.

집을 지을 때 건축가들은 설계도를 그린 뒤 그것을 바탕으로 집을 짓습니다. 이때 건축가는 집을 똑바로 세우려고 애씁니다. 사람들이 집을 지을 때 이토록 많은 정성을 기울이고 온갖 기술을 쓰는 일과 마찬가지로 식물도 질서 있게, 그리고 특별한 기술을 바탕으로 잎을 피웁니다.

노력합니다.

식물이 특별한 기술을 바탕으로 잎을 피우는 이유는 햇빛과 그림자 문제 때문입니다. 위의 잎이 바로 아래 잎과 겹치면 위에 있는 잎의 그림자 때문에 아래 잎은 햇빛을 받지 못합니다. 식물은 햇빛을 보지 못하면 살 수가 없지요. 그래서 어떻게 잎을 펼쳐야 햇빛을 잘 끌어모을까 고민합니다.

> 중심 내용 | 사람들이 집을 지을 때 기술을 활용하듯, 식물도 특별한 기술을 바탕으로 잎을 피우는데, 그 까닭은 햇빛을 잘 끌어모으기 위해서입니다.

2 그럼 식물이 줄기에 어떤 모양으로 잎을 붙여 나가는지 그 기술을 알아보기로 할까요? 줄기에 차례대로 잎을 붙여 나가는 모양을 '잎차례'라고 합니다.

먼저, 줄기 마디마다 잎을 한 장씩 피우되 서로 어긋나게 피우는 방법이 있습니다. 이것을 '어긋나기'라 합니다. 국수나무처럼 평행하게
잎차례의 종류 ①
어긋나기만 하는 식물이 있는가 하면, 해바라기처럼 소용돌이 모양으로 돌려나면서 어긋나는 식물도 있습니다.

어긋나기   마주나기

이와는 달리 줄기 한 마디에 잎 두 장이 마주 보는 '마주나기'도 있습니다. 단
잎차례의 종류 ②
풍나무나 화살나무는 잎 두 장이 사이좋게 마주 보고 있습니다. 그리고 마주난 잎들이 마디마다 서로 어긋나지 않고 평행합니다.

돌려나기   모여나기

그런가 하면 한 마디에 잎이 석 장 이상 돌려나는 잎차례가 있습니다. 이런 잎차례를 '돌려나
잎차례의 종류 ③
기'라고 합니다. 갈퀴꼭두서니는 마디마다 잎이 여섯 장에서 여덟 장씩 돌려나기로 핍니다.

끝으로, 소나무처럼 잎이 한곳에서 모여나는 '모여나기'가 있습니다.
잎차례의 종류 ④

> 중심 내용 | 식물이 줄기에 차례대로 잎을 붙여 나가는 모양인 '잎차례'의 종류에는 '어긋나기, 마주나기, 돌려나기, 모여나기'가 있습니다.

읽기

식물의 잎차례 종류와 특징을 살펴보며 글을 읽고, 글의 내용을 요약해 보세요.

독해로
이해 **쏙**

42 식물이 특별한 기술을 바탕으로 잎을 피우는 것은 (   )와/과 그림자 문제 때문이다.

43 식물이 줄기에 차례대로 잎을 붙여 나가는 모양을 (   )(이)라고 한다.

44 국수나무의 잎은 소용돌이 모양으로 돌려나면서 어긋난다. (○, ×)

45 소나무는 '모여나기'로 잎을 피운다.
(○, ×)

낱말풀이

설계도 건설·공사·제작 등에 관한 계획을 일정한 규칙에 따라 자세하게 나타낸 그림.

끌어모을까 어떤 대상을 자신이 원하는 목적을 이루기 위해 한곳에 모을까.

마디 대, 갈대, 나무 따위의 줄기에서 가지나 잎이 나는 부분. 잘록하거나 도드라져 있음.

어긋나게 식물의 잎이 마디마디 방향을 달리하여 하나씩 나게.

평행하게 늘어선 모습이 나란하게. 예 여러 철길들이 평행하게 놓여 있다.

45 식물의 잎차례에 대한 설명으로 알맞지 <u>않은</u> 것은 무엇입니까? (   )

① 식물이 잎을 붙여 나가는 모양은 모두 같다.

② 식물이 줄기에 차례대로 잎을 붙여 나가는 모양을 잎차례라고 한다.

③ 소나무와 단풍나무는 줄기에 잎을 붙여 나가는 모양이 서로 다르다.

④ 햇빛을 잘 끌어모으기 위해 질서 있게, 특별한 방법으로 잎을 피운다.

⑤ 국수나무와 해바라기는 같은 잎차례의 종류에 속하지만 잎이 자라는 모양이 다르다.

중요

46 잎차례의 종류에 알맞은 특징을 찾아 선으로 이으시오.

(1) 어긋나기 •   • ㉮   잎이 한곳에서 모여나는 것

(2) 마주나기 •   • ㉯   줄기 한 마디에 잎 두 장이 마주 보는 것

(3) 돌려나기 •   • ㉰   줄기 한 마디에 잎이 석 장 이상 돌려나는 것

(4) 모여나기 •   • ㉱   줄기 마디마다 잎을 한 장씩 피우되 서로 어긋나게 피우는 것

글 **2**의 내용을 살펴보세요.

교과서 문제

47 다음은 이 글을 읽고 요약한 내용입니다. 글을 잘 요약하였는지 알맞게 평가한 것에 ○표 하시오.

> 식물이 특별한 기술을 바탕으로 잎을 피우는 이유는 햇빛과 그림자 문제 때문입니다. 위의 잎이 바로 아래 잎과 겹치면 위에 있는 잎의 그림자 때문에 아래 잎은 햇빛을 받지 못합니다.

(1) 중요한 내용이 잘 드러나게 글을 요약했다.   (   )

(2) 글이 너무 짧아서 중요한 내용이 드러나 있지 않다.   (   )

(3) 글이 길고 중요하지 않은 내용이 많이 들어가 있다.   (   )

제시된 내용을 읽고 원래 글의 내용을 이해하는 데 도움이 되는지 생각해 보세요.

서술형

48 글을 요약하면 좋은 점을 한 가지만 쓰시오.

1 옛날 아주 먼 옛날에 사람들은, 오래 기억하고 싶은 일이나 함께 나누고 싶은 생각을 바위와 동굴 벽에 새기고 그렸대. 하지만 그렇게 새기고 그리는 건 쉽지 않았어. 게다가 바위나 동굴은 다른 곳으로 옮길 수도 없잖아. 땅바닥이나 나무토막에 그리기도 했지만 땅바닥에 그린 것은 금방 지워져 버렸고, 나무토막은 잃어버리기 일쑤였지.

그래서 사람들은 좀 더 쓰기 쉽고 그리기 편한 것, 옮기기 쉽고 간직하기 좋은 것을 찾았어. 흙을 빚어 점토판을 만들기도 하고, 나무를 쪼개 엮거나 풀 줄기 안쪽을 얇게 벗겨 겹쳐서 쓰기도 했어. 옷감이나 얇게 편 가죽을 사용하기도 했지. 그러다가 종이를 발명한 거야. 쓰고 그리기 쉽고, 가볍고 간직하기 좋은 종이를 말이야.

(중심 내용) 옛날 사람들은 오래 기억하고 싶은 것을 쓰기 쉽고 그리기 편하며 옮기기 쉽고 간직하기 좋은 것을 찾아 마음에서 종이를 발명했어.

2 나는 종이 가운데 으뜸인 한국 종이, 한지야! 옛날 중국에서 최고로 친 고려지도, 일본에서 최고로 친 조선종이도 모두 나야. 그런데 내가 어떻게 만들어지는지 아니?

<small>많은 것 가운데 가장 뛰어난.</small>

제일 먼저 **닥나무**를 베어다 푹푹 찐 뒤, 나무껍질을 훌러덩훌러덩 벗겨서 물에 불려. 그러고는 다시 거칠거칠한 겉껍질을 닥칼로 긁어내고 보들보들 하얀 속껍질만 모아.

이렇게 모은 속껍질은 삶아서 더 보드랍게, 더 하얗게 만들어야 해. 먼저 닥솥에 물을 붓고 속껍질을 담가. 그리고 **콩대**를 태워 만든 **잿물**을 붓고 보글보글 부글부글 삶아. 푹 삶은 다음에는 건져 내서 찰찰찰 흐르는 맑은 물에 깨끗이 씻어.

이제 보드랍고 하얗게 **바랜** 속껍질을 나무판 위에 올려놓고 닥 방망이로 찧어 가닥가닥 곱게 풀어야 해. 쿵쿵 쾅쾅! 솜처럼 풀어진 속껍질은 다시 물에 넣고 잘 풀어지라고 휘휘 저어. 그런 다음 닥풀을 넣고 다시 잘 **엉겨** 붙으라고 휘휘 저어 주지.

아, 한지를 물들이려면 지금 준비해야 해. **잇꽃**으로 물들이면 붉은 한지 되고 **치자**로 물들이면 노랑, **쪽물**은 파랑, 먹으로 물들이면 검은 한지 되지.

▲ 다양한 색으로 염색한 한지

49 옛날 사람들이 종이를 발명하게 된 까닭으로 알맞은 것에 ○표 하시오.

(1) 종이에 쓴 글씨나 그림은 절대 지울 수 없어서 ( )

(2) 누구나 쉽게 구할 수 있는 재료로 글씨를 쓰고 싶어서 ( )

(3) 쓰기 쉽고 그리기 편하면서 옮기기 쉽고 간직하기 좋은 것이 필요해서

( )

공부한 날

월

일

서술형

50 글 ❶을 참고하여 글 ❷에서 설명하는 내용을 요약하여 쓰시오.

글 ❶	종이가 만들어진 까닭
글 ❷	

51 한지에 대한 설명으로 알맞지 <u>않은</u> 것은 무엇입니까? ( )

① 종이 가운데 으뜸이다.

② 닥나무의 겉껍질로 만든다.

③ 여러 색으로 물들일 수 있다.

④ 고려지와 조선종이는 모두 한지이다.

⑤ 껍질에 잿물을 붓고 삶아야 더 보드랍고 하얘진다.

교과서 문제

52 한지가 만들어지는 순서대로 기호를 쓰시오.

> ㉠ 속껍질을 나무판 위에 올려놓고 찧는다.
> ㉡ 풀어진 속껍질을 물에 넣어 젓고, 거기에 닥풀을 넣어 다시 젓는다.
> ㉢ 닥나무를 베어다 찌고, 겉껍질을 긁어내어 보드라운 속껍질만 모은다.
> ㉣ 속껍질에 잿물을 붓고 푹 삶은 다음 건져 내서 맑은 물에 깨끗이 씻는다.

( ) → ( ) → ( ) → ( )

시간 순서를 나타내는 말에 유의해서 살펴보세요.

중요

53 글 ❷의 내용을 요약하기에 적당한 틀을 골라 ○표 하시오.

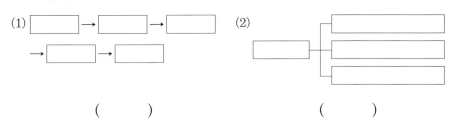

( ) ( )

시간이나 공간의 순서에 따라 설명하는 글을 요약하는 데 알맞은 틀은 무엇일지 생각해 보세요.

이번에는 엉겨 붙은 속껍질을 물에서 떠내야 해. 촘촘한 대나무 발을 **외줄**에 걸어서 앞뒤로 찰방, 좌우로 찰방찰방 건져 올리면 물은 주룩주룩 **빠**지고 발 위에는 하얀 **막**만 남아. 젖은 종이처럼 말이야. 이렇게 한 장 한 장 떠서 차곡차곡 쌓은 다음 무거운 돌로 하루 정도 눌러서 남은 물기를 **빼**.

마지막으로 차곡차곡 눌러둔 걸 한 장 한 장 떼어서 판판하게 말려야 해. 따뜻한 온돌 방바닥이나 판판한 벽에 쫙쫙 펴서 말리면 드디어 숨 쉬는 종이, 한지 완성!

_{한지의 좋은 점으로 인해 붙여진 별명}

중심 내용 한지는 닥나무의 속껍질을 삶아 찧어 푼 뒤 물에서 떠내 한 장씩 떼어 말리는 등의 여러 과정을 거쳐 만들어져.

3 보기 좋게 글씨를 쓰고, 아름다운 그림을 그리는 데는 내가 제일이야! 가볍고 부드러우면서도 질겨서 천년이 가도 변하지 않거든.

나는 숨을 쉬니까 집 **단장**에도 좋아. 더운 날에는 찬 공기 들여 시원하게 하고, 추운 날에는 더운 공기 잡아 따뜻하게 하지. 또 습한 날은 젖은 공기 **머금어** 방 안을 보송보송하게 하고, 건조한 날은 젖은 공기 내놓아 방 안을 상쾌하게 하지. 따가운 햇볕을 은은하게 걸러 주는 건 기본이고말고.

낡은 옷장에 나를 겹겹이 붙이면 새 옷장이 되고, 요리조리 모양 잡으면 안경집, 벼룻집, 갓집이 되지. 바늘, 실, 골무 같은 바느질 도구 넣는 ㉠**반짇고리**도 될 수 있어. 옷 만들 때는 옷본, 버선 만들 때는 버선본이 되고말고. 한겨울 옷 속에 나를 넣어 꿰매면 얼마나 따뜻하다고.

_{먹을 가는 쓰는 벼루를 넣어 두는}

그뿐인가. 여기 보이는 게 전부 나로 만든 물건이야. 나를 새끼줄처럼 배배 꼬아 종이 노끈으로 만들어 엮으면 신발부터 붓통, 베개, 방석, **망태기**가 되지. **옻칠하고** 기름 먹이면 물 안 새는 표주박, 항아리, 요강도 되고말고. 저기 보이는 찻상, 구절판, 그릇은 물론이고, 팔랑팔랑 시원한 부채도 돼. 저 위에 걸려 있는 탈도 모두 나로 만든 거라고.

_{방에 두고 오줌을 누는 그릇}

나는 흥겨운 놀이에도 빠지지 않아. 방패연, 가오리연이 되어 하늘을 훨훨 날 수도 있고, 제기가 되어 이리 펄쩍 저리 펄쩍 뛰기도 해. 풍물패 고깔 위에 알록달록 핀 예쁜 꽃도 바로 나야. 나는야 못 하는 게 없는 재주꾼, 한지돌이!

나는 지금도 너희 곁에 있어.

내가 어디에 있는지 알아맞혀 볼래?

중심 내용 한지는 글을 쓰고 그림을 그릴 수 있는 종이, 방 안의 습도와 온도를 조절해 주는 벽지, 그리고 각종 생활용품과 놀이용품의 재료로 다양하게 쓰여.

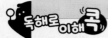
독해로 이해 **콕**

50 글 **3**은 한지의 (종류, 쓰임새)를 설명하고 있다.

51 한지는 가볍고 부드러우면서 질겨서 오래간다. (○, X)

52 한지는 글씨를 쓰거나 그림을 그리는 데에만 쓰인다. (○, X)

53 한지는 습한 날에 젖은 공기를 머금어 방 안을 보송보송하게 해 준다. (○, X)

54 물이 닿는 물건은 한지로 만들 수 없다.
(○, X)

낱말풀이

외줄 단 한 가닥의 줄. 예 곡예사가 공중에 달린 외줄을 타는 모습이 너무 신기했다.

막 물건의 표면을 덮고 있는 얇은 물질.
예 우유를 데웠더니 윗부분에 막이 생겼다.

단장 건물. 거리 따위를 손질하여 꾸밈.
예 봄을 맞아 집 안 단장을 새로 했다.

머금어 나무나 풀 따위가 빗물이나 이슬 같은 물기를 지녀.

망태기 물건을 담아 들거나 어깨에 메고 다닐 수 있도록 만든 그릇. 예 감자를 캐서 망태기에 담았다.

옻칠하고 옻나무에서 나는 끈끈한 물질을 이용해 가구나 나무 그릇 따위에 발라서 목재를 보호하고 윤이 나게 하고.

교과서 문제

54 한지를 만드는 마지막 과정은 무엇인지 찾아 ○표 하시오.

(1) 물기가 빠진 하얀 막을 한 장씩 떼어서 판판하게 말린다. ( )

(2) 하얗게 바랜 속껍질을 닥 방망이로 찧어 가닥가닥 풀어 준다. ( )

(3) 엉겨 붙은 속껍질을 물에서 떠내 한 장씩 쌓은 다음 돌로 눌러둔다. ( )

55 한지의 좋은 점으로 알맞지 <u>않은</u> 것은 무엇입니까? ( )

① 변하지 않는다.　　　　② 가볍고 부드럽다.

③ 질기고 불에 타지 않는다.　　④ 다양한 물건을 만들 수 있다.

⑤ 젖은 공기를 머금거나 내놓는다.

중요

56 다음은 글 **3**의 내용을 요약한 것입니다. 빈칸에 들어갈 알맞은 내용을 쓰시오.

	방 안 온도 및 습도 조절
	생활용품(안경집, 갓집, 버선본, 붓통, 표주박, 찻상, 부채, 탈 등) 재료
	놀이용품(연, 제기, 고깔 장식 등) 재료

> 글 **3**은 하나의 주제에 대해 몇 가지 특징을 늘어 놓는 나열 구조예요.

서술형

57 ㉠'반짇고리'의 뜻을 짐작하여 쓰고, 그렇게 짐작한 까닭을 쓰시오.

짐작한 뜻	(1)
그렇게 짐작한 까닭	(2)

58 글을 구조에 따라 요약하는 방법으로 알맞지 <u>않은</u> 것은 무엇입니까? ( )

① 글의 구조를 파악하며 읽는다.

② 문단의 중심 내용을 간추린다.

③ 글에서 재미있는 표현을 찾아 정리한다.

④ 글의 구조에 알맞은 틀을 그려 내용을 정리한다.

⑤ 중요한 내용이 잘 드러나도록 간결한 문장으로 쓴다.

> 글을 요약할 때는 중요한 내용이 잘 드러나야 해요.

01~03 다음 글을 읽고, 물음에 답하시오.

> **가** 귀가 ㉠어두워 무슨 말을 해도 제대로 알아듣지 못하는 만화 주인공 '사오정'을 아시나요? 만화 주인공 사오정과 비슷한 사람이 우리 주변에 많이 생겨나고 있습니다. 사오정이 ㉡뜬금없는 말로 우리에게 재미와 웃음을 주지만 요즘에 사오정들은 귀 건강을 위협받는 아주 위험한 상황에 놓여 있습니다.
>
> **나** 우리 귀 건강에 가장 큰 걸림돌은 '이어폰'입니다. 사람들 대부분이 이어폰으로 음악을 들으면 집중을 잘하기 때문에 학습하는 데 큰 ㉢힘이 될 것이라고 생각합니다. 하지만 이는 사실과 다릅니다.

01 ㉠'어두워'의 뜻을 알맞게 짐작한 것은 무엇입니까?

(   )

① 귀가 작아
② 귀에 그늘이 져서
③ 귀가 검은색이라서
④ 귀 주변이 간지러워
⑤ 귀가 잘 들리지 않아

서술형

02 ㉡'뜬금없는'의 뜻을 짐작할 수 있는 부분을 이 글에서 찾아 쓰고, '뜬금없는'과 바꾸어 쓸 수 있는 낱말을 떠올려 쓰시오.

뜻을 짐작할 수 있는 부분	(1)
바꾸어 쓸 수 있는 낱말	(2)

03 ㉢'힘'과 바꾸어 쓸 수 있는 낱말을 떠올려 쓰시오.

(   )

04~05 다음 글을 읽고, 물음에 답하시오.

> **가** 글쓰기반 수업 첫날, 켈러 선생님은 아무 기척도 없이 교실로 들어와 책상 사이를 왔다갔다 하며 ㉠엄포부터 놓았다.
>
> "오늘부터, 나는 너희 한 사람 한 사람을 완전히 훈련시켜서 진짜 멋진 작가로 만들어 줄 생각이다. 정말 기적 같겠지? 하지만!"
>
> 켈러 선생님은 특유의 진한 미국 남부 지방 억양으로 말을 이어 나갔다.
>
> "이 수업을 만만하게 생각했다면 지금 당장 저 문으로 나가도록. 보잘것없이 짧은 너희의 인생 경험으로는 상상도 못 할 정도로 힘들 테니까. 아마 이 수업을 끝까지 따라오지 못하는 학생들도 나오겠지."
>
> **나** "주제는? 가족이나, 집에서 일어나는 일상생활에 대한 이야기라면 뭐든지 괜찮아."
>
> 우리는 허둥지둥 종이를 꺼내 ㉡끼적이기 시작했다.
>
> "아니, 아니! 여기서 말고!"
>
> 켈러 선생님의 호통에 우리는 바로 연필을 놓았다.

중요

04 ㉠'엄포'의 뜻을 알맞게 짐작한 친구의 이름을 쓰시오.

> 민지: '놓았다'는 말이 뒤에 나오는 것으로 보아, 회초리 같은 물건을 뜻하는 것 같아.
> 효찬: 수업을 만만하게 보지 말라고 학생들을 다그치는 상황이니까 무섭게 으르는 것을 말하는 것 같아.

(   )

05 ㉡'끼적이기'와 바꾸어 쓸 수 있는 말로 알맞은 것은 무엇입니까? (   )

① 접기
② 대충 쓰기
③ 천천히 쓰기
④ 바르게 쓰기
⑤ 자세히 쓰기

공부한 날

월

일

06~07 다음 글을 읽고, 물음에 답하시오.

그런데 내가 교실에 들어서자, 켈러 선생님이 내 두 손을 꽉 잡았다.

"우리 퍼트리샤, 상심이 아주 컸구나."

그때, 켈러 선생님 책상 위에 내 기말 과제 종이가 반으로 접혀 있는 것이 눈에 들어왔다.

"점수는 다 매겼단다. 꼭 집에 가서 펼쳐 보도록 해. 알겠지?"

나는 가만히 고개를 끄덕였다.

그 순간, 나는 깜짝 놀랐다. 켈러 선생님이 나를 꽉 끌어안은 것이다.

'마녀 켈러'가 나를 안아 주다니! 그러면서 켈러 선생님은 나직이 속삭였다.

"퍼트리샤, 슐로스 할아버지에게 바치는 글은 정말 놀라웠다. 자신이 겪은 일 쓰기의 모범으로 ㉠삼아도 좋을 만큼 말이다."

06 켈러 선생님께서 '나'를 끌어안으시면서 하신 말씀을 두 가지 고르시오. ( )

① 점수를 매기느라 힘이 들었다.

② 기말 과제를 열심히 쓰느라 수고가 많았다.

③ 자신이 겪은 일 쓰기의 모범으로 삼아도 좋겠다.

④ 슐로스 할아버지에게 바치는 글은 정말 놀라웠다.

⑤ 슐로스 할아버지의 이야기를 주제로 삼은 것은 정말 잘했다.

<중요>
07 ㉠'삼아도'의 뜻을 바르게 짐작한 것에 ○표 하시오.

⑴ 땅속에 묻어둔다는 뜻이다. ( )

⑵ 새로운 것을 만든다는 뜻이다. ( )

⑶ 어떤 대상을 다른 대상이 되게 한다는 뜻이다. ( )

08~10 다음 글을 읽고, 물음에 답하시오.

가 식물이 줄기에 어떤 모양으로 잎을 붙여 나가는지 그 기술을 알아보기로 할까요? 줄기에 차례대로 잎을 붙여 나가는 모양을 '잎차례'라고 합니다.

나 먼저, 줄기 마디마다 잎을 한 장씩 피우되 서로 어긋나게 피우는 방법이 있습니다. 이것을 ㉠'어긋나기'라 합니다. 국수나무처럼 평행하게 어긋나기만 하는 식물이 있는가 하면, 해바라기처럼 소용돌이 모양으로 돌려나면서 어긋나는 식물도 있습니다.

다 이와는 달리 줄기 한 마디에 잎 두 장이 마주 보는 ㉡'마주나기'도 있습니다. 단풍나무나 화살나무는 잎 두 장이 사이좋게 마주 보고 있습니다. 그리고 마주난 잎들이 마디마다 서로 어긋나지 않고 평행합니다.

08 ㉠, ㉡을 대표할 수 있는 낱말을 글 **가**에서 찾아 쓰시오.

( )

09 다음에서 설명하는 것은 무엇입니까? ( )

- 줄기 한 마디에 잎 두 장이 마주 보고, 마주난 잎들이 서로 어긋나지 않고 평행하다.
- 단풍나무, 화살나무의 잎이 나는 방식이다.

① 잎차례 ② 어긋나기 ③ 돌려나기

④ 마주나기 ⑤ 평행하기

<서술형>
10 글 **나**의 내용을 다음과 같이 요약할 때 좋은 점이 무엇인지 쓰시오.

11~15 다음 글을 읽고, 물음에 답하시오.

가 제일 먼저 닥나무를 베어다 푹푹 찐 뒤, 나무껍질을 훌러덩훌러덩 벗겨서 물에 불려. 그러고는 다시 거칠거칠한 겉껍질을 닥칼로 긁어내고 보들보들 하얀 속껍질만 모아.

이렇게 모은 속껍질은 삶아서 더 보드랍게, 더 하얗게 만들어야 해. 먼저 닥솥에 물을 붓고 속껍질을 담가. 그리고 콩대를 태워 만든 잿물을 붓고 보글보글 부글부글 삶아. 푹 삶은 다음에는 건져 내서 찰찰찰 흐르는 맑은 물에 깨끗이 씻어.

이제 보드랍고 하얗게 바랜 속껍질을 나무판 위에 올려놓고 닥 방망이로 찧어 가닥가닥 곱게 풀어야 해.

나 낡은 옷장에 나를 겹겹이 붙이면 새 옷장이 되고, 요리조리 모양 잡으면 안경집, 벼룻집, 갓집이 되지. 바늘, 실, 골무 같은 바느질 도구 넣는 ㉠반짇고리도 될 수 있어. 옷 만들 때는 옷본, 버선 만들 때는 버선본이 되고말고. 한겨울 옷 속에 나를 넣어 꿰매면 얼마나 따뜻하다고.

그뿐인가. 여기 보이는 게 전부 나로 만든 물건이야. 나를 새끼줄처럼 배배 꼬아 종이 노끈으로 만들어 엮으면 신발부터 붓통, 베개, 방석, 망태기가 되지. 옻칠하고 기름 먹이면 물 안 새는 표주박, 항아리, 요강도 되고말고. 저기 보이는 찻상, 구절판, 그릇은 물론이고, 팔랑팔랑 시원한 부채도 돼. 저 위에 걸려 있는 탈도 모두 나로 만든 거라고.

11 글 **가**와 **나**에서 설명하고 있는 것을 **보기**에서 찾아 번호를 쓰시오.

> **보기**
> ① 한지의 가격
> ② 한지의 쓰임새
> ③ 한지를 만드는 방법
> ④ 한지를 발명한 까닭

(1) 글 **가**: (   )
(2) 글 **나**: (   )

중요
12 글 **가**와 **나**의 내용을 요약할 때 사용하기에 알맞은 틀을 각각 골라 선으로 이으시오.

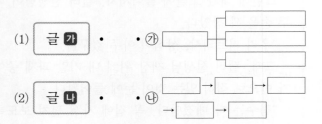

(1) 글 **가** •
(2) 글 **나** •

서술형
13 빈칸에 알맞은 내용을 써서 글 **가**의 내용을 요약하시오.

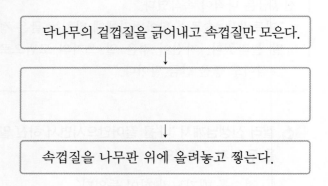

> 닥나무의 겉껍질을 긁어내고 속껍질만 모은다.
>
> ↓
>
>
>
> ↓
>
> 속껍질을 나무판 위에 올려놓고 찧는다.

14 다음 중 한지로 만들 수 없는 물건은 무엇입니까?
(   )

① 신발 　　② 부채 　　③ 닥솥
④ 안경집 　　⑤ 망태기

15 ㉠'반짇고리'의 뜻을 알맞게 짐작한 것은 무엇입니까? (   )

① 반지를 넣는 통
② 한지로 만든 상자
③ 바느질할 때 쓰는 고리
④ 바느질 도구를 담는 그릇
⑤ 바늘, 실, 골무를 함께 이르는 말

독해로 생각 Up
→ 바른답·알찬풀이 28쪽

해설 강의

7 단원
27 회

공부한 날
월
일

16~17 다음 글을 읽고, 물음에 답하시오.

[6-1] 2단원 62쪽

저승에 있는 곳간
물건을 간직하여 두는 곳.

1 원님은 그렇게 하기로 하고 자기 곳간으로 갔다. 그런데 그 곳간에는 특별한 재물이랄 게 없었다. 고작 볏짚 한 단만이 있을 뿐이었다.
돈이나 그 밖의 값나가는 모든 물건.　　　짚, 땔나무, 채소 따위의 묶음을 세는 단위.

"이 사람, 남에게 덕을 베푼 일이라곤 없는 모양이네!"

옆에 서 있던 저승사자가 코웃음을 치며 말했다.

"어찌해 제 곳간에는 볏짚 한 단밖에 없습니까?"

"너는 이승에 있을 때 남에게 덕을 베푼 일이 없지 않느냐?"

원님은 순간, 쥐구멍에라도 숨고 싶을 만큼 부끄러웠다. 생각해 보니 자신은 남에게 좋은 일 한 번 변변히 한 적이 없었다.
제대로 갖추어져 충분하게.

단 한 번, 몹시 가난한 아낙이 아기를 낳을 때 짚이 없어서 **쩔쩔매는** 것을
어찌할 줄 몰라서 정신을 못 차리고 헤매는.
우연히 보고 볏짚 한 단을 구해다 준 게 전부였다. 저승 곳간에 볏짚이나마 있는 것은 그 때문이었다.

2 원님은 며칠 뒤에 다시 덕진의 **주막**을 찾았다. 원님은 머뭇거리며 말했다.
시골 길가에서 밥과 술을 팔고, 돈을 받고 나그네를 묵게 하는 집.

"저, 돈 열 냥만 빌려줄 수 있소?"

"그렇게 하지요."

덕진은 선뜻 열 냥을 내주었다.

"아니, 모르는 사람에게 돈을 빌려주었다가 안 갚으면 어쩌려고 그러시오?"

"걱정 마시고 형편이 어렵거든 가져다 쓰시고, 돈이 생기거든 갚으십시오."

덕진은 웃으며 대답했다. 원님은 열 냥을 받아가지고 나오면서 생각했다.

'이런 것이 만인에게 ㉠**적선**하는 것이로구나. 이런 식으로 덕진은 수많은 사람을 도와주고, 돈 수천 냥을 다른 사람들에게 나누어 주었을 것이다. 그러니 덕진의 저승 곳간에는 곡식이 가득 차 있을 수밖에……'

단원 개념

16 원님의 저승 곳간에 특별한 재물이랄 게 없었던 까닭은 무엇입니까? (　　)

① 원님의 곳간에 도둑이 들어서
② 저승사자가 원님의 곡식을 가져가서
③ 원님이 이승에서 덕을 베풀지 않아서
④ 원님이 이승에서 나쁜 짓을 많이 해서
⑤ 덕진이 원님의 곳간에서 곡식을 빌려 가서

17 ㉠'적선'의 뜻을 알맞게 짐작한 것은 무엇입니까?
(　　)

① 붉은색 선
② 저승에 있는 곳간
③ 돈을 모으는 것
④ 착한 일을 많이 하는 것
⑤ 다른 사람에게 도움을 구하는 것

1 다음 빈칸에 들어갈 알맞은 낱말을 **보기**에서 찾아 쓰시오.

보기

주선   짐짓   기척   새삼   호전

(1) 늘 먹던 라면인데 오늘따라 [   ] 더 맛있게 느껴졌다.

(2) 유나는 시간이 지날수록 병이 차츰 [   ] 되는 것을 느꼈다.

(3) 언니는 이미 다 알면서도 수호의 이야기에 [   ] 놀라는 표정을 지었다.

어휘 적용

2 다음 중 제시된 낱말과의 의미 관계가 나머지와 다른 하나를 골라 ○표 하시오.

(1) 머금다 ─ 품다   지니다   내뿜다   가지다

(2) 역력하다 ─ 분명하다   의심하다   또렷하다   확실하다

(3) 깐깐하다 ─ 야무지다   까다롭다   빈틈없다   소홀하다

어법

3 **보기**를 참고하여 빈칸에 들어갈 신체 부위를 써서 관용 표현을 완성하시오.

보기

  관용 표현이란 둘 이상의 낱말이 합쳐져 그 낱말의 원래 뜻과는 다른 새로운 뜻으로 굳어져 쓰이는 표현을 말한다.

(1) [   ] ┌ 가 어둡다 → 남의 말을 잘 이해하지 못하거나 둔하다.
         └ 가 따갑다 → 너무 여러 번 들어서 듣기가 싫다.

(2) [   ] ┌ 를 쥐어짜다 → 애써 생각하다.
         └ 를 맞대다 → 어떤 일을 의논하거나 결정하기 위하여 서로 마주 대하다.

속담
4 다음 글과 그림을 보고, ┃입에 쓴 약이 병을 고친다┃ 를 사용할 수 있는 상황으로 알맞은 것에 ○표 하시오.

입에 쓴 약이 병을 고친다

자기에 대한 충고나 비판이 당장은 듣기에 좋지 않지만 그것을 달게 받아들이면 자기 수양에 이로움을 이르는 말.

몸이 아프다면 약을 먹어야 빨리 낫겠죠. 약효가 있는 쓴 약이 병을 고치는 것처럼 듣기 싫은 말이라도 우리에게 꼭 필요한 말은 받아들여야 더 나은 사람이 될 수 있어요.

(1) 힘든 일을 참고 견디다 병이 난 상황 ( )

(2) 잘못을 바로잡아 주는 충고를 듣는 상황 ( )

(3) 힘들게 구한 약이 너무 써서 먹지 못하게 된 상황 ( )

8

우리말 지킴이

무엇을 배울까요?

발표 주제를 생각하며
자료를 조사하고 구성하기

여러 사람 앞에서
조사한 내용 발표하기

단원에 대한 공부 계획을 세우고, 공부한 내용을
얼마나 이해했는지 스스로 평가해 보세요.

	공부할 내용	스스로 평가
28회	**그림으로 개념 탄탄** **독해로 교과서 쏙쏙** • 잘못된 우리말 사용 실태 조사하기 • 발표할 때와 발표를 들을 때 주의할 점	☆☆☆
29회	**단원 평가** **독해로 생각 Up →** 「우리말 사용 사례」 **어휘 마무리 뚝딱 →** 사자성어 〈언중유골〉	☆☆☆

★★★ 잘함.   ★★ 보통임.   ★ 아쉬움.

그림으로 개념 탄탄

Q 우리말을 바르게 사용해야 하는 까닭은 무엇일까요?

A ❀ 대화를 할 때 서로 뜻이 통하지 않을 수 있어요.

❀ 아름다운 우리말이 사라질 수 있어요.

❀ 말에 담긴 우리의 정신도 훼손될 수 있어요.

Q 발표 주제를 생각하며 자료를 조사하고 구성하는 방법은 무엇일까요?

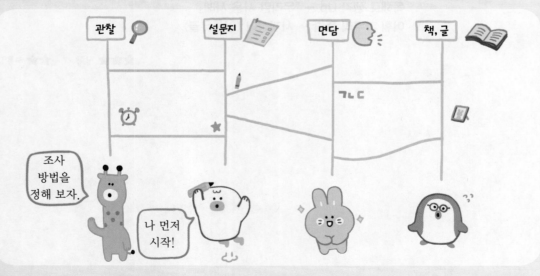

A ❀ 조사 주제, 조사 대상, 조사 방법을 정하고 조사 계획을 세워요.

❀ 조사한 결과와 조사한 뒤에 드는 생각이나 느낌을 정리하고 발표할 원고를 구성해요.

❀ 구성한 발표 내용을 살펴보고 자료나 발표 내용을 보충해요.

Q 조사한 내용을 발표할 때와 들을 때 주의할 점은 무엇일까요?

A

❋ 발표 내용만 보면서 읽지 말고, 듣는 사람과 눈을 맞추며 발표해요.

❋ 너무 빠른 속도나 작은 목소리로 발표하지 않아요.

❋ 자료는 모두가 볼 수 있도록 크게 마련하여 제시해요.

❋ 바른 자세로 서서 진지하게 발표해요.

 확인 문제

? 다음 자료의 조사 방법에 관한 특징을 찾아 바르게 이으시오.

(1) 관찰 •

(2) 설문지 •

(3) 책, 글 •

• ㉮ 여러 사람을 한꺼번에 조사할 수 있다.

• ㉯ 현장에서 조사 대상을 직접 파악할 수 있다.

• ㉰ 정확하고 다양한 정보를 얻을 수 있다.

• ㉠ 찾고 싶은 정보를 쉽게 찾지 못할 수도 있다.

• ㉡ 시간이 많이 걸린다.

• ㉢ 답한 내용 외에는 자세한 내용을 알기 어렵다.

답 (1)-㉯-㉡ (2)-㉮-㉢ (3)-㉰-㉠

잘못된 우리말 사용 실태 조사하기

가 조사 주제 정하기

여진 잘못 사용하는 우리말을 조사해 보면 어떨까?

서준 우리나라 사람들이 하루 동안 잘못 사용하는 우리말을 찾아보면 어떨까?

그것보다는 우리 지역의 모든 간판을 조사해 잘못된 표현을 찾아보면 어떨까? **동미**

나 조사 대상 정하기

❶ 우리 모둠은 '우리말이 있는데도 영어를 사용하는 예'를 조사하기로 했어. 영어를 무분별하게 사용하는 예로 무엇이 있을까?

여진

❷ 방송에서 영어를 가장 많이 사용하는 것 같아.

영어를 새긴 옷이 너무 많아.

❸ 옷에 새긴 영어는 조사 대상으로 알맞지 않은 것 같아. 만약 옷이 **수입**된 것이라면 옷에 영어가 있는 것은 당연할지도 몰라.

이 가운데에서 어떤 것을 조사해 볼까?

❹ 그럼 방송을 조사해 보면 어떨까? 방송은 아이들에게 영향을 많이 주잖아.

조사한 결과를 방송사에 알려 주고 영어 사용을 **자제해** 달라고 요청할 수도 있어.

❺ 그럼 방송에서 영어를 얼마나 사용하는지 조사해 보자.

❻ 그래.

활동 팁

조사 주제, 조사 대상과 조사 방법을 정하여 조사 계획을 세우는 활동을 해 보고, 발표 원고를 구성할 때 주의할 점이 무엇일지 생각하여 글을 읽어 보세요.

독해로 이해 콕

1 여진이가 말한 조사 주제인 '잘못 사용하는 우리말'은 조사하는 대상의 범위가 너무 (넓어서, 좁아서) 적절하지 않다.

2 '옷에 새긴 영어'가 조사 대상으로 알맞지 않은 까닭은 주제와 관련이 없기 때문이다. (○, ×)

3 나 에서 여진이네 모둠은 주제에 맞는 조사 대상을 생각하고 ( )에게 영향을 많이 주는 것으로 범위를 좁혀 정했다.

4 나 에서 여진이네 모둠은 (실생활, 방송)에서 사용하는 영어를 조사 대상으로 정했다.

낱말풀이

조사 사물의 내용을 명확히 알기 위하여 자세히 살펴보거나 찾아봄.

수입 다른 나라로부터 상품이나 기술 따위를 국내로 사들임.

자제해 자기의 감정이나 무엇을 하고 싶은 마음을 스스로 억제해. 예 일회용 컵이나 빨대 사용을 자제해 주시기 바랍니다.

교과서 문제

01 **가** 에서 친구들이 말한 주제의 문제점을 찾아 선으로 이으시오.

(1) 여진 · · ㉠ 우리나라 사람들을 모두 조사할 수 없고 조사 기간이 적절하지 않다.

(2) 서준 · · ㉡ 잘못 사용하는 우리말은 조사 대상 범위가 너무 넓어서 적절하지 않다.

(3) 동미 · · ㉢ 우리 지역의 모든 간판을 조사하는 것은 몇 사람이 할 수 있는 일이 아니다.

02 **나** 에서 여진이네 모둠이 조사하기로 한 주제는 무엇입니까? ( )

① 우리말의 옛 모습을 살려 쓴 예
② 영어보다 우리말이 더 많이 쓰이는 예
③ 우리말이 있는데도 영어를 사용하는 예
④ 영어보다 우리말을 쉽게 배울 수 있는 예
⑤ 영어를 공부하는 학생들이 우리말을 더 좋아하는 예

중요

03 우리말 사용 실태와 관련하여 조사 주제를 정할 때 고려할 내용으로 알맞지 <u>않은</u> 것은 무엇입니까? ( )

① 조사 방법이 적절한가?　② 조사 기간이 적절한가?
③ 실제로 조사할 수 있는가?　④ 조사 대상 범위가 적절한가?
⑤ 친구들이 좋아하는 주제인가?

조사 주제를 정할 때는
실제로 조사할 수 있는지,
조사 방법과 기간이 적절한지
생각해야 해요.

서술형

04 우리말을 잘못 사용하고 있는 예에 대해 알아보려고 합니다. 자신이 조사하고 싶은 주제를 생각하여 쓰시오.

_____

여러 조사 대상 가운데
아이들에게 영향을 많이 주는
것으로 정했어요.

05 **나** 에서 여진이네 모둠이 정한 조사 대상은 무엇인지 쓰시오.

( )

다 **조사 방법 정하기**

조사 방법	장점	단점
관찰	현장에서 조사 대상을 직접 파악할 수 있다.	시간이 많이 걸린다.
설문지	여러 사람을 한꺼번에 조사할 수 있다.	답한 내용 외에는 자세한 내용을 알기 어렵다.
면담	자세한 정보를 수집할 수 있다.	시간이 오래 걸리고 원하는 인물과 면담을 하지 못할 수도 있다.
책이나 글	정확하고 다양한 정보를 얻을 수 있다.	내가 찾고 싶은 정보를 쉽게 찾지 못할 수도 있다.

라 **조사 계획 세우기**

조사 주제	높임 표현을 잘못 사용하는 예
조사 기간	20○○. ○○. ○○.~20○○. ○○. ○○.
조사 과정	설문지 작성 → 조사 실시 → 설문지 수거 → 결과 분석
조사 대상	가게에서 높임 표현을 잘못 사용하는 예
조사 방법	설문지를 이용해 가게 이용 경험이 있는 사람들을 조사함.

마 **발표할 원고 구성하기**

① 시작하는 말 구성하기

시작하는 말	우리 샛별 모둠에서는 영어를 지나치게 많이 사용하는 실태를 조사했습니다. 발표 제목은 「영어가 아름다운 우리말을 사라지게 해요」입니다.

② 전달하려는 내용 구성하기

자료	방송 프로그램 가운데에서 영어를 지나치게 많이 사용하는 동영상 보여 주기(출처: 샛별방송사 「다 같이 요리」 프로그램)
설명하는 말	샛별방송사에서 방송한 「다 같이 요리」 프로그램을 짧게 보여 드리겠습니다. 이 동영상에서 "김○○ 셰프 출연"이라는 자막이 보입니다. '셰프'는 요리사를 뜻하는 영어입니다. 또 프로그램에 나오는 출연자가 '메인 디시'라는 영어를 지나치게 많이 사용하는데 그것을 편집하지 않고 그대로 방송했습니다.

③ 끝맺는 말 구성하기

끝맺는 말	지금까지 영어를 지나치게 많이 사용하는 실태를 발표했습니다. 아름다운 우리말을 보존할 수 있도록 우리말을 바르게 사용하는 습관을 기릅시다.

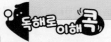
독해로 이해 콕

5 현장에서 조사 대상을 직접 파악할 수 있는 조사 방법은 (관찰, 설문지)이다.

6 조사 방법 중 면담은 조사 시간이 짧은 장점이 있다. (○, ✕)

7 책이나 글을 활용해 조사하면 찾고 싶은 정보를 언제나 쉽게 찾을 수 있다.
(○, ✕)

8 발표할 원고는 시작하는 말, 전달하려는 내용, 끝맺는 말 순으로 구성한다.
(○, ✕)

9 전달하려는 내용에는 (　　　　)와/과 설명하는 말이 들어간다.

낱말풀이

현장 일을 실제 진행하거나 작업하는 그곳. 예 건설 현장.

면담 서로 만나서 이야기함.

지나치게 일정한 정도를 넘어 심하게.

실태 있는 그대로의 상태. 또는 실제의 모양. 예 어린이들의 휴대폰 사용 실태를 조사해 보기로 하였다.

보존 잘 보호하고 간수하여 남김. 예 우리 문화재 보존에 힘쓰다.

06 다음은 어떤 조사 방법의 특징인지 쓰시오.

> • 현장에서 조사 대상을 직접 파악할 수 있다.
> • 시간이 많이 걸린다.

(   )

공부한 날

월

일

교과서 문제

07 다음 설명과 관련된 조사 방법을 보기 에서 찾아 쓰시오.

> 보기
>
> 면담   관찰   설문지   책이나 글

(1) 답한 내용 외에는 자세한 내용을 알기 어렵다.   (   )

(2) 시간이 오래 걸리고 원하는 인물을 만나지 못할 수도 있다.

   (   )

(3) 정확하고 다양한 정보를 얻을 수 있으나 내가 찾고 싶은 정보를 쉽게 찾지 못할 수도 있다.   (   )

> 조사 방법마다 장단점이 있으므로 조사 주제와 상황에 알맞은 조사 방법을 정해야 해요.

08 발표할 원고를 구성할 때 '시작하는 말'에 들어갈 내용으로 알맞지 <u>않은</u> 것을 두 가지 고르시오. (   )

① 발표 제목   ② 조사 주제   ③ 모둠의 이름
④ 자료의 출처   ⑤ 모둠의 의견

서술형

09 샛별 모둠의 의견은 무엇인지 쓰시오.

_____

> 끝맺는 말에는 모둠의 의견이나 전망 등을 적어요.

중요

10 발표할 원고를 보고 점검할 사항으로 알맞지 <u>않은</u> 것은 무엇입니까? (   )

① 발표 내용에 알맞은 자료를 골랐는지 살펴본다.
② 발표 내용을 보충해야 하는 곳은 없는지 살펴본다.
③ 친구들에게 웃음을 줄 만한 내용이 들어있는지 점검한다.
④ 사실이 아닌 내용이나 과장된 내용을 쓰지 않았는지 살펴본다.
⑤ 인터넷에서 찾은 글이나 사진 자료를 사용할 때 출처를 표시했는지 점검한다.

발표할 때와 발표를 들을 때 주의할 점

가

여진이가 발표 내용만 보며 발표하네.

나

지금까지 영어를 지나치게 사용하는 실태를 발표했습니다.

말이 너무 빨라.

다

아름다운 우리말이 자리를 잃지 않도록 ……

목소리가 잘 안 들려.

라

발표 주제가 무엇일까?

발표 내용이 주제와 관련 있나?

과장되거나 거짓인 내용은 없을까?

자료는 정확할까?

활동 팁

여진이가 발표하는 모습을 보고, 발표할 때의 태도와 발표를 들을 때 주의해야 할 점은 무엇인지 생각해 보세요.

독해로 이해 콕

10 그림 **가** 에서 여진이는 바른 자세로 발표하고 있다. (○ , ✕)

11 그림 **나** 에서 여진이는 너무 (느린 , 빠른) 속도로 발표했다.

12 그림 **라** 에서 여진이는 화면을 보지 않고 발표했다. (○ , ✕)

13 발표를 듣는 사람은 발표하는 내용이 (   )와/과 관련 있는지 판단하며 들어야 한다.

이미지로 보는 사전

#발표 #매체 #생각 #의견

발표는 여러 사람 앞에서 자신의 생각이나 의견을 말하는 것을 뜻해.

발표(發表)의 한자를 풀이하면 일이나 생각을 겉(表)으로 나타낸다(發)는 뜻이야.

발표를 잘하면 자기 생각을 다른 사람에게 확실하게 알릴 수 있어.

오늘날에는 매체를 많이 사용하면서 발표에도 시청각 매체를 많이 활용하고 있어.

낱말풀이

지나치게 일정한 한도를 넘어 정도가 심하게. 예 진이는 지나치게 게임에 빠져 있는 영진을 걱정했다.

과장 사실보다 지나치게 불려서 나타냄. 예 과장 광고

✏ 여러 사람 앞에서 조사한 내용 발표하기

➜ 바른답·알찬풀이 30쪽

중요

11 그림 **가**~**라**에서 여진이가 발표하면서 잘못한 점을 찾아 선으로 이으시오.

(1) 그림 **가** •　· ㉠ 너무 빠른 속도로 발표했다.

(2) 그림 **나** •　· ㉡ 발표 내용만 보면서 읽듯이 발표했다.

(3) 그림 **다** •　· ㉢ 한 화면에 너무 많은 내용을 제시했다.

(4) 그림 **라** •　· ㉣ 듣는 사람이 알아듣지 못하게 작게 말했다.

발표를 듣는 친구들이 어떤 생각을 하는지 살펴봐요.

공부한 날

월

일

12 다음 중 발표할 때 주의할 점으로 알맞은 것을 모두 골라 기호를 쓰시오.

㉠ 발표 자료만 보고 발표해야 합니다.
㉡ 듣는 사람과 눈을 맞추며 발표해야 합니다.
㉢ 바른 자세로 서서 진지하게 발표해야 합니다.
㉣ 자료는 발표에 방해가 되지 않게 빠르게 보여 주고 치워야 합니다.

(　　　　　　　)

서술형

13 그림 **라**와 같이 발표 자료를 보여 주면서 발표할 때 주의해야 할 점을 한 가지만 쓰시오.

_____

교과서 문제

14 발표를 들을 때 주의할 점으로 알맞지 <u>않은</u> 것은 무엇입니까? (　　　　)

① 자료가 정확한지 판단하며 듣는다.
② 발표 주제가 무엇인지 생각하며 듣는다.
③ 발표 내용이 주제와 관련 있는지 판단하며 듣는다.
④ 발표가 지루해지면 발표자에게 빨리하라고 말한다.
⑤ 과장되거나 거짓인 내용은 없는지 판단하며 듣는다.

새롭게 알려 주는 내용이 무엇인지 집중하며 들어야 해요.

8 우리말 지킴이

01~03 다음 그림을 보고, 물음에 답하시오.

01 이 그림의 대화에 나타난 문제점 두 가지를 고르시오. (   )

① 사물을 높여서 표현했다.
② 한자어를 바르지 않게 사용했다.
③ 우리말이 있는데도 영어를 사용했다.
④ 듣는 사람이 알지 못하는 말을 사용했다.
⑤ 영어와 한자어를 섞어 만든 국적 불문의 신조어를 사용했다.

02 ㉠을 참고하여 잘못된 우리말 실태와 관련해 조사 주제를 정할 때, 다음 말하기에서 조사 주제의 문제점으로 알맞은 것은 무엇입니까? (   )

> 우리 지역의 모든 간판을 조사해 잘못 사용하고 있는 우리말 표현을 찾아보는 것은 어때?

① 조사 과정이 복잡할 수 있다.
② 조사 지역이 유명하지 않아 적절하지 않다.
③ 사람들이 많이 알고 있는 주제로 볼 수 없다.
④ 조사 방법은 참신하지만 조사 기간이 너무 짧다.
⑤ 실제로 조사할 수 없고, 조사 기간이 적절하지 않다.

서술형
03 ㉡과 ㉢을 자연스러운 표현으로 고쳐 쓰시오.

㉡	
㉢	

04~05 다음 글을 읽고, 물음에 답하시오.

> 여진: 우리 모둠은 '우리말이 있는데도 영어를 사용하는 예'를 조사하기로 했어. 영어를 무분별하게 사용하는 예로 무엇이 있을까?
> 지수: 영어를 새긴 옷이 너무 많아.
> 효찬: 방송에서 영어를 가장 많이 사용하는 것 같아.
> 지수: 이 가운데에서 어떤 것을 조사해 볼까?
> 선빈: 옷에 새긴 영어는 조사 대상으로 알맞지 않은 것 같아. 만약 옷이 수입된 것이라면 옷에 영어가 있는 것은 당연할지도 몰라.
> 지수: 그럼 방송을 조사해 보면 어떨까? 방송은 아이들에게 영향을 많이 주잖아.

04 여진이네 모둠이 조사하기로 한 주제는 무엇인지 빈칸에 들어갈 알맞은 말을 쓰시오.

> 우리말이 있는데도 (   )을/를 사용하는 예

05 여진이네 모둠이 조사 대상을 정할 때 고려한 점을 두 가지 고르시오. (   )

① 주제와 관련이 있는지 판단했다.
② 조사 과정이 간단한지 확인했다.
③ 아이들에게 영향을 많이 주는지 고려했다.
④ 아이들이 관심을 가지는 대상인지 고려했다.
⑤ 방송사에서 도움을 받을 수 있는지 생각했다.

서술형

06 조사 방법 중 '설문지'를 사용하여 조사하는 것의 장점과 단점을 각각 쓰시오.

장점	(1)
단점	(2)

07~10 다음 글을 읽고, 물음에 답하시오.

> **시작하는 말**
>
> 우리 샛별 모둠에서는 영어를 지나치게 많이 사용하는 실태를 조사했습니다. 발표 제목은 「영어가 아름다운 우리말을 사라지게 해요」입니다.

> **전달하려는 내용**
>
> 샛별방송사에서 방송한 「다 같이 요리」 프로그램을 짧게 보여 드리겠습니다. 이 동영상에서 "김○○ 셰프 출연"이라는 자막이 보입니다. '셰프'는 요리사를 뜻하는 영어입니다. 또 프로그램에 나오는 출연자가 '메인 디시'라는 영어를 지나치게 많이 사용하는데 그것을 편집하지 않고 그대로 방송했습니다.

> **끝맺는 말**
>
> 지금까지 영어를 지나치게 많이 사용하는 실태를 발표했습니다. 아름다운 우리말을 보존할 수 있도록 우리말을 바르게 사용하는 습관을 기릅시다.

07 샛별 모둠에서 조사한 내용은 무엇입니까?

( )

① 우리말을 바르게 사용하는 예
② 여러 가지 요리 프로그램의 예
③ 우리말을 보존할 수 있는 방법
④ 영어를 지나치게 많이 사용하는 실태
⑤ 줄임말을 지나치게 많이 사용하는 실태

중요

08 샛별 모둠의 발표 원고에 들어간 내용을 **보기**에서 모두 찾아 기호를 쓰시오.

보기

㉠ 자료	㉡ 모둠 이름
㉢ 조사 주제	㉣ 발표 제목
㉤ 설명하는 말	㉥ 모둠의 의견
㉦ 발표한 내용	

시작하는 말	(1)
전달하려는 내용	(2)
끝맺는 말	㉥, ㉦

09 샛별 모둠에서 활용한 자료는 무엇입니까?

( )

① 영어를 쓰지 않는 요리사와의 면담 자료
② 요리 프로그램의 제작 과정을 조사한 자료
③ 영어가 우리말을 대신하는 사례가 나온 뉴스
④ 방송에서 영어를 사용하는 횟수를 정리한 도표 자료
⑤ 영어를 지나치게 많이 사용하는 프로그램 동영상 자료

10 자료를 사용하여 발표할 때 주의할 점은 무엇인지 빈칸에 들어갈 알맞은 말을 쓰시오.

> 다른 사람의 저작물을 함부로 사용하면 안 되고, 자료의 ( )을/를 말이나 글로 밝혀야 한다.

서술형

11 다음 그림에서 여진이가 발표하는 모습을 보고, 여진이에게 해 줄 말을 한 가지만 쓰시오.

여진이가 발표 내용만 보며 발표하네.

_____

_____

중요

13 발표를 들으면서 생각할 내용으로 알맞지 <u>않은</u> 것은 무엇입니까? (   )

① 발표 주제가 무엇일까?
② 자료가 정확한 것일까?
③ 발표 내용이 주제와 관련 있을까?
④ 발표자가 좋아하는 것이 무엇일까?
⑤ 과장되거나 거짓인 내용은 없을까?

14 알맞은 태도로 발표를 들은 친구의 이름을 쓰시오.

> 은비: 새롭게 알려 주는 내용이 무엇인지 집중하며 들었어.
> 창민: 발표가 길어지는 것 같아서 발표자에게 빨리하라고 말했어.

(   )

12~13 다음 그림을 보고, 물음에 답하시오.

여진

15 발표 자료를 제시하는 방법으로 알맞지 <u>않은</u> 것은 무엇입니까? (   )

① 자료를 큰 화면으로 보여 준다.
② 사진이나 실물 자료는 여러 개 준비한다.
③ 자료를 보여 주는 화면과 설명하는 말이 어긋나지 않도록 한다.
④ 자료는 발표에 방해가 되지 않도록 잠깐 보여 주고 화면을 끈다.
⑤ 뒷자리에 있는 친구들이 잘 볼 수 있도록 실물 자료는 조금 높이 들어서 보여 준다.

12 이 그림에서 여진이가 발표할 때 주의해야 할 점을 찾아 ○표 하시오.

(1) 한 화면에 너무 많은 내용을 제시하지 않는다. (   )
(2) 자료를 보여 줄 때 손으로 화면을 가리키지 않는다. (   )
(3) 듣는 사람이 흥미를 느낄 수 있도록 동영상 자료만 준비한다. (   )

16 다음 중 우리말을 바르게 사용한 문장은 무엇입니까? (   )

① 이거 레알?
② 영수증 받으실게요.
③ 휴대 전화가 다 팔렸습니다.
④ 수업 시간에 열공했더니 배고프다.
⑤ 요즘 젊은 분들은 올드하면서도 엘레강스하게 스타일하세요.

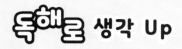
17~18 다음 글을 읽고, 물음에 답하시오.

[6-1] 7단원 242쪽

사례 1   텔레비전 프로그램

㉠평범한 중고등학생 네 명을 대상으로 욕 사용 실태를 관찰했더니 네 시간 동안 평균 500여 번의 욕설이 쏟아졌습니다.

충격적인 것은 이 학생들이 문제아나 불량 청소년이 아니라는 것입니다. 이제 욕은 많은 학생들의 입에서 거침없이 터져 나오는 일상어가 되어 버렸습니다.
(행실이나 성품이 나쁨.)

그렇다면 아이들이 최초로 욕을 대하는 때는 언제일까요?
(맨 처음.)

대중 매체 환경이 빠르게 바뀌면서 욕설이나 비속어를 대하는 나이가 더욱 어려지는 지금, 초등학교 교실을 찾아 그들이 아는 욕설을 적어 보도록 했습니다.
(격이 낮고 속된 말.)

그 결과, 절반 가까운 학생이 욕을 열 개 이상 버릇처럼 사용하고, 서른 개 이상 사용하는 아이도 있었습니다.

– 출처: 한국교육방송공사, 2011.

사례 2   카드 뉴스

우리가 사용하는 반려동물 관련 용어가 대부분 외래어·외국어라는 사실, 아시나요?

추석 때 고향에 내려가 있는 동안 반려 견을 펫시터에게 맡겨야겠어!
펫시터(×)
반려동물을 돌봐 주는 사람
→ 반려동물 돌봄이(○)

이번 여행은 반려 견을 켄넬에 넣어서 이동해야지~
켄넬(×)
개집, 개 사육장
→ 이동 장(○)

우리 동네에는 길고양이를 보살피는 캣맘과 캣대디가 많아!
캣맘, 캣대디(×)
길고양이 보호 활동을 하는 사람
→ 길고양이 돌봄이(○)

– 출처: 『한국일보』, 2017. 10. 9.

어떻게 읽을까?

1. 반복되는 어휘에 ◯표 해 보세요.
2. '사례 1'과 '사례 2'에서 문제 삼고 있는 상황은 무엇인지 찾아보세요.

😊 중심 내용
'사례 1'과 '사례 2'는 모두 ① ☐☐☐ 을/를 잘못 사용하고 있는 실태를 문제 삼고 있다.

😊 '사례 1'에 나타난 문제 상황
· ② ☐ 이/가 학생들에게 일상어가 되어 버림.
· 욕설이나 ③ ☐☐☐ 을/를 대하는 나이가 더욱 어려지고 있음.

😊 '사례 2'에 나타난 문제 상황
우리가 사용하는 반려동물 관련 용어가 대부분 ④ ☐☐☐ 와/과 ⑤ ☐☐☐ 임.

답 ① 우리말 ② 욕 ③ 비속어
④ 외래어 ⑤ 외국어

단원 개념

17 '사례 1'의 ㉠에서 사용한 조사 방법의 특징으로 알맞은 것은 무엇입니까? (   )

① 빠른 시간에 정보를 얻을 수 있다.
② 여러 사람을 한꺼번에 조사하기 어렵다.
③ 현장에서 조사 대상을 직접 파악할 수 있다.
④ 답한 내용 외에는 자세한 내용을 알기 어렵다.
⑤ 찾고 싶은 정보를 쉽게 찾지 못하는 경우가 많다.

18 '사례 2'에서 알 수 있는 내용으로 알맞지 <u>않은</u> 것은 무엇입니까? (   )

① 잘못된 우리말 사용 실태를 알 수 있다.
② 신문 자료를 활용하면서 출처를 밝혔다.
③ 반려동물 관련 용어로 쓸 만한 우리말이 없다.
④ '펫'이나 '맘', '대디' 등은 흔히 쓰는 외국어의 예에 해당한다.
⑤ 반려동물 관련 용어에 사용된 외래어와 외국어를 조사한 내용이다.

1 다음 빈칸에 들어갈 알맞은 낱말을 **보기**에서 찾아 쓰시오.

> **보기**
>
> 면담   자제   수입   실태   조사

(1) 공업 단지 주변의 환경 오염 [   ]을/를 조사하기로 했다.

(2) 준호는 제법 탐정 흉내를 내면서 주변을 [   ]하기 시작했다.

(3) 동생이랑 싸웠는데 나만 혼나면 서러운 마음을 [   ]하기 어렵다.

2 다음 문장에서 밑줄 그은 낱말과 뜻이 비슷한 낱말을 찾아 선으로 이으시오.

(1) 문화재를 <u>보호</u>하기 위해 노력해야 한다.   •   • ㉮ 유의

(2) 영어 사용을 자제해 달라고 방송사에 <u>요청</u>했다.   •   • ㉯ 보존

(3) 박물관 관람을 시작하기 전에 선생님께서 <u>주의</u>할 점을 말씀해 주셨다.   •   • ㉰ 요구

3 다음 그림에서 밑줄 친 부분을 자연스러운 우리말 표현으로 고쳐 쓰시오.

(1) 졸업 선물로 한마음 <u>플라워</u>에 가서 꽃다발을 준비해야지.
(→ 　　　　　　　　)

(2) 배가 고픈데 편의점에 가서 <u>삼김</u> 사 먹어야겠어.
(→ 　　　　　　　　)

(3) 여행할 때는 반려 견을 <u>켄넬</u>에 넣어서 이동해야지.
(→ 　　　　　　　　)

사자성어

4 다음 글과 그림을 보고, 언중유골 과 비슷한 속담에 ○표 하시오.

언중유골(言中有骨)

(言 말씀 언, 中 가운데 중, 有 있을 유, 骨 뼈 골)
말 속에 뼈가 있다는 뜻으로, 뼈같이 단단한
뜻이 사람의 말 속에 들어 있다는 말.

곰곰이 생각해 보면 깊은 뜻이 담겨 있는 말이 있죠? '언중유골'은 하고 싶은 말을 직접 하지 않으면서도 상대에게 하고 싶은 말을 효과적으로 전할 수 있는 표현 방법이에요.

(1)
말 아닌 말

( )

(2)
말이 씨가 된다

( )

(3)
말 뒤에 말이 있다

( )

하루 한장

공부력 강화 프로그램

공부력은 초등 시기에 갖춰야 하는 기본 학습 능력입니다.
공부력이 탄탄하면 언제든지 학습에서 두각을 나타낼 수 있습니다.
초등 교과서 발행사 미래엔의 공부력 강화 프로그램은
초등 시기에 다져야 하는 공부력 향상 교재입니다.

하루 한장 독해

초등 국어 3-1 **5**

비법 ❶
초등 국어 교과서 친필진이 개발한 독해 프로그램입니다.

'하루 한장 독해'는 초등 국어 교과서의 전문 집필진이 개발한 독해 맞춤 프로그램으로, 국어 학습의 기초를 튼튼히 할 수 있습니다.

비법 ❷
교과 학습 단계에 맞추어 독해 전략을 익혀요.

'하루 한장 독해'는 학습 발달 단계를 고려하여 학년별·학기별 교과의 연계된 주요 독해 전략을 집중 연습할 수 있습니다.

비법 ❸
새 교육과정에 따라 다양한 독해 제재를 다뤄요.

새 교육과정에 따라 다양한 독해 제재를 다룹니다. 제재를 해결할 수 있습니다.

🔲 하루 한장 학습 관리 앱
손쉬운 학습 관리로 올바른 공부 습관을 키워요!

Mirae N 에듀

하루 한장 쏙셈

초등 수학 3-2 **6**

비법 ❶
쏙셈으로 디지는 교과서 기본 학습

초등 수학의 80%가 연산입니다. 쏙셈은 교과서 단원별로 빠짐없이 꼭 필요한 연산 문제를 구성하여 초등 수학의 기초 실력을 다져 줍니다.

비법 ❷
원리로 단단하는 탄탄한 연산 실력

수학은 연산 구조와 관계를 탐구하는 교과입니다. 쏙셈은 원리 학습을 통해 연산 과정을 숙달하고 수의 구조와 관계를 익힙니다.

비법 ❸
재미를 통한 수학적 창의력 향상

다양한 그림 찾기, 숨은 그림 찾기가 참가력을 키우는 사실을 아시나요? 쏙셈은 재미있고 다양한 내용으로 창의력을 향상시킵니다.

🔲 하루 한장 학습 관리 앱
손쉬운 학습 관리로 올바른 공부 습관을 키워요!

Mirae N 에듀

초등
코어

초코

바른답·알찬풀이

국어
5·2

Mirae N 에듀

바른답·
알찬풀이

1단원 마음을 나누며 대화해요

독해로 교과서 쏙쏙   012~025쪽

독해로 이해 콕

1 ×   **2** 실망   **3** 그림

4 화   **5** 늦게   **6** 설거지

7 철 수세미   **8** 못 쓰게 된다   **9** ×

10 ×   **11** ○   **12** 넓어서

13 공감   **14** 사과   **15** 미안한

16 ○   **17** ×   **18** 공장

19 ×   **20** 분해서 잠이 안 왔다

21 비행기   **22** 일본   **23** 학교

24 ○   **25** 비행기   **26** ×

27 비행 학교   **28** ×   **29** 행복했다

30 여자 비행사

01 ②   **02** ⑤   **03** (2) ○

04 예 열심히 준비했을 텐데 정말 속상했겠다.

05 (1) 처지 (2) 공감 (3) 마음   **06** 프라이팬이

잘 닦이지 않아서   **07** ⑤   **08** 공감하는

09 (1) 예 고마운 마음 (2) 예 엄마가 자신의 마음을 헤아

려 주셔서   **10** ④   **11** 청소 구역을

번갈아 가며 바꾸자.   **12** ③

13 (1) － ㉮ (2) － ㉰ (3) － ㉯   **14** ③

15 (1) 예 속상한 일을 친구에게 털어놓았는데 친구가 위

로해 주었다. (2) 예 내 마음을 알아준 친구가 고마웠다.

16 말할 기회가 없어서   **17** ⑤

18 예 외국에 있는 친구와 이야기할 때   **19** ㉰, ㉱, ㉲

20 (1) ㉡ (2) ㉣ (3) ㉠ (4) ㉢   **21** ①

22 비행기   **23** 윤하   **24** ③

25 예 어려움이 있더라도 꿈을 위해 포기하지 않았으면

좋겠어.   **26** ㉯ → ㉮ → ㉰   **27** ①, ⑤

28 ③   **29** 예 내가 너라도 나라를 빼앗기면

되찾고 싶을 거야.   **30** 여자가 자기 나라를 되찾으려고

왔으니 꼭 들여보내라.   **31** ①, ③

32 ④   **33** (2) ○

34 (1) 예 웹툰 작가 (2) 예 틈틈이 그림을 배우고, 재미있

는 일을 기록해 놓고 있다.

01 글 ㉮에서 지윤이는 명준이의 말에 귀 기울이지 않았으
며, 명준이에게 자기가 지금 바쁜데 말을 꼭 들어야 하
냐고 물었습니다.

02 글 ㉯에서 지윤이는 명준이의 기분을 생각하지 않고,
자기가 하고 싶은 말만 했습니다.

03 글 ㉰에서 지윤이는 명준이의 기분을 생각하지 않고 상
대를 배려하지 않는 태도로 말했습니다.

04 대화를 할 때는 상대의 기분을 생각하고, 배려하여 말
을 해야 합니다.
> **채점 기준** 상대의 기분을 생각하여 배려하는 말을 한 문장으로
> 썼으면 정답으로 합니다.

05 공감하며 대화해야 하는 까닭은 상대의 처지를 이해할
수 있고, 상대의 마음을 알 수 있기 때문입니다. 또한
공감하며 말하면 기분 좋은 대화를 할 수 있고, 대화를
즐겁게 이어 갈 수 있습니다.

06 현욱이는 프라이팬이 잘 닦이지 않자 철 수세미를 썼
습니다.

07 현욱이가 설거지할 때 철 수세미를 쓰는 실수를 해서
당황하셨던 엄마는 집안일을 도와주려고 한 현욱이의
착한 마음씨에 고마운 마음이 들어 흐뭇하게 미소 지으
셨습니다.

08 현욱이와 엄마는 서로의 마음에 공감하는 대화를 하고
있습니다.

09 엄마와 대화를 한 현욱이의 기분을 짐작하여 씁니다.
글의 마지막 문장 "엄마의 말씀을 듣고 내 마음은 한
순간에 봄눈 녹듯 풀렸다."에 현욱이의 마음이 표현되
어 있습니다.
> **채점 기준** 엄마와 공감하는 대화를 나눈 현욱이의 마음을 바르
> 게 짐작하여 까닭과 함께 썼으면 정답으로 합니다.

10 공감하며 대화하기 위해서는 전하고 싶은 생각을 정확
히 말해야 합니다.

11 남자아이는 청소 구역을 번갈아 가며 바꾸자고 했습니
다.

12 그림 ㉯의 대화에서 여자아이는 남자아이와 처지를 바
꾸어 생각하고, 남자아이의 마음을 알아주었습니다.

13 (1) 경청이란 말하는 사람에게 주의를 기울여 집중해서
듣는 것으로, "그래서 어떻게 되었어?"와 같이 상대의
말이나 행동에 맞장구를 쳐 주는 말하기가 있습니다.
(2) 상대와 처지를 바꾸어 생각하는 말하기에는 "내가
너라면 아주 기뻤을 거야."와 같이 말하는 사람의 처지

가 되어 생각해 보거나 행동하는 말하기가 있습니다. (3) 공감하며 말하기에는 "다음에는 잘할 수 있을 거야."와 같이 상대의 기분을 고려해 말하거나 자신의 잘못은 없는지 생각하며 말하는 것이 있습니다.

14 팔짱을 끼고 눈을 감는 행동은 공감하며 대화하는 자세가 아닙니다.

15 공감하며 대화한 경험을 떠올려 보고, 어떤 상황이었는지, 그때의 기분은 어떠했는지 써 봅니다.

> **채점 기준** 공감하며 대화한 상황을 떠올렸고, 자신의 기분을 상황에 어울리게 썼으면 정답으로 합니다.

16 그림 **가**에서 주아는 친구에게 사과하고 싶었지만, 말할 기회가 없어서 하지 못했습니다.

17 서로 얼굴을 보고 하는 대화는 가까운 거리에서만 되고, 직접 말하기 어려운 주제는 말을 꺼내기 어려워 피하게 되기도 합니다. 그러나 누리 소통망에서 대화를 하면, 직접 만나서 말로 하기 부끄러울 때도 자신의 생각을 잘 전할 수 있습니다.

18 누리 소통망 대화는 직접 만나지 않아도 할 수 있으므로 멀리 떨어져 있거나 자신의 생각을 직접 전하지 못할 때 알맞습니다.

> **채점 기준** 누리 소통망 대화를 하기에 알맞은 상황을 썼으면 정답으로 합니다.

19 누리 소통망 대화는 대화의 분위기를 알 수 없고, 글자를 일일이 입력하는 것이 불편하며, 얼굴을 보지 않고 대화해서 어색합니다.

20 (1) ㉡은 대화방에 없는 친구를 험담하는 내용으로, 누리 소통망에서 대화할 때 유의해야 할 대화 예절의 예에 해당합니다. (2) ㉣은 상대의 의사를 묻지 않고 대화방에 초대하여 불편을 끼치고 있는 대화 상황입니다. 친구의 동의 없이 갑자기 대화에 초대했는데, 상대가 기분 나빠할 때는 "미안해. 갑자기 너무 급하게 물어볼 것이 생겨서 그랬어."와 같이 말을 하는 것이 좋습니다. (3) ㉠은 그림말을 너무 많이 사용한 상황으로, 누리 소통망에서 대화할 때 주의해야 할 대화 예절의 예에 해당합니다. (4) ㉢은 친구의 얼굴이 보이지 않는다고 친구가 싫어하는 말을 함부로 말한 대화 상황입니다. 직접 만나지 않는다고 친구에게 함부로 말하는 것은 올바른 대화의 태도가 아니므로 항상 예의를 갖추어 말하는 것이 좋습니다.

21 '나'는 비행기를 처음 보고 신기하고 놀라워서 두 발만 동동 굴렀고, 비행사가 되고 싶다는 꿈이 생겼습니다.

22 마을 사람들은 비행기를 보고 '괴물'이라고 했습니다.

23 글 **1**에서 '나'는 비행기 조종사가 되는 꿈을 갖게 되면서 여자이고 조선 사람이라고 해서 못 할 까닭이 없다고 다짐하고 있습니다.

24 공감하며 대화할 때 충고하는 말을 하는 것은 적절하지 않습니다.

25 이 글의 '나'는 어릴 때부터 집안일을 하며 동생을 돌보고 공장에서 일하는 등 힘들게 살고 있지만 이루고 싶은 꿈이 있습니다.

> **채점 기준** 어려운 상황에서도 꿈을 이루고 싶어 하는 '나'의 처지를 생각하며 공감하는 말을 했으면 정답으로 합니다.

26 '나'는 배를 타고 중국으로 건너가서 중국의 중학교에 입학하여 2년 반 동안 공부하고, 중국의 비행 학교에서 입학을 거절당하자 윈난성의 장군 당계요를 찾아갔습니다.

27 글 **2**에서 일본의 방해로 우리나라에서는 더 이상 독립운동을 할 수 없고, 비행사가 되고 싶은 꿈을 이루기 위해 중국에 갔다는 것을 알 수 있습니다.

28 '나'는 여자여서 비행 학교에 들어올 수 없다는 이야기를 듣고 공정하지 못하다는 마음이 들어 억울했을 것입니다.

29 당계요 장군이 '나'의 처지라면 어떤 마음이 들었을지 생각하여 써 봅니다.

> **채점 기준** 나라를 빼앗겨 되찾고 싶어 하는 '나'의 처지를 생각하며 공감하는 말을 했으면 정답으로 합니다.

30 당계요 장군이 여자가 자기 나라를 되찾으려고 왔으니 꼭 들여보내라는 편지를 써 주어서 '나'는 비행 학교에 입학할 수 있었습니다.

31 '나'는 비행기를 처음 탔을 때 끝없는 산과 들과 강물을 보고 아름다움에 감탄하였고, 자유롭다고 생각했습니다.

32 어려움이 있더라도 꿈을 포기하지 말라는 말과 의미가 통합니다.

33 친구의 꿈을 경청하고, 친구가 그 꿈을 가지게 된 까닭을 자신의 처지에서 생각하며, 친구가 꿈을 이루려고 노력하는 것에 공감하고 응원하는 것은 '공감하는 대화'에 해당합니다.

34 이루고 싶은 꿈이 무엇인지, 꿈을 이루기 위해 어떤 노력을 하고 있는지 생각하여 씁니다.

> **채점 기준** 이루고 싶은 꿈과 자신의 노력을 자연스러운 문장으로 명확하게 썼으면 정답으로 합니다.

바른답·알찬풀이

01 ④   **02** ③   **03** 예 그랬구나.
정말 속상했겠다.   **04** (2) ○   **05** ⑤
06 ②   **07** ③   **08** ④
09 예 기분이 좋아진다.   **10** 미안하다
11 ①   **12** 예 상대의 얼굴이 보이지 않아도
바르고 고운 말을 쓴다.
13 비행사가 되는 것   **14** ①
15 ③, ⑤   **16** ⑤   **17** 예 너는 성실
하고 무슨 일이든 끝까지 노력하니까 우주 비행사가 꼭
될 수 있을 거야.

독해로 생각 Up   **18** (3) ○   **19** ②, ④
20 ①

---

01 그림 대회에서 상을 못 받아 실망한 명준이가 자신의
마음을 지윤이에게 이야기하고 있는데, 시큰둥하게 듣
고 반응을 한다면, 자신의 마음을 무시하는 듯한 친구
의 태도에 기분이 나쁘고 화가 났을 것입니다.

02 지윤이는 명준이의 서운한 마음을 생각하지 않고 말했
습니다. 이런 상황에서는 친구의 처지에서 생각해 보
고, 친구의 기분을 생각하여 말하는 것이 좋습니다.

03 ㉠은 명준이의 처지를 고려하지 않고 말한 것이므로,
명준이의 기분을 생각해서 "그랬구나. 내가 너처럼 그
림 그리기를 좋아하면 나도 서운했을 것 같아.", "다음
에는 뽑힐 거야. 힘내.", "정말 속상했겠다." 등과 같이
친구의 마음을 위로할 수 있는 표현으로 고쳐 말하는
것이 좋습니다.

04 친구가 말을 하고 싶을 때, (1)과 같이 바쁘다거나 꼭 들
어야 하냐는 말을 한다면, 기분이 좋지 않을 것입니다.
그러나 (2)와 같이 친구의 말에 공감하며 관심을 가지고
귀 기울여 들어준다면, 고마운 마음이 들 것입니다.

05 엄마는 현욱이가 엄마를 도와주려고 한 마음을 느껴서
화를 내지 않으셨습니다.

06 현욱이와 엄마는 서로의 마음과 입장을 이해하며 공감
하는 대화를 하고 있습니다.

07 남자아이는 여자아이가 자신의 말을 잘 들어 주고 마음
을 잘 알아줘서 고맙다고 했습니다.

08 그림 ㉮에서 여자아이는 말하는 사람에게 주의를 기울
여 집중해서 듣고, 그림 ㉯에서는 말하는 사람의 처지
가 되어 생각하고 있습니다.

09 ㉯와 같이 친구의 말에 공감하며 대화하면 상대의 생
각을 쉽게 알 수 있으며, 대화를 즐겁게 이어갈 수 있
고, 상대와 사이가 더 좋아집니다.
> **채점 기준** 공감하는 대화를 할 때의 좋은 점을 썼으면 정답으로
> 합니다.

10 주아는 친구에게 사과하고 싶어 합니다.

11 누리 소통망 대화를 할 때도 예절을 지켜야 합니다.

12 누리 소통망에서는 말하고 싶은 내용을 정확하게 전달
하고, 이상한 말이나 줄임 말을 쓰지 않으며, 상대가
대화하고 싶은지 확인하고 말을 걸고, 혼자 너무 많이
말하지 않습니다.
> **채점 기준** 누리 소통망 대화 예절을 바르게 썼으면 정답으로 합
> 니다.

13 '나'는 비행사가 되어 내 나라를 빼앗아 간 일본과 싸우
고 싶다고 했습니다.

14 '나'는 고된 훈련이었지만 자신의 꿈을 따라 산다는 게
꿈만 같았습니다.

15 '나'는 비행사가 되고 싶은 꿈을 실현하기 위해 열심히
노력했고, 마침내 우리나라 최초의 여성 비행사가 되
었습니다.

16 이 글의 '나'는 비행사라는 꿈을 이루기 위해 비행 학
교에 가려고 열심히 공부했으며, 여자여서 중국의 비
행 학교에 들어갈 수 없게 되었을 때, 당계요 장군을 만
나 그의 도움으로 갈 수 있었다고 하였습니다. 또한 비
행 학교에 들어가서 남학생들과 똑같이 훈련하여 힘들
고 위험했지만, 꿈을 이루기 위한 과정이라 생각했기
에 기뻤다고 하였습니다. 따라서 '나'의 입장에서 친구
들에게 조언한다면, 꿈을 이루려면 포기하지 말고 노
력하라고 말할 것입니다.

17 우주 비행사가 되고 싶은 꿈을 이야기하는 여자아이의
말에 경청하고, 처지를 바꾸어 생각하며, 공감하는 말
을 생각하여 써 봅니다.
> **채점 기준** 상대의 말에 경청하는 말, 처지를 바꾸어 생각하는
> 말, 공감하는 말 가운데 하나를 썼으면 정답으로 합니다.

지문 해설 독해로 생각Up

지효에게 → 받을 사람

지효야, 안녕? 나 신우야. → 첫 인사

지효야, 아까 내가 네 책상 옆에서 미역국을 엎질렀
지? 너는 네 가방이 더러워져서 많이 속상했을 텐데 「나
에게 ㉠ "괜찮아?" 하면서 걱정을 해 주었어. 그리고 미
역국 치우는 것을 도와주었어.」 → 일어난 사건

나는 미역국을 엎지르고 너에게 미안하다는 말도 못
하고 멍하니 서 있었어. 너무 당황스러워서 어떻게 해
야 할지 생각이 나지 않았어. 그런데 네가 오히려 나를
걱정해 주고 같이 치워 주어서 감동했단다.
→ 일어난 사건에 대한 마음

지효야, 아까는 당황스러워서 너에게 고맙다는 말을
제대로 못 했어. 정말 고마워! 네 따뜻한 마음을 잊지
않을게. → 나누려는 마음

앞으로 내가 도와줄 일이 있으면 꼭 도와줄게. 그리
고 우리 앞으로도 친하게 지내자.

안녕. → 끝인사

친구 신우가

18 신우는 지효에게 고마운 마음을 전하려고 편지를 썼습
니다.

19 지효는 신우의 상황과 마음을 이해하여 화를 내지 않
고, 치우는 것도 도와주었습니다.

20 누리 소통망으로 대화하면 만나지 않고도 대화할 수 있
습니다.

보충 자료 예절을 지키며 누리 소통망에서 댓글 달기

- 좋은 댓글을 달아 상대의 말에 공감을 표현합니다.
- 정확한 내용을 써서 자신의 생각을 댓글로 전합니다.
- 댓글로 바르고 고운 말을 씁니다.
- 댓글로 상대가 싫어하는 말을 하지 않습니다.
- 댓글로 자신의 의견만 강요하지 않습니다.

어휘 마무리 뚝딱

1 (1) 흐뭇한 (2) 시큰둥한 (3) 분한
2 (1) – ㉴ (2) – ㉳ (3) – ㉮
3 (1) 쫓았다 (2) 좇아
4 (2) ○

1 (1) 엄마가 나를 보며 웃고 있는 상황이므로, '웃음'과
어울리는 말은 '마음에 흡족하여 매우 만족스럽다.'라
는 뜻의 '흐뭇한'이 알맞습니다.
(2) '나'가 속상한 까닭은 내 말에 '달갑지 아니하거나 못
마땅하여 시들하게' 대답하는 친구 때문입니다.
(3) 동생과 다툰 후 부모님께 자신만 혼나는 상황이므
로, '억울한 일을 당하여 화나고 원통하다.'라는 뜻의
'분한'이 적절합니다.

2 (1) '망가지다'는 '부서지거나 찌그러져 못 쓰게 되다.'의
뜻으로 '고장나다'와 비슷한 낱말입니다.
(2) '알아주다'는 '남의 사정을 이해하다.'의 뜻으로, '이
해하다'와 비슷한 낱말입니다.
(3) '띠다'는 '감정이나 기운 따위를 나타내다.'의 뜻으
로, '어떤 표정이나 태도 따위를 얼굴이나 몸에 나타내
다.'라는 뜻의 '짓다'와 비슷한 낱말입니다.

3 (1) 도둑을 잡기 위해 급히 따라가는 상황이므로 '쫓다'
가 알맞습니다.
(2) 자유로움을 추구하는 것이므로 '좇다'가 맞습니다.

4 같은 가격이라면 기능이 더 많은 제품을 고르겠다는 (2)
의 상황이 '같은 값이면 다홍치마'라는 말과 가장 잘 어
울립니다.
(1) '미리 준비가 되어 있으면 걱정할 것이 없음.'의 뜻
인 '유비무환(有備無患)'을 쓰기에 알맞은 상황입니다.
(3) '자기가 남에게 말이나 행동을 좋게 하여야 남도 자
기에게 좋게 한다는 말.'이라는 뜻의 '가는 말이 고와야
오는 말이 곱다'를 쓰기에 적절한 상황입니다.

2단원 지식이나 경험을 활용해요

독해로 교과서 쏙쏙

036~047쪽

독해로 이해 콕

1 과정	**2** ○	**3** 굵다
4 용	**5** 농사	**6** ○
7 계절	**8** 줄다리기 준비	**9** ×
10 얼음	**11** ×	**12** 동빙고
13 경주	**14** ○	**15** 진흙, 화강암
16 잔디	**17** 얼음	**18** ×
19 한글 놀이터	**20** 특별 전시실	**21** ○
22 한글	**23** ×	**24** 지하철
25 ○		**26** 역사

01 ⑤　　　　02 ⑤　　　　03 인혜
04 ⑩ 줄다리기를 하기 위해 마을 사람들 모두가 모여서
줄을 만든다는 것을 알게 되었다.　　05 ⑤
06 풍년　　　　07 ⑤　　　　08 우진
09 ⑩ 운동회 때 줄다리기를 했는데 생각보다 줄이 두꺼
웠고 힘이 많이 들었다.　　　　10 ①
11 (1) 만드는 (2) 보관하는
12 (1) - ㉮ (2) - ㉯　13 ④　　14 (1) ㉡ (2) ㉠
(3) ㉢　　　　15 ⑩ 조선 시대에는 얼음을 어떻게
활용했을까?　　　16 ㉠　　　17 ④
18 ⑤　　　　19 (3) ○
20 ⑩ 글의 내용을 더 잘 이해할 수 있다.
21 한글 놀이터, 한글 배움터, 특별 전시실
22 ①　　　23 ②, ④　　24 (1) ○ (3) ○
25 ⑩ 민속촌에 갔었는데, 조상들이 살던 모습을 볼 수
있어서 좋았다.　　26 ①, ③　　27 ④
28 유원　　　29 ⑩ 관람한 내용에 대한 감상을
좀 더 자세히 쓰면 좋을 것 같다.　　30 ㉢, ㉣, ㉤

---

01 글 **1**의 첫 번째 문단에서 이 글이 영산 줄다리기에 대
해 설명하는 글인 것을 알 수 있습니다.

02 글 **1**의 첫 번째 문단에서 음력 정월은 농한기라서 마
을 사람이 모두 모여 줄을 만드는 일에만 매달릴 수 있
다고 했습니다.

03 영산 줄다리기에서 쓰는 줄의 굵기가 1.5미터라고 하
였습니다. 따라서 줄다리기의 줄 굵기가 15센티미터의

열 배나 더 굵은 것에 놀랐다고 이야기한 인혜의 생각
은 적절합니다.

04 줄다리기와 관련하여 새롭게 알게 된 사실을 한 가지
씁니다. 예를 들어, 이 글의 "음력 정월은 농한기라서
마을 사람들이 모두 모여 줄을 만드는 일에만 매달릴
수 있어요."라는 문장에서 줄다리기를 하기 위해 마을
사람들이 모두 모여 줄을 만든다는 사실을 알게 되었다
는 등의 내용이 적절합니다.
　채점 기준 글의 내용과 관련하여 새롭게 알게 된 사실을 자연스
러운 문장으로 썼으면 정답으로 합니다.

05 글을 읽을 때 자신의 지식이나 경험을 떠올리며 읽으면
글의 내용을 쉽게 이해할 수 있다는 것이지, 읽지 않아
도 내용을 모두 알 수 있는 것은 아닙니다.
　오답 풀이
지식이나 경험을 떠올리며 글을 읽으면 내용을 쉽게 이해할 수
있고, 내용에 흥미를 느낄 수 있으며, 글의 내용을 깊이 이해할
수 있습니다. 또 이미 아는 내용과 비교하며 글을 읽을 수 있습
니다.

06 글 **2**에서 우리 조상들은 용이 물을 다스리는 신이라고
생각했고, 용을 즐겁고 기쁘게 해야 풍년이 들 것이라
고 생각해서 용을 닮은 줄을 만들어 줄다리기를 했습니
다.

07 글 **3**에서 줄다리기라는 큰 행사를 치르면서 마을 사람
들이 마음을 한데 모아 무사히 한 해 농사를 지으려는
지혜가 담겨 있다고 했습니다.

08 오랜 세월 동안 농사를 지어 온 우리 조상들은 줄다리
기를 하면서 풍년을 기원했습니다.

09 줄다리기를 해 봤거나 줄다리기하는 것을 본 경험, 줄
다리기에 관해 책이나 영상으로 알게 된 지식 등을 떠
올려 한 문장으로 씁니다.
　채점 기준 줄다리기와 관련된 지식이나 경험을 자연스러운 문
장으로 썼으면 정답으로 합니다.

10 글을 소리 내어 빨리 읽는 것은 지식이나 경험을 활용
해 읽는 방법과는 관계가 없습니다.
　오답 풀이
지식이나 경험을 활용해 글을 읽을 때는 글과 관련 있는 내용을
조사하고, 책을 고를 때 책 내용과 관련한 지식이나 경험을 떠올
리며 읽을 수 있을지 생각합니다. 또 글을 읽다가 잘 모르는 내용
이 나오면 먼저 관련 있는 지식을 공부하고, 책이나 글을 골라 읽
을 때는 관련 있는 지식이나 경험이 많은 것으로 고릅니다.

11 글 **2**에서 냉장고는 얼음을 인공적으로 만드는 기계 장치이고, 빙고는 겨울에 보관해 두었던 얼음을 녹지 않게 보관하는 냉동 창고라는 것을 알 수 있습니다.

12 동빙고는 왕실의 제사에 쓰일 얼음을 보관했고, 서빙고는 왕실과 고급 관리에게 공급할 음식 저장용·식용·의료용 얼음을 보관했습니다.

13 우리나라는 여름과 겨울의 기온 차이가 커서 옛날부터 한겨울의 얼음을 보관했다가 쓰는 장빙 기술이 크게 발달했다고 했습니다.

14 ㉠은 글을 읽고 새롭게 안 것, ㉡은 글의 내용을 통해 짐작한 것, ㉢은 알고 싶은 것에 해당합니다.

15 글의 내용과 관련하여 알고 싶은 점을 한 가지 떠올려 씁니다.
> 채점 기준 이외에도 '석빙고는 어떻게 냉장고와 같은 역할을 했을까?'와 같이 이 글의 내용과 관련된 질문을 썼으면 정답으로 합니다.

16 경주 석빙고가 보물이라는 것과 언제 만들어졌는지는 과학적인 것과 연관이 없습니다.

17 글 **3**에서 석빙고의 지붕을 이중 구조로 만들어 바깥쪽의 열을 차단하고, 안쪽은 열전달이 잘되도록 하여 찬 공기가 오랫동안 머물게 했다는 것을 알 수 있습니다.

18 ①~④는 알고 싶은 것에 해당합니다.

19 얼음을 오랫동안 보관하기 위해 만들어진 '석빙고'의 원리를 이해하는 데 가장 관련이 깊은 것은 '열의 이동'입니다.

20 지식이나 경험을 떠올려 글을 읽으면 글을 읽을 때 더 집중할 수 있고, 자신의 지식이나 경험이 더 풍부해집니다.
> 채점 기준 지식이나 경험을 떠올려 글을 읽으면 좋은 점을 썼으면 정답으로 합니다.

21 글 **1**에서 글쓴이가 국립한글박물관에서 관람한 곳을 알 수 있습니다.

22 '한글 놀이터'와 '한글 배움터'는 모두 체험과 놀이를 하면서 한글을 이해하도록 만들어졌다는 점이 흥미로웠다고 했습니다.

23 글쓴이는 박물관을 관람하면서 한글 유물을 직접 볼 수 있어서 신기하고 즐거웠으며, 한글을 더 생생하고 자세하게 배우는 소중한 기회를 얻어서 무척 뿌듯했다고 했습니다.

24 체험한 일을 떠올려 감상이 드러나는 글을 쓸 때는 체험한 일을 자세히 풀어 쓰고, 체험할 때 느낀 감정이 생생하게 전달되도록 쓰며, 체험할 때 느낀 감동을 과장하지 말고 느낀 만큼 솔직하게 씁니다.

25 5학년 때 체험한 일 중 한 가지를 떠올려 감상과 함께 씁니다.
> 채점 기준 체험한 일과 그에 어울리는 감상을 둘 다 바르게 썼으면 정답으로 합니다.

> **보충 자료 글로 쓸 내용에 필요한 지식 조사하기**
> • 체험에 대한 글을 쓸 때 경험과 관련 있는 지식을 조사하거나 공부해서 글쓰기에 활용해야 합니다.
> • 글을 읽는 사람에게 도움이 되는 내용이 무엇일지 생각하며 필요한 지식을 조사합니다.
> • 가장 효과적인 조사 방법은 무엇일지 생각하며 필요한 정보를 찾고, 얻은 정보를 쓸 내용에 맞게 잘 정리해 글을 씁니다.

26 글 **가**에서 국립한글박물관은 '한글'로만 기록한 한글 자료와 한글을 활용한 작품들을 전시해 놓은 곳이라고 했습니다.

27 민주는 지하철역에서 박물관까지 가는 길에 있는 주변 건물의 모습을 덧붙이면 글이 더 생생하게 느껴질 것이라는 의견을 제시했습니다.

28 **다**에서 유원이는 4학년 1학기 때 배운 「훈민정음해례본」 내용도 함께 설명하자는 의견을 냈습니다.

29 글 **가**와 **나**에서 부족한 부분을 어떻게 고쳐 쓰면 좋을지 한 문장으로 씁니다.
> 채점 기준 글에서 아쉬운 부분을 어떻게 고쳐 쓸지 자연스러운 문장으로 썼으면 정답으로 합니다.

30 지식이나 경험을 활용해 함께 글을 고치면 글의 내용을 더 정확하고 자세하게 나타낼 수 있고, 내가 잘못 이해하고 쓴 내용을 친구들이 바르게 고쳐줄 수 있으며, 서로의 경험을 활용해 글의 내용을 생생하게 할 수 있습니다.

바른답·알찬풀이

단원 평가

01 정월   02 (3) ○   03 ①
04 풍년   05 ④
06 알고 있던 지식   07 경주의 석빙고   08 ①
09 예 조선 시대에는 얼음이 매우 귀했다는 것을 책에서 본 적이 있다.   10 (3) ○   11 ⑤
12 한글문화   13 (1) - ㉮ (2) - ㉯   14 (2) ○
15 ③   16 처음 발길이 닿은 장소는
17 ⑤

독해로 생각 Up   18 ①   19 ②

---

01 글 ㉮에서 줄다리기를 준비하는 때가 농한기인 음력 정월인 것을 알 수 있습니다.

02 줄다리기에 관한 글이므로, 줄다리기와 가장 관련 있는 지식이나 경험을 떠올려야 합니다.

03 지식이나 경험을 떠올리며 글을 읽으면 글의 내용을 보다 쉽게 이해할 수 있고, 깊이 있게 이해할 수 있으며, 흥미를 느낄 수 있습니다.

04 오랜 세월 동안 농사를 지어 온 우리 조상들의 가장 큰 소망은 풍년이었다고 했습니다.

05 우리 조상들이 한 줄다리기는 풍년을 기원하며 용을 기쁘게 하는 놀이이면서 착한 신들을 도울 수 있는 놀이라고 했습니다.

오답 풀이

① 첫 번째 문단의 "오랜 세월 동안 농사를 지어 온 우리 조상들의 가장 큰 소망은 풍년이었어요."에서 '풍년을 기원하는 놀이'라는 설명은 적절합니다.
② 첫 번째 문단의 "우리 조상들은 용이 물을 다스리는 신이라고 생각했답니다. 그래서 용을 닮은 줄을 만들고 흥겹게 줄다리기를 해서 용을 기쁘게 하려고 했어요."에서 '용을 기쁘게 하는 놀이'라는 설명은 적절합니다.
③ 첫 번째 문단의 "그것은 농사와 관련이 깊어요."에서 '농사와 관계 깊은 놀이'라는 설명은 적절합니다.
⑤ 두 번째 문단의 "새해의 첫 달인 정월에 힘이 약해진 착한 신들을 도울 수 있는 놀이를 했답니다."에서 '착한 신들을 도울 수 있는 놀이'라는 설명은 적절합니다.

06 윤지는 줄다리기가 풍년을 기원하며 하던 놀이라는 내용을 읽고 풍물놀이도 풍년을 기원하며 하던 민속놀이라고 배웠던 지식을 떠올렸습니다.

07 이 글의 두 번째 문단에서 한겨울의 얼음을 보관했다가 쓰는 기술을 장빙이라고 설명하고, 우리나라에서는 여름과 겨울의 기온 차가 커서 옛날부터 장빙 기술이 크게 발달했다고 했습니다. 그러면서 장빙 기술을 활용한 일곱 개의 석빙고 중에서 가장 완벽한 것이 경주의 석빙고라고 했습니다.

08 첫 문단의 "얼음의 공급 규정을 법으로 엄격히 규정할 만큼 얼음의 공급을 중요하게 여겼다."에서 "① 얼음을 나누어 주는 법이 있었구나!"라고 새롭게 알게 된 내용을 떠올릴 수 있습니다.

오답 풀이

②~④는 '알고 싶은 것'에, ⑤는 '짐작한 것'에 해당합니다.

09 석빙고나 얼음과 관련하여 알고 있는 지식 또는 직접 겪거나 본 일을 씁니다.

채점 기준 석빙고나 얼음과 관련한 경험을 한 문장으로 썼으면 정답으로 합니다.

10 얼음에서 녹은 물이 밖으로 흘러 나갈 수 있게 석빙고 내부 바닥 한가운데에 배수로를 경사지게 파 두었고, 지붕에 심은 잔디는 태양열을 차단하는 역할을 합니다.

11 석빙고는 더운 공기가 지붕의 구멍으로 빠져나가고 찬 공기가 아래로 내려가서 빙실 안의 얼음이 적게 녹는 구조입니다.

12 글쓴이는 특별 전시실에서 세종 대왕의 업적과 일대기, 세종 시대의 한글문화, 세종 정신 따위를 주제로 한 전통적인 유물과 이를 현대적으로 해석한 현대 작가의 작품을 만날 수 있었습니다.

13 글 ㉮에는 국립한글박물관을 관람한 글쓴이의 체험이 드러나 있고, 글 ㉯에는 체험한 일에 대한 감상이 드러나 있습니다.

14 체험한 일을 떠올려 감상이 드러나는 글을 쓸 때는 체험한 일을 자세히 풀어 쓰고, 그때의 생각이나 느낌을 떠올려 쓰며, 체험한 일에 대한 감상을 생생하게 전하도록 합니다.

15 글의 첫 번째 문장에서 글쓴이가 2층 상설 전시실을 가장 먼저 관람했다는 것을 알 수 있습니다.

16 ㉠은 '처음 도착한 곳은'의 뜻이므로 이러한 뜻을 지닌 관용 표현은 "발길이 닿는 장소"입니다. 따라서 올바른 관용 표현으로 고쳐 쓰는 것이 적절합니다.

채점 기준 의미가 같고 표현이 자연스러우면 정답으로 합니다.

17 글을 읽고 함께 글을 고칠 때는 글을 쓴 사람의 기분을 고려하고, 글을 쓴 사람의 의도와 다르게 고치지 않도록 주의합니다.

수원 화성을 어떻게 만들었을까 유지현

1 『화성성역의궤』는 정조 임금이 갑자기 세상을 떠나는 바람에 다음 임금인 순조 때 만들어졌는데, 건축과 관련된 의궤 가운데에서도 가장 내용이 많아. 수원 화성 공사와 관련된 공식 문서는 물론, 참여 인원, 사용된

_{옛날에 나라에서 큰일을 치를 때 후세에 참고하기 위해 그 일의 과정을 적은 책}
_{자세한 기록 때문에 수원 화성을 원래의 모습대로 다시 만들 수 있었음.}

물품, 설계 등의 기록이 그림과 함께 실려 있는 일종의 보고서인 셈이야. 내용이 아주 세세하고 치밀해서 공사에 참여한 기술자 1800여 명의 이름과 주소, 일한 날수와 받은 임금까지 적혀 있어. 공사에 사용된 모든 물건의 크기와 값은 또 얼마나 상세히 적었는지 입이 떡 벌어질 정도라니까. 당시에 이렇게 자세한 공사 보고서를

_{낱낱이 자세하게.}
_{글쓴이의 감상}

남긴 나라는 우리나라밖에 없다고 해.

▶ 『화성성역의궤』에는 수원 화성 공사와 관련된 많은 내용이 상세히 기록되어 있어.

2 수원 화성은 정조 임금의 원대한 꿈이 담긴 곳으로

_{글쓴이가 체험한 장소　계획이나 희망 따위의 장래성과 규모가 큰.}

볼거리가 많아. 건물 하나만 보는 것보다는 주변 경치

_{글쓴이의 추천}

를 함께 감상하는 것이 더 좋아. 정조 임금이 엄격하게 고른 좋은 자리에 지었으니까. 수원 화성은 규모가 커

_{정조 임금은 수원 화성을 건축하는 데 많은 관심을 가졌음을 짐작할 수 있음.}

서 다 돌아보려면 꽤 시간이 걸려. 다리가 아프면 화성 열차를 타는 것도 좋겠지. 화성 열차는 수원 화성 구경을 하러 온 사람들을 위해 마련한 열차야.

▶ 수원 화성은 볼거리가 많고, 주변 경치와 함께 감상하면 더 좋아.

3 「더 둘러보고 싶은 친구가 있다면 근처에 있는 융건

_{「 」: 수원 화성 근처에서 볼 수 있는 문화유산}

릉과 용주사에 가 볼 것을 추천할게.」 융건릉은 사도 세

_{글쓴이의 추천 장소}

자의 무덤인 융릉과 정조 임금의 무덤인 건릉을 합쳐 부르는 이름이고, 용주사는 사도 세자의 명복을 빌려고

_{죽은 뒤 저승에서 받는 복.}

지은 절이야.

▶ 수원 화성 근처에 있는 융건릉과 용주사에도 가 볼 것을 추천해.

18 『화성성역의궤』는 정조 임금이 갑자기 세상을 떠나는 바람에 다음 임금인 순조 때 만들어졌습니다.

> **오답 풀이**
> ②, ⑤ 『화성성역의궤』는 수원 화성 공사와 관련된 공식 문서는 물론 참여 인원, 사용된 물품, 설계 등의 기록과 공사에 참여한 기술자의 이름과 주소까지도 상세히 기록되어 있다고 했습니다.
> ③ 수원 화성 공사 과정과 관련한 전반적인 기록이 그림과 함께 실려 있는 일종의 보고서라고 했습니다.

④ 건축과 관련된 의궤 가운데에서도 가장 내용이 많다고 했습니다.

19 〈보기〉의 학생은 이 글을 읽으며, 수원 화성을 갈 때는 운동화를 준비해야겠다고 생각하고 있습니다. 이는 이 글의 "수원 화성의 규모가 크고, 다 돌아보려면 꽤 시간이 걸려. 다리가 아프면 화성 열차를 타는 것도 좋겠지."에서 유추할 수 있는 내용으로 자신의 경험을 떠올리며 감상하고 있습니다.

어휘 마무리 뚝딱

052~053쪽

> **1** (1) 빙 (2) 일 (3) 단
> **2** (1) － ㉯ (2) － ㉰ (3) － ㉮
> **3** (1) 발을 굴렀다 (2) 발을 끊고 (3) 발이 넓어
> **4** (1) ○

1 낱말의 뜻을 읽고, 빈칸에 공통으로 들어갈 낱말을 짐작해 보면 알 수 있습니다.

2 (1) 농사일이 바쁘지 않은 때를 뜻하는 '농한기'의 반대말은 '농번기'입니다.
(2) 곡식이 잘 자라고 잘 여물어 평년보다 수확이 많은 해를 뜻하는 '풍년'의 반대말은 '흉년'입니다.
(3) 사람의 힘으로 만든 것을 뜻하는 '인공적'으로의 반대말은 '자연적'입니다.

3 (1)은 '매우 안타까워하거나 다급해하다.'의 뜻인 '발을 구르다'라는 표현이 적절합니다.
(2)는 오락실에 가지 않겠다는 뜻이므로, '가지 않거나 관계를 끊다.'의 뜻인 '발을 끊다'의 관용 표현이 적절합니다.
(3)은 '아는 사람이 많아 활동하는 범위가 넓다.'의 뜻인 '발이 넓다'의 관용 표현이 적절합니다.

4 '옛것을 익히고 그것으로 미루어 새로운 것을 안다'는 뜻이므로 앞으로의 일을 알기 위해 과거의 일을 공부하는 상황이 가장 어울립니다.

3단원 의견을 조정하며 토의해요

독해로 교과서 쏙쏙

독해로 이해 콕

1 미세 먼지	**2** 자제	**3** 마스크
4 공기 청정기	**5** ○	**6** 조건
7 결과	**8** 적극적	**9** 공기 청정기
10 신문 기사	**11** 마스크	**12** 책
13 건강	**14** ×	**15** 신문 기사, 책
16 식물	**17** ○	**18** 증가
19 건강 달리기	**20** 향상	

01 미세 먼지　　　02 (2) ○
03 (1) – ⓑ (2) – ㉮ (3) – ⓒ
04 ⓓ 토의에 적극적으로 참여하자.　　05 ③
06 ③　　　　　　07 (1) ○
08 (1) ⓓ 미세 먼지 마스크를 쓰는 것이 더 좋다고 생각
한다. / 공기 청정기를 설치하는 것이 더 좋다고 생각한
다. (2) ⓓ 학교에 설치 비용이 들지 않기 때문이다. / 한번
설치하면 오래 사용할 수 있기 때문이다.
09 ㉠ – ㉣ – ㉡ – ㉢　　　10 ②
11 자료　　　12 ⑤　　　13 (2) ○
14 ④　　　15 (1) ⓓ 신문 기사 (2) ⓓ 마스크 사
용이 미세 먼지 차단에 효과가 있다.
16 틈새 시간　　　17 ①
18 ⓓ 건강 달리기를 실시한 학교의 학생을 인터뷰한 내용
19 ⑤　　　　　　20 연우
21 (1) – ⓑ (2) – ㉮　　　22 ③, ⑤
23 ⓓ 읽기 쉽게 요약했다.　　24 ④

01 그림 **1**에서 알 수 있듯이 미세 먼지 문제에 대처하는
방안에 대해 토의하고 있습니다.

02 그림의 내용을 살펴보면 친구들의 의견이 잘 모이지 않
고 있음을 알 수 있습니다.

03 그림 **4**, **5**에서는 상대 의견을 듣지 않고 비판만 하고
있습니다. 그림 **6**, **7**에서는 상대를 배려하지 않고 무
시하듯 말하며, 상대에게 예의를 지키지 않고 말하고
있습니다. 그림 **8**, **9**에서는 토의 주제와 관련 없는
근거를 말하고 있습니다.

04 그림 **12**의 친구는 토의에 적극적으로 참여하지 않는
모습을 보이고 있습니다.
채점 기준 그림 **12**에 나타난 문제점과 관련하여 바른 토의 태
도를 알려 주는 내용을 썼으면 정답으로 합니다.

05 의견을 조정하지 않으면 참여자 모두가 만족하도록 의
견을 모을 수 없고, 모두가 동의할 수 없어서 합리적인
문제 해결이 어렵습니다.

06 사회자는 토의로 해결하려는 문제가 무엇인지 정확히
파악하기 위해서 해결할 문제를 다시 물었습니다.

07 그림 **8**을 보면, 공기 청정기를 설치했을 때의 문제는
설치하는 데 비용이 많이 들 수 있다는 것입니다.

08 공기 청정기 설치하기와 미세 먼지 마스크 쓰기 중에서
미세 먼지에 대처하는 방안으로 더 좋다고 생각하는 의
견과 까닭을 씁니다.
채점 기준 자신의 의견과 까닭을 타당하게 썼으면 정답으로 합
니다.

09 의견을 조정할 때는 먼저 문제를 파악하고, 의견 실천
에 필요한 조건을 따지며, 결과를 예측하고, 반응을 살
펴봅니다.

10 사회자의 질문이나 다른 사람들의 의견과 발언에 집중
해야 주제에 맞는 토의를 할 수 있습니다.
오답 풀이
① 결정한 의견에 따르는 것은 그림 **10**과 관련된 태도에 해당합
니다.
③ 상대를 배려하며 말하기는 상대가 나의 말을 들었을 때의 마
음을 생각하며 표현하는 것을 말합니다. 자신의 의견을 주장
할 때, 상대의 기분을 배려하면서, "그 의견도 좋은 생각입니
다. 하지만…….", "지금 말씀하신 부분은 저도 동의합니다.
다만……."처럼 말합니다.
④ 해결 방안을 끝까지 알아보는 것은 그림 **7**과 관련된 태도에
해당합니다.
⑤ 자신의 생각을 적극적으로 표현하는 것은 그림 **8**과 관련된
태도에 해당합니다.

11 **1**의 그림 ⓓ에서는 신문 기사에 실린 전문가의 의견을,
2의 그림 ⓓ에서는 책을 자료로 제시하고 있습니다.

12 사진, 그림, 도표 등의 보기 자료를 제시하면 정보를
눈으로 확인하여 이해하기 쉽습니다.

13 책, 보고서, 설문 조사와 같은 자료는 글을 읽어야 상
세한 정보를 얻을 수 있습니다. 사진, 그림, 도표는 눈
으로 확인하기 쉬운 자료입니다.

14 책, 신문 기사, 보고서와 같은 읽기 자료는 발표 내용
이외에도 더욱 풍부한 정보를 제공합니다.

15 마스크를 쓰고 생활하면 미세 먼지를 막을 수 있다는 의견을 뒷받침할 수 있는 자료 형태와 내용을 간단히 씁니다.

채점 기준 의견을 뒷받침할 수 있는 자료 형태와 내용을 알맞게 썼으면 정답으로 합니다.

16 두 번째 그림에서 토의 사회자가 '건강한 학교생활을 하려면 틈새 시간을 어떻게 활용해야 할까요?'라고 주제를 이야기하고 있습니다.

17 재아는 건강 달리기를 하자는 의견을 뒷받침하기 위해 달리기가 건강에 효과가 있다는 자료를 찾으려고 합니다.

18 건강 달리기를 하자는 의견을 뒷받침할 수 있는 자료로 알맞은 것을 한 가지 씁니다.

채점 기준 건강 달리기를 하자는 의견을 뒷받침할 수 있으면 정답으로 합니다.

19 명재는 읽어야 할 책이 너무 많아서 곤란해하고 있습니다.

20 기사문이나 보도문을 읽을 때는 제목을 중심으로 훑어 읽다가 의견을 뒷받침하는 내용을 찾으면 자세히 읽습니다. 책을 읽을 때는 차례를 살펴보고 내용을 건너뛰며 읽다가 의견을 뒷받침하는 내용을 찾으면 자세히 읽습니다.

21 자료 **가**와 **나**는 모두 건강 달리기에 관한 내용의 자료로 자료 **가**는 신문 기사 내용이고, 자료 **나**는 텔레비전 방송 뉴스 보도입니다.

22 자료 **가**에 나타난 건강 달리기의 효과에 관한 내용을 간단히 줄여서 쓰고, 도표와 선을 이용해 건강 달리기의 효과로 무엇이 있는지 연결하여 표현했습니다.

보충 자료 자료를 알기 쉽게 표현하는 방법	
차례 또는 단계로 나타내는 방법	요약한 낱말들을 도형 안에 넣고, 도형을 화살표로 나타내거나 위아래로 쌓아서 단계를 표현함.
도표로 나타내는 방법	• 얼마나 차지하는지를 나타내려면 동그라미 안에 그 크기를 표시함. • 기준에 따라 크기가 변하는지를 나타내려면 막대그래프를 이용함.

23 자료 **나**는 텔레비전 뉴스 보도 자료로 많은 내용이 말과 글로 설명되어 있어 한번에 알아보기 쉽지 않으므로 간단히 읽을 수 있도록 요약합니다.

24 자료를 알기 쉽게 표현하려면 간단하게 요약하여 도표, 그림, 사진 등으로 나타냅니다.

---

01 (1) 마스크 (2) 공기 청정기   **02** ②
03 (2) ○   **04** 쓰레기 문제
05 예 의견을 조정해야 모두가 받아들일 수 있는 결론을 정할 수 있기 때문이다.   **06** ⑤
07 책   **08** ②, ⑤   **09** ⑤
10 신문 기사   **11** ③   **12** 예 믿을 수 있는, 정확한 자료임을 나타내기 위해서이다.
13 ②   **14** ⑤   **15** (1) ○
16 ②   **17** 예 더 쉽고 빠르게 내용을 이해할 수 있다.

독해로 생각 Up   **18** ⑤   **19** (3) ○

---

01 이 토의는 미세 먼지 문제에 대처하는 방안을 주제로 하고 있습니다. 태하는 마스크를 쓰고 생활하자는 의견을, 지민이는 학교 곳곳에 공기 청정기를 설치하자는 의견을 냈습니다.

02 그림 **4**와 **5**에서 친구들은 상대의 의견을 비판하기만 해서 토의가 원활하게 진행되지 않았습니다.

03 그림 **1**~**3**에서 친구들은 의견대로 실천했을 때의 결과와 그때의 문제점을 예측해 보고 있습니다.

04 미세 먼지 마스크는 일회용이라 쓰레기 문제가 일어날 수 있습니다.

05 사람들마다 의견이 다르기 때문에 모두가 받아들일 수 있으려면 의견을 조정해야만 합니다.

채점 기준 '모두가 납득할 수 있는 결론을 내기 위해서이다.', '모두가 동의하지 않으면 합리적으로 해결하기 어렵기 때문이다.' 등으로 썼으면 정답으로 합니다.

06 친구들 모두가 참여한 토의에서 의견이 결정되었으면 나와 맞지 않더라도 따라야 합니다.

07 자신의 의견을 뒷받침할 수 있는 내용의 책을 자료로 제시했습니다.

08 책을 보면 미세 먼지가 얼마나 몸에 해로운지, 마스크가 얼마나 효과적으로 미세 먼지를 막아 주는지 알 수 있다고 했습니다.

09 책과 같은 읽기 자료는 글을 읽어야 상세한 정보를 파악할 수 있습니다.

10 재아는 필요한 자료를 찾기 위해 컴퓨터로 신문 기사를 검색하고 있습니다.

11 신문 기사는 제목을 중심으로 훑어 읽다가 의견을 뒷받침하기에 알맞은 기사를 찾으면 자세히 읽습니다.

12 믿을 수 있고 정확한 자료임을 나타내려고 자료의 출처를 씁니다.

13 건강 달리기의 효과를 보여 주는 신문 기사이므로, '건강 달리기를 하자.'라는 의견을 뒷받침하기에 적절합니다.

14 중요한 낱말을 중심으로 요약하거나 도표, 표, 그림 등으로 나타내면 자료를 읽기 쉽게 표현할 수 있습니다.

15 글로만 설명해서 한번에 알아보기 쉽지 않은 자료를 읽기 쉽게 요약했습니다.

16 〈보기〉는 100명당 비만 학생 수를 도표로 나타냈습니다.

17 자료를 표나 도표를 이용해 나타내면 글로 읽는 것보다 더 쉽고 빠르게 내용을 이해할 수 있습니다.

채점 기준 자료를 이해하기 쉽다는 내용을 썼으면 정답으로 합니다.

지문 해설 독해로 생각 Up

미래의 인재 → 제목
어떤 일을 할 수 있는 학식이나 능력을 갖춘 사람.

자료 1 100대 기업의 인재상 변화

	2008년	2013년	2018년
1순위	창의성	도전 정신	소통과 협력
2순위	전문성	주인 의식	전문성
3순위	도전 정신	전문성	원칙과 신뢰
4순위	원칙과 신뢰	창의성	도전 정신
5순위	소통과 협력	원칙과 신뢰	주인 의식

– 출처: 대한상공회의소, 2018.
자료를 가져 온 곳
▶ 자료의 내용 – 시대에 따라 필요한 인재상이 달라짐.

설명하는 말

미래에는 어떤 인재가 필요할까요? 「대한상공회의소에서 조사한 '100대 기업의 인재상 변화'에 따르면」 :자료를 설명하는 내용
2008년에는 창의성이 1순위였는데 2013년에는 도전 정신이, 2018년에는 소통과 협력이 1순위입니다. 이처
뜻이 서로 통하여 오해가 없음.   힘을 합하여 서로 도움.
럼 시대에 따라 필요한 인재상은 달라지고 있습니다.
자료가 뒷받침하는 내용

우리가 어른이 되는 미래에는 어떤 인재가 필요할까요? 우리 모둠은 인공 지능, 사물 인터넷 같은 4차 산업 혁명으로 이전과는 다른 산업 형태가 나타나면서 필요한 인재상도 달라질 것이라고 예상했습니다. 미래에는
다른 산업 형태가 나타나기 때문에
변화가 굉장히 빠른 속도로 일어나기 때문에 미래의 인
어떠한 일을 이루고자 하는 마음.
재에게 가장 중요한 것은 계속 배우려는 의지라고 생각
글쓴이의 의견
합니다.
▶ 글쓴이의 의견 – 미래의 인재에게 가장 중요한 것은 계속 배우려는 의지입니다.

18 글쓴이는 표를 제시하여 자신의 의견을 뒷받침하고 있습니다.

19 '미래의 인재에게 가장 중요한 것은 계속 배우려는 의지이다.'라는 글쓴이의 의견을 뒷받침할 수 있는 자료를 생각해 봅니다.

어휘 마무리 뚝딱 072~073쪽

1 (1) 소모 (2) 예측 (3) 대처
2 (1) – ㉰ (2) – ㉠ (3) – ㉯
3 (1) 조정하기 (2) 조종하는
4 (2) ○

1 (1) '써서 없앰.'이라는 뜻의 '소모'가 적절합니다.
(2) '미리 헤아려 짐작함.'이라는 뜻의 '예측'이 적절합니다.
(3) '어떤 변화에 알맞은 조치를 취함.'이라는 뜻의 '대처'가 적절합니다.

2 (1) '자제'는 '자기의 감정이나 욕망을 스스로 억제함.'의 뜻이므로 '절제'와 비슷합니다.
(2) '향상'은 '실력, 수준, 기술 따위가 나아짐.'의 뜻이므로 '상승'과 비슷합니다.
(3) '비용'은 '어떤 일을 하는 데 드는 돈.'의 뜻이므로 '값'과 비슷합니다.

3 (1) 타협점을 찾는다는 뜻이므로 '조정'이 맞습니다. (2) 기계를 다루는 것이므로 '조종'이 맞습니다.

4 '사공이 많으면 배가 산으로 간다'라는 속담은 의견이 모이지 않는 상황에 가장 어울립니다.

4단원 겪은 일을 써요

독해로 교과서 쏙쏙

독해로 이해 콕

1 ×　　　　**2** 자신　　　　**3** 웃음
4 ×　　　　**5** ×　　　　**6** 과거
7 부정적인　**8** 좋아하지 않는　**9** 매체
10 쉽게　　　**11** ×　　　　**12** 호응

---

01 ⑤　　　　**02** ⑤　　　　**03** (1) 문을 열어 보라고 하시는데 어머니의 목소리가 별로 좋아 보이지 않았다. (2) 그때 안방에서 아버지께서 부르셨다.
04 예 문장 성분의 호응이 바르게 이루어져야 문장의 뜻을 바르게 이해할 수 있기 때문이다.　**05** ②
06 ⑤　　　　**07** ⑤　　　　**08** (1) ○ (3) ○
09 (1) 예 소중하다는 것을 느꼈다. (2) 예 소중하다는 것이다.　　　　**10** 전혀 쉽지 않아서
11 예 누리집, 블로그 등　　　　**12** ⑤
13 (2) ○　　　　**14** ②
15 예 한 사람이 쓴 글을 여러 사람이 동시에 읽고 의견을 쓸 수 있다. / 의견을 쉽게 주고받을 수 있다. / 글을 고치기에 편리하다. / 칭찬하는 말이나 고칠 부분을 편하게 전할 수 있다.

---

01 윤서는 동생과 장난치다가 자신만 아버지께 꾸중을 듣자 서러웠는데, 윤서의 마음을 짐작한 아버지와 동생의 사과로 금방 마음이 풀렸습니다.

오답 풀이
① 윤서는 연속극을 보지 않았습니다.
② 장난을 걸어온 동생을 말리다 윤서는 동생의 머리에 맞았습니다.
③ 윤서가 좋아하는 연속극을 한다는 어머니의 말씀에도 윤서는 일기를 쓰겠다고 하였습니다.
④ 동생과 싸웠다고 꾸중하신 분은 아버지입니다.

02 어제저녁은 과거의 일이므로 '졸음이 밀려왔다'로 고쳐야 합니다.

03 ㉡은 '별로'라는 말과 서술어가 어울리지 않고, ㉢은 높임의 대상을 나타내는 말과 서술어가 어울리지 않습니다.

04 문장 성분 간의 호응이 이루어지지 않으면 읽는 사람이 글을 제대로 이해하기 어렵습니다.
채점 기준 문장의 뜻을 바르게 이해할 수 있기 때문이라는 내용으로 썼으면 정답으로 합니다.

05 글을 고치는 단계에서 생각할 만한 내용입니다.

06 가 의 첫 번째 문장은 주어와 서술어의 호응 관계가 바르지 않습니다. '까닭은'에 어울리는 서술어 '때문이다'를 넣어 고쳐 써야 합니다.

07 '는'은 '께서는'으로, '밥'은 '진지'로, '먹고'는 '잡수시고'로 바꿔야 합니다. '나가셨다'는 올바른 표현이므로 고치지 않습니다.

08 '결코, 전혀, 별로' 뒤에는 '-지 않다, -지 못하다'와 같은 부정적인 서술어나 '안', '못'이 꾸며 주는 서술어가 옵니다. '-겠다'와 같은 추측을 나타내는 서술어와 호응하는 말은 '아마, 혹시'입니다.

> **보충 자료** 잘못된 문장을 바르게 고치기
> • 나는 친구가 거짓말을 한 것이 <u>결코</u> 바른 행동이라고 생각<u>한다</u>. → 나는 친구가 거짓말을 한 것이 <u>결코</u> 바른 행동이라고 생각<u>하지 않는다</u>.
> • 선생님 말씀은 <u>전혀</u> <u>들어 본</u> 내용이었다. → 선생님 말씀은 <u>전혀</u> <u>들어 보지 못한</u> 내용이었다.
> • 나는 책 읽기를 <u>별로</u> <u>좋아하는</u> 편이다. → 나는 책 읽기를 <u>별로</u> <u>좋아하지 않는</u> 편이다.

09 '느낀 점은 ~ 느꼈다'가 되기 때문에 '느낀 점'이라는 주어에 맞는 서술어를 써야 합니다.
채점 기준 잘못된 부분을 찾고, '느낀 점'이라는 주어에 어울리는 서술어를 써서 고쳤으면 정답으로 합니다.

10 '전혀'라는 낱말에는 '-지 않다', '-지 못하다'와 같은 서술어가 호응합니다. '전혀'를 '별로'로 바꾸는 것은 알맞지 않습니다.

11 누리집, 블로그, 누리 소통망, 전자 우편 등 다양한 매체를 활용할 수 있습니다.

12 학급 친구들 모두가 글을 읽고 쓰는 것이 편리한 매체가 좋습니다.

13 다른 책에 실린 글을 함부로 쓰면 안 되고, 글자 크기나 줄 간격은 읽는 사람이 편하게 읽을 수 있도록 조절해야 합니다.

14 글을 고쳐 쓴 뒤에는 새롭게 고쳐 쓴 글임을 밝혀야 합니다.

15 매체를 활용하면 글을 여러 사람이 동시에 읽을 수 있고, 의견을 주고받거나 글을 고치는 것이 쉽습니다.
채점 기준 제시된 답과 같이 매체를 활용하면 좋은 점을 썼으면 정답으로 합니다.

단원 평가
084~087쪽

01 ②	02 ⑤	03 예 어제저녁

에 방에서 컴퓨터를 하는데 졸음이 밀려왔다.

04 (1) ㉮ (2) 문을 열어 보라고 하시는데 어머니의 목소리가 별로 좋아 보이지 않았다. **05** ④

06 ①, ⑤ **07** ③ **08** 쓸 내용을 떠올린다. **09** (3) ○ **10** ①

11 ② **12** ㉯ **13** 예 그 숙제를 해내는 일은 여간 어려운 것이 아니다. **14** ②

15 ③ **16** ③ **17** ③

18 ④

독해로 생각 Up **19** ⑤ **20** ③

---

01 할머니는 웃어른이므로 높임 표현을 사용해야 합니다. 따라서 '할머니께서 잠을 잔다. → 할머니께서 잠을 주무신다.'로 고쳐야 바른 표현입니다.

02 잘못은 동생이 했는데 자신만 야단맞아서 서운할 것입니다.

03 과거의 일이므로 '졸음이 밀려온다'를 '졸음이 밀려왔다'로 고쳐야 합니다.

04 '별로 좋아 보이지 않았다'로 고쳐야 합니다.

> **보충 자료** **문장 성분의 호응**
> • 주어와 서술어의 호응
>   예 키와 몸무게가 늘었다. → 키가 자라고 몸무게가 늘었다.
> • 시간을 나타내는 말과 서술어의 호응
>   예 주찬이는 어제 책을 세 시간 동안 읽는다. → 주찬이는 어제 책을 세 시간 동안 읽었다.
> • 높임의 대상을 나타내는 말과 서술어의 호응
>   예 할머니께서 밥을 먹는다. → 할머니께서 진지를 잡수신다.
> • '결코, 전혀, 별로'와 같은 낱말과 서술어의 호응
>   예 나는 게임하는 것을 별로 좋아한다. → 나는 게임하는 것을 별로 좋아하지 않는다.

05 높임의 대상인 아버지를 높여야 합니다.

06 주어 '웃음이'와 서술어 '웃어 버렸다'가 호응하지 않습니다. 따라서 '웃음이'에 맞는 서술어를 넣어주거나 '웃어 버렸다'에 맞게 주어를 바꾸어야 합니다.

07 글쓰기 단계는 보통 '계획하기 – 내용 생성하기 – 내용 조직하기 – 표현하기 – 고쳐쓰기'로 이뤄집니다.

08 '내용 생성하기'에서는 글에서 쓸 내용을 떠올립니다.

09 '할아버지께서는 얼른 진지를 다 잡수시고 또 일하러 나가셨다.'로 고쳐야 합니다.

10 '어제저녁'이 과거의 시간을 나타내므로 서술어를 '나갔다'로 고쳐 써야 합니다.

11 '결코', '전혀', '별로'는 부정적인 서술어와 호응합니다.

> **오답 풀이**
> ① 선생님 말씀은 전혀 들어 보지 못한 내용이었다.
> ③ 나는 친구가 거짓말을 한 것이 결코 바른 행동이라고 생각하지 않는다.
> ④ 그림책은 어린아이들이나 읽는 것이라고 생각해서 평소에 별로 읽지 않는 편이다.
> ⑤ 선생님께서는 이번 시험 문제가 쉽다고 말씀하셨는데 전혀 쉽지 않아서 친구들이 모두 놀랐다.

12 ㉮는 '나는 결코 친구에게 나쁜 말을 하지 않았다.'로 고쳐 쓰고, ㉯는 '나는 내일 가족과 함께 놀이공원에 놀러 갈 것이다.'로 고쳐 써야 합니다.

13 '여간'은 부정적인 서술어와 호응합니다.

14 글감은 경험과 같이 글을 쓰는 재료가 되는 것을 말합니다. 글감을 떠올리고 그중에서 좋은 글감을 고르는 일은 글쓰기에서 중요합니다.

15 매체를 활용해 글을 쓸 때도 예의를 갖추어야 합니다.

16 매체를 활용해 겪은 일이 드러나는 일을 쓰고 의견을 주고받는 과정은 '활용할 매체 정하기 → 매체를 활용할 때 주의할 점 알기 → 매체를 활용해 글 쓰기 → 의견 주고받기 → 고쳐쓰기'의 순서로 이루어집니다.

17 친구가 남긴 의견에서 반영하기 힘든 부분이 있더라도 삭제해서는 안 됩니다. 반영하기 힘든 내용은 그 까닭을 생각해서 친구에게 다시 의견을 남길 수 있습니다.

18 어떤 매체를 활용하여 글을 쓸지 정하는 것은 글을 쓰기 전에 해야 할 일입니다. 활용할 매체는 반 학생이 모두 사용할 수 있고 쉽게 글을 올릴 수 있어야 합니다.

> **보충 자료** **매체를 활용해 글을 쓴 뒤 고쳐쓰기**
>
> | | |
> |---|---|
> | 글 고쳐 쓰는 방법 | • 처음 썼던 글을 복사해서 붙이기
• 고쳐 쓸 부분을 찾아 고치고 저장하기
• 새롭게 고쳐 쓴 글임을 밝히기 |
> | 처음 썼던 글과 비교하기 | • 처음 썼던 글과 달라진 점 생각하기
• 처음 썼던 글보다 좋아진 점 생각하기
• 글을 평가하는 기준 다시 살펴보기 |
> | 확인하기 | • 문장 성분의 호응이 잘 이루어졌는지 확인하기
• 글을 쓸 때 생각해야 할 점을 잘 해결했는지 살펴보기 |

제발 저희 가게를 도와주세요

가 얼마 전, 누리 소통망에 퍼진 「△△식당 불매 운동」
_{어떤 특정한 상품을 사지 아니하는 일.}
이라는 글을 보신 적이 있나요? 그 가게는 바로 저희
어머니께서 운영하시는 식당입니다. 하지만 누리 소통
<u>망에 실린 이야기는 사실과 다릅니다.</u>
_{글쓴이가 이 글을 쓴 까닭 – 누리 소통망에 퍼진 이야기가 잘못되었음을 밝히기 위해}
▶ 얼마 전 누리 소통망에 퍼진 글은 사실과 다릅니다.

나 손님이 몰려들기 시작하는 토요일 점심시간에 한 손
님께서 짜장면을 주문해서 드시고 계셨습니다. 그러다
곧 주문을 담당한 직원을 화난 표정으로 부르시더군요.

"여기 짜장면 맛이 왜 이래? 빨리 사장 나오라고 해!"

어머니께서 나오셔서 맛을 확인하고도 이상한 점을
발견하지 못해 갸우뚱하셨지만 손님께 짜장면을 새로
가져다드렸습니다. 하지만 손님께서는 새로 가져다드
린 짜장면도 이상하다며 배상을 하라고 계속 소란을 피
우셨습니다. 결국 저희는 음식값을 받지도 않고 연신
_{남에게 끼친 손해를 물어 주는 일.}　_{잇따라 자꾸}
죄송하다고 사과하며 손님을 보내 드렸습니다.
_{→ 글쓴이의 주장에 따르면 잘못한 것은 손님임.}
▶ 한 손님이 짜장면 맛이 이상하다며 배상을 하라고 계속 소란을 피우셨습니다.

다 며칠 뒤, 친구에게 연락이 왔습니다. 걱정스러운
목소리로 "성민아, 인터넷 누리 소통망에 너희 가게 이
야기가 있는데, 너도 한번 보는 게 좋을 것 같아."라며
인터넷 글을 보내 주더군요. 그 글에는 며칠 전 있었던
일이 사실과는 다르게 적혀 있었습니다.

　△△식당에서 짜장면을 먹었는데 맛이 이상한 짜장
_{사실과 다른 내용}
면을 그냥 먹으라고 하고 사과는커녕 자신을 밀치며 불
친절하게 말했다는 겁니다. <u>사람들은 댓글에 모두 저희</u>
_{누리 소통망에 올라온 글을 그대로 믿었기 때문에 사람들이 한 행동}
<u>가게를 욕하며 불매 운동을 벌이고 있었습니다.</u> 게다가
저를 아는 누군가가 제 이름과 다니는 학교까지 인터넷
에 올리는 바람에 학교에도 소문이 났습니다. 그리고
_{뒷말의 근거나 원인을 나타내는 말.}
그 사건 뒤 저희 가게에는 정말 손님이 뚝 끊겨 저희 가
_{사람들이 인터넷에 올라온 잘못된 이야기를 그대로 믿어서 벌어진 일}
<u>족은 힘든 나날을 보내고 있습니다.</u>
▶ 누리 소통망에 사실과 다른 글이 올라와 사람들이 불매 운동을 벌이고,
저희 가족은 힘든 나날을 보내고 있습니다.

19 글쓴이는 누리 소통망에 퍼진 이야기가 사실이 아니라
는 것을 말하기 위해 상황을 설명하고 있습니다.

20 매체를 활용해서 글을 쓰면 글을 쉽게 고칠 수 있습니
다.

어휘 마무리 뚝딱

1 (1) 매체 (2) 문장 성분 (3) 호응 (4) 글머리
2 (1) 명령 (2) 달성
3 (1) 없다 (2) 좋아하지 않는다 (3) 사실이 아니다
4 (3) ○

1 (1) 누리집, 블로그, 누리 소통망, 전자 우편 등은 요즘
많이 사용하는 '매체'입니다.
(2) 주어, 목적어, 서술어와 같이 문장을 구성하는 부분
을 '문장 성분'이라고 합니다.
(3) '키와 몸무게가 늘었다.'는 주어와 '호응'하는 서술어
가 다르므로 '키가 자라고 몸무게가 늘었다.'라고 고쳐
써야 합니다.
(4) 글을 시작하는 첫 부분을 '글머리'라고 합니다.

2 (1) '호령'은 '부하나 동물 따위를 지휘하여 명령함.'의
뜻이므로, '윗사람이나 높은 지위의 조직이 아랫사람이
나 낮은 지위의 조직에 무엇을 하게 함.'의 뜻인 '명령'
과 뜻이 비슷합니다.
(2) '성취'는 '목적한 바를 이룸.'의 뜻이므로, '목적한 것
을 이룸.'의 뜻인 '달성'과 뜻이 비슷합니다.

3 '결코, 전혀, 별로'와 같은 낱말은 '-지 않다', '-지 못하
다'와 같은 부정적인 서술어 또는 '안', '못'이 꾸며 주는
서술어와 호응합니다.

4 '부전자전'은 자식이 부모의 모습이나 성격, 습관 등을
닮았을 때 쓰는 말이므로 (3)이 가장 적절합니다.
(1)은 막기 어려울 정도로 여럿이 마구 지껄임을 이르는
말인 '중구난방(衆口難防)'을 쓸 수 있는 상황입니다.
(2)는 어떤 일이든 끊임없이 노력하면 반드시 이루어짐
을 이르는 말인 '우공이산(愚公移山)'을 쓸 수 있는 상
황입니다.

5단원 여러 가지 매체 자료

독해로 교과서 쏙쏙

094~107쪽

독해로 이해 콕

1 신문	**2** ×	**3** ○
4 인터넷 매체	**5** ×	**6** 의원
7 ○	**8** ○	**9** 김득신
10 ×	**11** ×	
12 시	**13** ○	**14** 알리지 못하고 망설였다
	15 사실이 아니라고	
16 ×	**17** ×	**18** ×
19 증거	**20** 흑설 공주	**21** ×
22 ○	**23** 의사	**24** 모함
25 ×	**26** 흑설 공주	**27** 고소했다
28 ×	**29** ×	

---

01 (1) – ㉡ (2) – ㉢ (3) – ㉠ **02** ⑤
03 예 장면과 함께 음악이나 연출 기법의 의미를 생각하며 읽어야 한다. / 자막과 영상, 소리의 관계를 파악하며 읽어야 한다. **04** ⑤ **05** ④
06 (1) ○ **07** ⑤ **08** 예 긴장감이 느껴지는 **09** 예 표현 방법에 주의를 기울이며 매체 자료를 감상하면 내용을 더 깊이 있게 이해할 수 있다. **10** ⑤ **11** ③
12 ⑤ **13** (2) ○ **14** 예 김득신을 소개한 책을 찾아 읽고 싶다. / 인터넷으로 김득신에 대해 검색하고 싶다. **15** ④ **16** 서영, 흑설 공주 **17** ⑤ **18** ⑤
19 예 인터넷 대화방에서 누군가를 비난하는 것을 본 적이 있다. **20** (3) ○ **21** ①
22 ⑤ **23** (1) 반박 (2) 글 **24** 예 부정확한 내용을 근거로 누군가를 공격하는 현상을 다루었기 때문이다. **25** ②, ⑤ **26** ⑤
27 예 답답하다. / 화가 난다. / 슬프다. **28** ⑤
29 예 흑설 공주의 글처럼 인터넷에 올라온 정보는 사실이 아닌 것도 많기 때문에 정보가 사실인지 아닌지 판단(분별)하는 능력이 있어야 한다. / 허수아비의 말처럼 인터넷에서도 다른 사람에게 예의를 갖추는 것이 반드시 필요하다. **30** ④
31 ㉢ → ㉡ → ㉠ → ㉣ **32** 동재
33 예 사실이 아닌 정보를 확인하지 않고 잘못된 정보를 퍼뜨려 다른 사람을 곤란하게 하는 일이 있다.

---

01 그림 **가**는 인쇄 매체 자료인 신문, **나**는 영상 매체 자료인 텔레비전 영상물, **다**는 인터넷 매체 자료인 휴대 전화 문자 메시지입니다.

02 신문을 읽을 때는 사진과 글을 모두 살펴보아야 내용을 이해하기 좋습니다.

03 그림 **나**의 매체 자료는 텔레비전 영상물입니다. 영상 매체 자료는 시각과 청각을 모두 이용하는 매체 자료이므로 이 특징을 생각해서 읽어야 합니다.
채점 기준 텔레비전 영상물의 내용을 잘 이해하는 방법을 썼으면 정답으로 합니다.

04 그림 **다**에 나타난 매체 자료는 휴대 전화 문자 메시지로, 누리 소통망과 함께 인터넷 매체 자료에 해당합니다. 잡지와 서적은 인쇄 매체 자료이고, 영화와 연속극은 영상 매체 자료입니다.

05 영상 매체 자료를 볼 때는 화면의 연출과 음향 효과 등을 주의해서 보아야 합니다.

06 인물이 다짐하고 있음을 표현하기에 알맞은 표현 방법을 찾습니다. ㉠은 피곤해도 절대 무너지면 안 된다고 다짐하는 허준의 생각을 표현하려고 허준의 속마음을 혼잣말로 그대로 들려주고 있는 장면입니다.

07 인물이 주위를 두리번거리는 모습을 가까이 보여 주면 인물이 이상한 낌새를 느꼈다는 것을 보는 사람이 알 수 있습니다.

08 ㉢의 장면에서는 뇌물을 주고받는 일이 옳지 못하다는 것을 나타내기 위해 긴장감이 느껴지는 배경 음악을 사용할 수 있습니다.

09 매체 자료마다 표현 방법이 다르기 때문에 자료에 따른 표현 방법을 알고 그에 맞게 감상하면 내용을 쉽고 재미있게, 그리고 깊이 있게 이해하는 데 도움이 됩니다.
채점 기준 내용을 이해하는 데 도움이 된다는 내용으로 썼으면 정답으로 합니다.

10 김득신의 아버지는 공부란 꼭 과거를 보기 위한 것만이 아니니 더욱 노력하라고 김득신을 격려했습니다.

11 김득신은 공부를 해도 이해를 잘하지 못했지만 포기하지 않고 노력했습니다.

12 꾸준히 노력해서 자신의 한계를 극복한 김득신의 삶을 돌보는 느낌을 잘 드러낼 수 있는 음악은 고요하고 평화로운 음악이 적절합니다.

13 자신이 잘하지 못한다고 해서 포기하지 않고 꾸준히 노력한 김득신은 자신의 한계를 극복하여 59세에 문과에 급제하였고 시인이 되었습니다.

14 책, 잡지와 같은 인쇄 매체 자료를 찾아보거나 인터넷 매체 자료 등을 찾아볼 수 있습니다.

> **채점 기준** 김득신에 대해 조사할 수 있는 자료를 썼으면 정답으로 합니다.

15 인물들은 인터넷 카페인 '핑공 카페'에서 이야기를 나누고 있습니다.

16 서영이와 흑설 공주(미라)의 갈등이 주로 나타나 있습니다.

17 전학 와서도 금세 친구들과 잘 어울리는 서영이를 부러워한 미라는 서영이와 관련한 거짓 글을 인터넷 카페에 올렸습니다.

18 서영이와 흑설 공주의 글 중 어느 것이 사실인지 알 수 없었기 때문에 아이들의 의견이 서로 달랐습니다.

19 인터넷 매체 자료를 이용하면서 사실이 아닌 정보를 퍼뜨리거나 남을 비방하는 일 등을 하거나 본 경험을 떠올려 써 봅니다.

> **채점 기준** 인터넷에서 잘못된 정보를 퍼뜨리거나 다른 사람을 공격하는 일을 했거나 본 경험을 썼으면 정답으로 합니다.

20 서영이는 흑설 공주를 반박하는 글에서 모함을 받고 있는 민서영이라고 밝히고 있습니다.

> **오답 풀이**
> ⑴ 허수아비는 민서영이 거짓말을 하고 있다고 생각합니다.
> ⑵ 카페 글에 대한 아이들의 댓글이 꼬리에 꼬리는 물고 있다고 했습니다.

21 '숨을 죽이다'는 긴장하여 집중한다는 뜻입니다. 글 ❷에서 민주는 긴장하여 집중한 채 카페에 올라온 글들을 읽고 또 읽었습니다.

22 민주는 흑설 공주(미라)가 사실이 아닌 글을 또 올리자 어이가 없어서 저절로 욕이 튀어나올 지경이었고, 서영이가 생각할수록 가여웠습니다.

23 서영이는 지난번처럼 잠자코 있으면 아이들이 흑설 공주의 주장이 사실이라고 받아들일까 봐 두려웠는지 반격을 늦추지 않고 흑설 공주의 글을 반박하는 글을 올렸습니다.

24 '마녀사냥'은 15세기 이후 이교도를 박해하는 수단으로 쓰였던 방법입니다. 요즘에는 뜻이 다른 사람을 따돌리는 현상에 '마녀사냥'이라는 표현을 쓰기도 합니다.

> **채점 기준** 정확하지 않은 내용으로 남을 공격하는 현상을 다루었기 때문이라는 내용을 썼으면 정답으로 합니다.

25 서영이는 흑설 공주의 글이 사실이 아니라는 증거로 아프리카에서 의료 봉사를 하는 아빠의 사진과 엄마가 디자인한 옷으로 패션쇼를 하는 모습을 찍은 사진을 올렸습니다.

26 서영이가 올린 글의 추신 부분에 보면 '흑설 공주는 터무니없는 글로 나와 우리 엄마, 아빠를 모함하는 일을 그만두기 바란다.'라고 나와 있습니다.

27 흑설 공주가 터무니없는 글로 자신뿐만 아니라 부모님까지 모함하고 있으니 서영이는 답답하고 화가 날 것입니다.

28 서영이가 아빠와 엄마의 사진과 함께 반박하는 글을 올리자 서영이를 응원하는 댓글과 흑설 공주를 비난하는 댓글이 수없이 올라왔습니다.

29 흑설 공주의 글처럼 인터넷에서는 사실이 아닌 정보도 많기 때문에 스스로 기준을 세워 비판적인 시각으로 정보를 판단할 수 있어야 합니다. 글 ❹의 허수아비는 얼굴이 안 보이는 인터넷 대화에서도 최소한의 예의를 지켜야 한다고 말했습니다.

> **채점 기준** 인터넷 매체에는 신뢰할 수 없는 정보도 많기 때문에 믿을 수 있는 사실인지 확인해 보아야 한다는 내용이 들어가게 썼으면 정답으로 합니다.

30 흑설 공주는 서영이가 내놓은 사진들이 인터넷에서 퍼올 수 있는 것이라며 공격하는 글을 올렸습니다.

31 핑공 카페에 글이 올라온 순서대로 생각하여 일이 일어난 순서를 파악해 봅니다.

32 이 글은 인터넷 카페에서 이루어진 흑설 공주의 거짓 글에 대해 피해를 입은 서영이의 사건에 대해 친구들이 정보에 관한 사실 여부를 확인하지 않고, 주관적인 판단으로 친구를 비난하고, 인터넷상에서 예의를 지키지 않고 나누었던 잘못된 대화의 태도에 대해 이야기하고 있습니다.

33 이 글을 읽고 사실이 아닌 내용을 인터넷에 퍼뜨리는 상황이나 어떤 사람을 괴롭히기 위해 일부러 사실이 아닌 내용을 퍼뜨리는 상황 등을 떠올릴 수 있습니다.

> **채점 기준** 사실이 아닌 정보가 인터넷에 퍼지는 것과 관련한 일에 대하여 썼으면 정답으로 합니다.

바른답·알찬풀이

01 다	02 ②	03 잡지, 신문
04 (1) - ㉮ (2) - ㉰ (3) - ㉯		05 ⑤
06 예 치료 장면을 연달아 보여 준다.		07 ①
08 ⑤	09 예 꾸준히 노력해서 자신의 한계를 극복한 점을 본받고 싶다.	
		10 ④
11 ⑤	12 알 수 없어서	13 흑설 공주
14 (3) ○	15 ⑤	16 예 적절한 정보를 어디에서 어떻게 찾을지 정확히 알아야 한다.
17 인터넷	18 ④	

독해로 생각 Up 19 ⑤ 20 ③

01 ㉮는 인쇄 매체 자료이고, ㉯는 영상 매체 자료입니다.

02 ㉯는 영상 매체 자료입니다. 영상 매체 자료는 소리, 자막 등의 여러 가지 연출 방법을 이용해 정보를 전달합니다.

03 '영화, 연속극'은 영상 매체 자료이고, '누리 소통망, 휴대 전화 문자 메시지'는 인터넷 매체 자료입니다.

04 인쇄 매체 자료는 주로 글, 그림, 사진을 사용하여, 영상 매체 자료는 소리, 자막 등의 여러 가지 연출 방법을 사용하여, 인터넷 매체 자료는 인쇄 매체 자료와 영상 매체 자료에서 사용하는 방식을 모두 사용하여 정보를 전달합니다.

05 영상 매체 자료는 시각과 청각을 모두 이용하는 매체 자료입니다. 따라서 영상 매체 자료를 읽을 때는 화면 구성을 잘 살피고 소리에 담긴 정보도 탐색하며 읽어야 합니다.

> **오답 풀이**
> ① 인쇄 매체 자료를 읽을 때는 글, 그림, 사진으로 나타낸 시각 정보를 잘 살피며 읽어야 합니다.
> ② 매체는 그 특성이 서로 다르기 때문에 그것을 이용하는 방법도 다양합니다.
> ③ 인터넷 매체 자료를 읽을 때는 인쇄 매체와 영상 매체 자료를 읽는 방법 모두를 사용하여 읽는 것이 좋습니다. 즉 글과 그림이 주는 시각 정보를 잘 살펴볼 뿐만 아니라 화면 구성과 소리에 담긴 정보도 탐색해야 합니다.

06 허준이 환자를 치료하는 장면을 카메라가 가까이 찍어서 연달아 보여 주고 있습니다.

> **채점 기준** '치료 장면'과 '연달아'라는 내용 또는 이와 비슷한 뜻의 말이 들어가게 썼으면 정답으로 합니다.

07 김득신은 59세에 문과에 급제하여 성균관에 입학하였습니다.

08 음악의 종류에 따라 음악이 주는 느낌과 효과가 다릅니다. 김득신은 뛰어난 재능이나 두뇌를 가진 사람이 아니었습니다. 오히려 여러 번 반복해서 읽어 그것을 듣기만 한 하인도 외운 내용을 자신은 기억하지 못했을 정도로 아둔한 인물이었습니다. 이를 참고하여 ㉠의 장면에 경쾌한 느낌의 음악을 사용하면 아둔한 김득신의 모습을 우스꽝스러우면서도 안타까운 느낌이 강조되도록 표현할 수 있습니다.

09 김득신은 공부를 해도 이해를 잘하지 못했지만 꾸준히 노력해서 자신의 한계를 극복했습니다.

> **채점 기준** '꾸준히 노력한 점' 또는 '한계를 극복한 점' 중 하나라도 썼으면 정답으로 합니다.

10 흑설 공주의 사과를 요구하지는 않았습니다. ㉠은 서영이 흑설 공주의 글에 대한 반박 글로, 흑설 공주에 대한 분노, 엄마 아빠에 대한 자부심과 사랑과 함께 흑설 공주의 글이 모두 사실이 아니라는 걸 당당하게 밝혀 놓았다고 했습니다.

11 서영이의 편을 드는 아이, 흑설 공주의 편을 드는 아이 등 저마다 서로 다른 의견을 달아 놓았습니다.

12 잘 모르는 내용을 근거로 의견을 나누고 있기 때문입니다.

13 인물들은 민서영을 두둔하고 흑설 공주를 비난하고 있습니다.

14 이 글 속 인물들은 남의 일에 지나치게 관심을 갖고 있습니다.

15 요즘에는 '마녀사냥'이 다른 사람을 따돌리는 현상을 부르는 말로도 쓰입니다.

16 인터넷 매체에서 정보를 이용할 때는 정보를 분별하는 능력이 있어야 하고, 다른 사람에게 예의를 갖추는 것이 반드시 필요합니다.

> **채점 기준** 인터넷 매체를 바르게 이용하는 방법을 썼으면 정답으로 합니다.

17 흑설 공주는 민서영이 내놓은 사진들은 인터넷에서 퍼온 것이라고 주장했습니다.

18 핑공 카페는 흑설 공주와 민서영의 싸움을 구경하려는 구경꾼들로 가득 찼습니다.

가

> **잡고 있습니까?**
> **잡혀 있습니까?**
>
> 혹시 당신도 하루 종일 스마트폰만 잡고 계시진 않나요? 어쩌면 우리는 스마트폰에 잡혀 살고 있는 건지도 모릅니다. 오늘은 스마트폰보다 당신 곁에 있는 가족의 손을 잡아 보세요.

공익광고협의회

– 스마트폰 중독의 위험성을 알리는 공익 광고

나

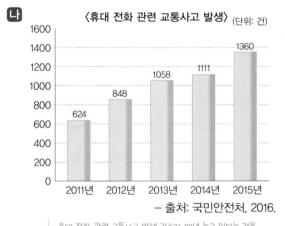

〈휴대 전화 관련 교통사고 발생〉 (단위: 건)

- 출처: 국민안전처, 2016.

└ 휴대 전화 관련 교통사고 발생 건수가 매년 늘고 있다는 것을 알 수 있음.

막대 그래프: 여러 가지 통계나 사물의 양을 막대 모양의 길이로 그린 표. 여러 항목을 전체적으로 비교하기 쉬움.

19 매체 자료 가 는 휴대 전화가 사람을 꽉 붙잡고 있는 모습을 사진과 글을 이용하여 휴대 전화에 중독된 사람이 많다는 주제를 전달하고 있습니다.
매체 자료 나 는 막대 그래프를 사용하여 휴대 전화 관련 교통사고 발생 건수가 해마다 늘고 있음을 보여 주고 있습니다. 즉 휴대 전화 사용으로 생긴 교통사고가 2012년 이후 1년에 1,000건이 넘으며, 걸을 때나 운전할 때 휴대 전화를 사용하면 위험하다는 주제를 전달하고 있습니다.

20 매체 자료 가 는 인쇄 매체 자료이므로 글과 사진을 모두 잘 살펴 읽어야 합니다.

오답 풀이
①, ② 인쇄 매체 자료를 읽을 때는 글, 그림, 사진 어느 한 군데만 집중하여 내용을 파악하기보다는 글, 그림, 사진으로 나타

낸 시각 정보를 잘 살피며 읽어야 합니다.
④ 소리와 자막 등의 연출 방법에 주의하여 읽어야 할 매체 자료는 영상 매체를 읽는 방법에 해당합니다.
⑤ 가 는 글, 사진을 이용하여 내용을 전달하고 있는 공익광고로 인쇄 매체입니다.

어휘 마무리 뚝딱
112~113쪽

1 (1) 반박 (2) 한계 (3) 갈등
2 (1) 바쁘다 (2) 미련하다 (3) 조롱하다
3 (1) 터무니없는 (2) 얼토당토않은
4 (2) ○

1 (1) '어떤 주장이나 의견에 반대해서 말하는 것'의 뜻을 지닌 낱말은 '반박'입니다.
(2) '어떤 능력이 실제 작용할 수 있는 범위'의 뜻을 지닌 낱말은 '한계'입니다.
(3) '개인이나 집단 사이에서 이해관계가 달라 서로 충돌하는 것'의 뜻을 지닌 낱말은 '갈등'입니다.

2 (1) '분주하다'는 '이리저리 바쁘고 수선스럽다.'의 뜻으로, 비슷한 낱말은 '일이 많거나 또는 서둘러서 해야 할 일로 인하여 딴 겨를이 없다.'의 뜻을 지닌 '바쁘다'입니다.
(2) '우둔하다'는 '어리석고 둔하다.'의 뜻으로, 비슷한 낱말은 '터무니없는 고집을 부릴 정도로 매우 어리석고 둔하다.'의 뜻을 지닌 '미련하다'입니다.
(3) '우롱하다'는 '사람을 어리석게 보고 함부로 대하거나 웃음거리로 만들다.'의 뜻으로, 비슷한 낱말은 '비웃거나 깔보면서 놀리다.'의 뜻을 지닌 '조롱하다'입니다.

3 (1) '터무니없다'는 부정적인 뜻을 지니는 말이 낱말에 포함된 것으로, '허황하여 전혀 근거가 없는.'의 뜻입니다.
(2) '얼토당토않다'는 '얼토당토아니하다'의 준말로 부정적인 뜻을 지니는 말이 낱말에 포함된 것입니다. '얼토당토않은'은 '전혀 합당하지 아니한.'의 뜻입니다.

4 '무쇠도 갈면 바늘 된다'는 꾸준히 노력하면 어떤 어려운 일이라도 이룰 수 있다는 말이므로, 꾸준히 노력해서 자신만의 업적을 이룬 상황에서 쓸 수 있습니다.

6단원 타당성을 생각하며 토론해요

독해로 교과서 쏙쏙

118~127쪽

독해로 이해 콕

1 연예인	**2** ×	**3** ×
4 직업 평론가	**5** 토론	**6** 학급 임원
7 ○	**8** ○	**9** ×
10 구체적인	**11** 반론하기	**12** ×
13 봉사 정신	**14** 기준	**15** 우리 학교
16 ×	**17** 주장 다지기	**18** 필요하다
19 ×	**20** ×	

01 직업 **02** 설문 조사 자료, 면담 자료
03 예 ㉡, 해당 분야 전문가의 말이기 때문에 더 믿을 만한 근거 자료이다. **04** (2) × **05** ④
06 ① **07** 사회자, 찬성편 토론자, 반대편 토론자 **08** ①, ③ **09** (1) 같은 지역 초등학교를 대상으로 한 설문 조사 자료 (2) 전문가의 면담 자료 **10** 예 자기편의 주장에 대한 근거가 믿을 만하다고 상대편이 생각하도록 하기 위해서이다.
11 ③, ④ **12** (1) ○ (3) ○ **13** ①
14 회의 **15** 예 상대편의 주장을 요약해 반론을 효과적으로 펼치기 위해서이다. **16** (2) ○
17 ⑤ **18** 우리 학교 선생님을 면담한 결과
19 예 상대편이 제시한 주장과 근거 자료가 타당하지 않다는 것을 밝히기 위해서이다. / 자기편의 주장이 더 타당하다는 것을 밝히기 위해서이다.
20 (1) 요약 (2) 질문 **21** ④
22 예 학급 임원 선거의 중요성을 되짚는다는 면에서 타당성을 높여 준다. **23** 학급 임원 **24** (3) ×

01 직업을 선택할 때는 유행에 따르기보다는 자신의 흥미와 적성, 특기를 고려해야 한다는 주장을 하고 있습니다.

02 우리 반 친구들이 희망하는 직업에 대해 설문 조사를 했고, 학생과 직업 평론가를 면담했습니다.

03 면담 자료는 해당 분야 전문가를 면담한 것이 더 믿을 만합니다.
채점 기준 ㉡을 고르고 해당 분야 전문가의 말이기 때문이라고 썼으면 정답으로 합니다.

04 학부모가 희망하는 자녀 직업에 대한 자료이므로, 글의 주제와 관련이 없습니다.

05 조사한 사람과 친한 사람만 답한 자료라면 정확한 근거 자료로 보기 어렵습니다.

06 글의 처음 부분에서 사회자가 "학급 임원은 반드시 필요하다."라는 주제로 토론을 시작하겠다고 했습니다.

보충 자료 토의와 토론의 차이 알아보기

토의	어떤 문제에 대해 여러 사람이 다양한 의견이나 생각 등을 서로 나누면서 해결 방법을 찾는 협동적인 말하기
토론	찬성과 반대가 나뉜 상태에서 각자 자기편의 의견을 받아들이도록 상대편을 설득하는 경쟁적인 말하기

07 이 글의 토론에는 사회자, 찬성편 토론자, 반대편 토론자가 참여했습니다.

08 찬성편에서는 실제로 학생 대표가 학교생활에 많은 역할을 한다는 것과 학교 안에서 선거를 경험할 수 있다는 것을 근거로 들어 "학급 임원은 반드시 필요하다."라는 주제에 찬성하는 의견을 말했습니다.

09 설문 조사 자료와 전문가 면담 자료를 제시했습니다.

10 근거 자료는 믿을 만한 자료로 상대편을 설득할 수 있는 자료를 제시합니다.
채점 기준 근거가 믿을 만하다고 생각하게 하기 위해서라는 내용을 썼으면 정답으로 합니다.

11 반대편은 학급 임원을 뽑는 기준이 올바르다고 보기 어렵다는 점, 학생들 간 동등한 관계에 부정적인 영향을 끼친다는 점을 근거로 제시했습니다.

12 한 매체에서 한 설문 조사 결과와 학급 임원을 한 경험이 있는 학생을 면담한 자료를 제시하여 근거를 뒷받침했습니다.

13 '주장 펼치기' 단계에서는 찬성편과 반대편이 각각 근거를 들어 주장을 펼치고, 근거와 관련해 구체적인 자료를 제시합니다.

보충 자료 주장 펼치기 방법 알아보기

처음	토론 주제에서 핵심적인 낱말이 있다면 그 뜻을 분명하게 정의하고, 자기편의 구체적인 주장을 설명합니다.
중간	자기편의 주장이 무엇인지 처음부터 명확하게 밝히고, 근거와 함께 각각의 근거를 뒷받침하는 자료를 덧붙입니다.

14 반대편은 누구나 학급을 위해 봉사할 수 있으며, 요즘 은 기술이 발달해서 여러 사람이 동시에 회의에 참여할 수 있다고 반론했습니다.

15 먼저 상대편의 주장을 요약해서 상대편의 주장이 타당 하지 않다는 것을 밝히고 어떤 반론을 할 것인지 효과 적으로 보여 주기 위해서입니다.

> **채점 기준** 상대방의 주장을 요약해 반론을 효과적으로 펼치기 위해서라는 내용으로 썼으면 정답으로 합니다.

16 학급 임원을 하고 싶은 마음이 없는 학생이 대표가 될 수 있고, 이 경우 그 학생에게 부담이 되는 일이라고 했 습니다.

17 반대편이 든 근거는 다른 학교에서 설문 조사를 한 결 과이기 때문에 우리 학교의 상황과 설문 조사 결과가 반드시 같다고는 볼 수 없다고 했습니다.

18 반대편은 우리 학교 선생님을 면담한 결과를 보여 주었 습니다.

19 반론하기에서는 질문을 통해 상대편이 제시한 주장과 근거가 타당하지 않고 자기편의 주장이 타당함을 밝힙 니다.

> **채점 기준** '상대편의 주장과 근거가 타당하지 않다는 것을 알리 기 위해서', '자기편의 주장이 타당하다는 것을 알리기 위해서'과 같은 내용을 썼으면 정답으로 합니다.

20 반론하기에서는 상대편의 주장을 요약하고, 상대편의 주장이 타당하지 않다는 것을 밝히기 위해 질문을 하 며, 상대편의 주장에 대한 근거나 자료가 타당하지 않 다는 것을 밝힙니다.

21 ④는 반대편의 발언에 해당합니다.

22 찬성편은 반대편의 반론이 타당하지 않음을 밝히고 자 기편 주장의 장점을 설명함으로써 주장과 근거의 타당 성을 강조하고 있습니다.

> **채점 기준** 찬성편의 발언이 주장과 근거의 타당성을 높여 주는 지 판단하여 썼으면 정답으로 합니다.

23 반대편은 한두 사람을 선출하는 것이 아니라 여러 사람 이 돌아가며 공평하게 학급 임원을 맡는 방법을 제안했 습니다.

24 상대편에서 제기한 반론이 타당하지 않음을 지적해야 합니다.

단원 평가 128~131쪽

01 (1) – ㉣ (2) – ㉮ **02** (3) ○ **03** ④, ⑤
04 (1) ○ **05** 예 학교 안에서 스마트폰을 사용 해야 하는가 **06** 흥미, 적성, 특기
07 ⑤ **08** 예 주장을 잘 뒷받침하며 해당 분야 전문가의 말이라 믿을 수 있다. **09** ③
10 (3) × **11** ㉡ **12** 주장 펼치기
13 ② **14** 설문 조사 **15** 반론하기
16 ①, ⑤ **17** 예 학급 임원을 하고 싶지 않은 사람이 임원이 되면 학급 문제에 신경 쓰지 않아 문제가 해결되지 않을 수 있다.

독해로 생각 Up **18** ③, ④ **19** ⑤

01 그림 ㉮에서는 학교 앞 불법 주차를 한 차가 많아진 점, 차가 너무 빨리 달리는 문제에 대해 이야기하고 있고, 그림 ㉯에서는 학교 운동장을 외부인에게 개방해 쓰레 기가 많아진 문제에 대해 이야기하고 있습니다.

02 그림 ㉮에서는 학교 앞에 불법 주차를 한 차가 많다는 문제에 대해 한 친구는 단속 카메라를 달면 좋겠다고 했고, 다른 한 친구는 단속 카메라를 단다고 문제가 해 결되지 않는다고 의견이 나뉘고 있습니다. 그림 ㉯에 서는 학교 운동장을 외부인에게 개방해서 쓰레기가 더 많아진 문제가 생기자, 학교 운동장을 외부인에게 계 속 개방해야 하는가에 대해 의견이 나뉘고 있습니다. 이처럼 갈등이 생길 때는 토론을 통해 문제를 해결하는 것이 좋습니다.

> **보충 자료** **토론이 필요한 까닭 알아보기**
> • 친구들과 토론을 하며 문제 상황을 더 깊게 이해할 수 있습 니다.
> • 타당한 근거를 들어 말하기 때문에 문제 해결에 도움이 됩 니다.
> • 토론 과정에서 나의 주장과 근거를 명확하게 정리할 수 있 습니다.
> • 나와 생각이 다른 사람의 의견도 이해할 수 있습니다.
> • 문제 해결에 더 나은 방법이 무엇인지 결정하는 데 도움이 됩니다.

03 지금은 착한 사람이 아닌 것 같은 느낌이 들고, 전통적인 인사말을 지켜야 하는 것이 아닐까 하는 생각이 들기 때문입니다.

04 그림 ⑴과 같이 말하면 서로 근거를 대며 주장하는 내용과 그 근거가 옳은지 따져 가며 문제의 해결 방법을 찾을 수 있겠지만, 그림 ⑵와 같이 말하면 서로 기분이 상해서 다툴 수 있습니다.

05 주변에서 일어나는 일 중에 다른 친구들과 의논하여 개선하고 싶은 주제를 생각해 봅니다.

> **채점 기준** '교실 안의 쓰레기통을 없애자.', '쉬는 시간을 더 길게 늘리자.' 등 일상생활을 하면서 문제라고 생각했던 일을 떠올려 찬성편과 반대편으로 나누어 토론하기에 알맞은 주제를 썼으면 정답으로 합니다.

06 유행보다는 자신의 흥미, 적성, 특기를 바탕으로 하여 직업을 고르려고 노력해야 한다고 했습니다.

07 직업 평론가 ○○○ 씨의 면담 자료를 활용했습니다.

08 현실과 관련하여 우려가 되는 내용에 대해 전문가가 말한 내용을 근거로 들었습니다.

> **채점 기준** 근거가 주장을 잘 뒷받침하는지, 신뢰성이 있는지에 대해 썼으면 정답으로 합니다.

09 응답이 가장 많은 항목은 연예인입니다.

10 조사 대상의 범위가 너무 좁으면 일부 사람에게만 해당하는 내용일 수 있어 결론을 내기 어렵습니다.

> **보충 자료** **우리 반 친구들이 희망하는 직업 자료의 부족한 점**
> • 주장의 근거로 사용한 자료가 믿을 만한지, 출처가 정확한지 확인해야 합니다.
> • 조사 범위가 좁아서 모든 학생의 희망 직업을 대표한다고 보기 어렵습니다.
> • 조사 범위가 적절한지 생각해 봐야 한다. 조사 범위가 너무 좁으면 결론을 얻기 어렵기 때문입니다.
> • 주장을 뒷받침하기에 적절한 자료를 사용했는지 생각해 봐야 합니다.

11 주장을 뒷받침하는 자료인지, 자료의 출처가 정확한지, 자료가 믿을 만한지, 조사 대상과 범위가 적절한지 평가해야 합니다.

> **보충 자료** **설문 조사 자료의 평가 과정 보기**
> • 설문 조사 자료 살펴보기: 자료의 조사 대상은 누구인지, 몇 명을 대상으로 조사했는지, 가장 많거나 적게 응답한 항목은 무엇인지, 자료의 출처는 어디인지를 살펴봅니다.
> • 설문 조사 자료의 부족한 점 생각하기: 자료의 출처가 정확한지, 조사 시기와 조사 대상을 정확히 알 수 있는지, 조사 대상과 범위가 뒷받침하는 글의 내용과 맞는지를 살펴야 합니다.

12 '학급 임원은 반드시 필요하다.'라는 주제에 찬성하는 근거로 '실제로 학생 대표가 학교생활에 많은 역할을 한다.'고 말하며 자신의 주장을 펼치고 있다.

13 찬성편은 첫 번째 근거로 실제로 학생 대표가 학교생활에 많은 역할을 한다는 점을 들었습니다.

14 같은 지역의 초등학교를 대상으로 한 설문 조사 자료를 들어 95퍼센트가 넘는 학교가 학급 임원을 뽑고 있다는 점을 말했습니다.

15 토론은 '주장 펼치기 → 반론하기 → 주장 다지기'의 절차로 이루어집니다.

> **보충 자료** **'판정하기' 단계 알기**
> • 개념: 주장 다지기 이후 이어질 수 있는 토론의 마지막 단계
> • 하는 일
> – 판정단을 구성합니다.
> – 판정단이 찬성측과 반대측 주장에 대한 근거, 근거 자료의 타당성, 반론, 토론에 참여하는 태도를 기준으로 삼아 판정합니다.

16 누구나 학급을 위해 봉사할 수 있고, 요즘은 기술이 발달해서 여러 사람이 동시에 회의에 참여할 수 있으므로 굳이 한두 명만 회의에 참여하도록 할 필요가 없다고 했습니다.

> **오답 풀이**
> ② 찬성편에서는 학급 임원이 필요하다는 주장의 근거로, 학급 임원은 학급을 위해 봉사하고, 학생 대표가 되어 우리의 뜻을 학교에 전하는 역할을 한다고 말하고 있습니다. 이에 대한 반론으로 반대편에서는 학급을 위한 봉사는 전체 학생이 모두 할 수 있기 때문에, 학급 임원이 반드시 필요하지 않다는 의견을 제기하고 있습니다. 하지만 학생 대표가 아무 일도 하지 않는다는 내용은 언급하고 있지 않습니다.
> ③ 반대편의 "요즘은 기술이 발달해서 여러 사람이 동시에 회의에 참여할 수 있습니다. 굳이 학생 대표 한두 명만 회의에 참여할 필요가 없습니다."라는 말을 참고할 때, 회의에는 대표 한두 명만 참석해야 한다는 내용은 적절하지 않습니다.
> ④ 반대편의 "오히려 모든 학생이 학급 임원을 경험할 수 있도록 돌아가며 하는 게 좋지 않을까요?"라는 말에서 학급 임원을 하고 싶지 않은 학생이 많을 것이라는 내용은 적절하지 않습니다.

17 모든 학생이 학급 임원을 할 때의 문제점을 생각하여 씁니다.

> **채점 기준** 모든 학생이 돌아가며 학급 임원을 경험할 때의 문제점이 잘 드러나게 썼으면 정답으로 합니다.

지문 해설 독해로 생각 Up

자연 보호는 우리가 꼭 해야 할 일

1 우리나라뿐만 아니라 세계 곳곳에서 벌어지는 자연 개발은 우리 삶을 위협한다. 이러한 <u>무분별한 개발</u>로 우리 삶의 터전인 자연은 몸살을 앓고, 이제 인류의 생존까지 위협하는 상황에 이르렀다. <u>우리는 자연의 목</u>
문제 상황
<u>소리에 귀를 기울이고 자연을 보호해야 한다.</u> 왜 자연
글쓴이의 주장
을 보호해야 할까?
▶ 우리는 자연의 목소리에 귀를 기울이고 자연을 보호해야 한다.

2 첫째, 자연은 한번 파괴되면 복원되기가 어렵다.
자연을 보호해야 하는 까닭 – 주장에 대한 근거 ①
어린나무 한 그루가 아름드리나무로 성장하는 데 약
복원이 어려운 자연의 예
30년에서 50년이 걸린다고 한다. 우유 한 컵(150밀리
리터)으로 오염된 물을 물고기가 살 수 있는 깨끗한 물
로 만들려면 우유 한 컵의 약 2만 배의 물이 필요하다.
이처럼 환경을 오염시키는 것은 순식간이지만 오염된
환경을 되살리는 데는 수십, 수백 배의 시간과 노력이
든다. 자연의 힘이 아무리 위대해도 자정 능력을 넘어
오염된 물이나 땅 따위가 저절로 깨끗해짐.
서는 오염을 감당하기는 어렵다.
▶ 자연은 한번 파괴되면 복원되기가 어렵다.

3 둘째, 무리한 자연 개발은 생태계를 파괴한다. 생
자연을 보호해야 하는 까닭 – 주장에 대한 근거 ②
물은 서로 유기적인 생태계로 얽혀 있으며 주변 환경과
각 부분이 서로 밀접하게 관련을 가진.
영향을 주고받으면서 살아간다. 자연 개발로 생태계를
파괴하면 결국 사람의 생활 환경을 악화시키는 결과를
초래한다. 예를 들어 사람의 편의를 돕는 시설을 만들
형편이나 조건 따위가 편하고 좋음.
면서 무분별하게 산을 파헤치면 동식물은 삶의 터전을
잃는다. 무리한 자연 개발의 결과로 기후 변화 현상까
무리한 자연 개발로 생태계가 파괴된 예
지 나타나 동물이 멸종 위기에 처하고, 지구 환경이 위
협을 받기도 한다. 동식물이 살 수 없는 곳은 사람도 살
수 없는 곳이 된다. 사람도 자연의 일부분이므로 자연
자연 파괴의 결과가 사람에게 돌아옴.
과 조화를 이루어야 우리 삶이 풍요로워진다.
▶ 무리한 자연 개발은 생태계를 파괴한다.

18 자연을 보호해야 한다는 주장에 어떤 근거를 들었는지
살펴봅니다.

보충 자료 **근거 자료 준비하는 방법 알아보기**

• 어떤 방법으로 자료를 찾을지 생각하며 자료를 조사합니다.
• 자기편 주장을 뒷받침하고 상대편 반론을 반박할 수 있는
자료를 조사합니다.
• 정리한 자료를 같은 편 친구들과 바꾸어 읽고, 실제 토론에
서 효과가 있을지 생각하며 자료의 타당성을 살펴봅니다.
• 토론 과정 중 자료를 활용할 때 어느 부분을, 언제 활용하
는 것이 가장 효과적일지를 고민합니다.

어휘 마무리 뚝딱

132~133쪽

1 (1) 면담 (2) 반론 (3) 임원 (4) 적성
2 (1) ○
3 (1) 겹겹이 (2) 급히 (3) 솔직히
4 영주

1 (1) '면담'은 '서로 만나서 이야기함.', '설문'은 '조사를
하거나 통계 자료 등을 얻기 위해 어떤 주제에 대하여
문제를 내어 물음.'의 뜻입니다.
(2) '반론'은 '남의 논설이나 비난, 논평 따위에 대해 반
박함.', '찬성'은 '어떤 행동이나 견해, 제안 등이 옳거나
좋다고 판단하여 수긍함.'의 뜻입니다.
(3) '사원'은 '회사에서 근무하는 사람.', '임원'은 '어떤
단체에 소속하여 그 단체의 중요한 일을 맡아보는 사
람.'을 뜻하는 말입니다.
(4) '적성'은 '어떤 일에 알맞은 성질이나 적응 능력. 또
는 그와 같은 소질이나 성격.', '개성'은 '다른 사람이나
개체와 구별되는 고유의 특성.'을 뜻하는 말입니다.

2 〈보기〉의 밑줄 그은 '열풍'은 '매우 세차게 일어나는 기
운이나 기세.'를 비유적으로 이르는 말로 이와 같은 뜻
으로 쓰인 것은 (1)입니다. (2)의 '열풍'은 '뜨거운 바람.'
의 뜻으로, (3)의 '열풍'은 '몹시 사납고 거세게 부는 바
람.'의 뜻으로 쓰였습니다.

3 (1)은 끝음절이 '이'로 소리 나므로 '겹겹이'로 적습니다.
(2)는 끝음절이 '히'로 소리 나므로 '급히'로 적습니다.
(3)은 '이, 히'로 소리 나므로 '솔직히'로 적습니다.

4 '낭중지추'는 재능이 뛰어난 사람은 언젠가는 세상에
알려진다는 뜻으로 쓸 수 있습니다. (2)는 '초록동색(草
綠同色)'을 쓸 수 있는 상황입니다.

7단원 중요한 내용을 요약해요

독해로 교과서 쏙쏙

138~161쪽

독해로 이해 콕

1 ○ 2 방해물 3 ×
4 × 5 × 6 일상생활
7 × 8 × 9 제빵사
10 × 11 ○ 12 ×
13 사랑 14 차이 15 ×
16 알파벳순 17 ○ 18 ×
19 예민하게 20 아내 21 ○
22 × 23 감정 24 ×
25 ○ 26 켈러 선생님 27 쿠키
28 ○ 29 ○ 30 ×
31 × 32 ○ 33 슬픈
34 ○ 35 × 36 걱정
37 × 38 날개 39 ○
40 유의어 사전 41 ○ 42 햇빛
43 잎차례 44 × 45 ○
46 종이 47 한지 48 ○
49 × 50 쓰임새 51 ○
52 × 53 ○ 54 ×

- -

01 ② 02 엉뚱한 03 (1) ○ (3) ○
04 ③ 05 예 어린이 신문을 읽다가 뜻을 모르는 낱말이 나왔는데 앞뒤 내용으로 뜻을 짐작해서 읽은 적이 있다. 06 ② 07 ②
08 (3) ○ 09 (1) 예 긴장했을 때 삼키는 침 (2) 예 '마른침'이라는 말이 나온 앞부분의 상황을 보며 그렇게 짐작했다. / 켈러 선생님께서 내일까지 숙제를 해 오라고 호통을 치셔서 긴장되는 상황이었기 때문이다.
10 준호 11 마녀 12 ②
13 ③ 14 예 참기 어려울 정도로 자꾸 몹시 어떤 일을 하고 싶을 때 쓰는 표현이다.
15 감정 16 ㉮ 17 예 주어진 낱말을 대신할 수 있는 낱말을 가장 많이 찾는다.
18 ③ 19 예 놀려 댔다 20 ③
21 슐로스 할아버지 22 예 보고 싶은 아내의 사진이 들어있는 액자이기 때문이다.
23 ② 24 시(C) 25 (3) ○
26 ④ 27 ④ 28 자신이 겪은 일 쓰기

29 (1) 예 이러저리 궁리하여 골똘히 생각해도 (2) 예 기말 과제 주제를 떠올리려고 열심히 생각했다는 상황이기 때문이다. 30 ③, ④ 31 ②
32 (1) 학비 (2) 대학교 33 ②
34 예 가르칠 때는 엄하지만 학생을 위해 학비를 마련해 줄 정도로 마음이 따뜻한 사람인 것 같다.
35 예 슐로스 할아버지께서 돌아가셔서 슬프고 괴로웠을 것이다. 36 윤주 37 (3) ○
38 ③ 39 예 두근거렸다 40 ①, ⑤
41 ③ 42 (2) ○ 43 선영
44 예 초등학교 4학년 때 담임 선생님께서 늘 칭찬을 많이 해 주시고 자신감을 주셔서 힘이 되었다.
45 ① 46 (1)-㉰ (2)-㉯ (3)-㉱ (4)-㉠
47 (2) ○ 48 예 글의 내용을 잘 이해할 수 있다. / 글의 중심 내용을 잘 파악할 수 있다. 49 (3) ○
50 예 한지가 만들어지는 과정 51 ②
52 ㉢ → ㉣ → ㉠ → ㉡ 53 (1) ○
54 (1) ○ 55 ③ 56 한지의 쓰임새
57 (1) 예 바느질 도구를 넣는 그릇인 것 같다. (2) 예 앞에 나온 '바늘, 실, 골무 같은 바느질 도구 넣는'이라는 내용을 보고 짐작했다. 58 ③

01 모르는 낱말이 나왔을 때 뜻을 제대로 짐작하거나 알아보지 않는다면 글의 내용을 잘 이해할 수 없습니다.

02 ㉡ '뜬금없는'은 '갑작스럽고도 엉뚱한.'이라는 뜻입니다. 그 뒤에 오는 우리에게 재미와 웃음을 준다는 부분을 통해 뜻을 짐작할 수 있으며, '엉뚱한', '황당한'과 같은 말로 바꾸어 쓸 수 있습니다.

03 글을 읽다가 모르는 낱말의 뜻을 짐작하기 위해서는 해당 낱말의 앞뒤 내용을 자세히 살펴보거나 이미 아는 친숙한 낱말로 바꾸었을 때 문장의 의미가 자연스러운지 살펴보아야 합니다.

04 귀를 건강하게 하는 방법으로 귀를 자주 후비는 것과 귀에 바람을 넣어 주는 것은 제시되지 않았습니다.

05 글을 읽다가 모르는 낱말이 나왔을 때 어떻게 했었는지 생각해 보고, 낱말의 뜻을 짐작한 경험을 써 봅니다.
> **채점 기준** 낱말의 뜻을 짐작하며 글을 읽은 경험을 썼으면 정답으로 합니다.

06 퍼트리샤는 켈러 선생님께서 유독 자신만 노려보는 것 같다고 생각했습니다.

07 퍼트리샤는 '진짜 잘 써야 하는데!'라며 줄곧 숙제 생각만 하고 있습니다.

08 소율이는 '기척'을 이미 알고 있는 '소리'라는 낱말로 바꾸었을 때 문장의 의미가 자연스러운지를 살펴서 '기척'의 뜻을 짐작했습니다.

> **보충 자료** **낱말의 뜻 짐작하는 방법 더 알아보기**
> • 뜻을 잘 모르는 낱말의 앞뒤 상황을 살펴봅니다.
> • 해당 낱말의 뜻과 비슷하거나 반대인 낱말을 대신 넣어 봅니다.
> • 그 낱말을 사용한 예를 떠올려 봅니다.

09 '마른침'이라는 낱말이 나오는 곳의 앞부분은 켈러 선생님께서 호통을 치며 숙제를 내 주시는 상황으로, 퍼트리샤는 긴장되었을 것입니다.

채점 기준 '마른침'의 뜻을 짐작해서 쓰고, 그렇게 짐작한 까닭을 알맞게 썼으면 정답으로 합니다.

10 슐로스 할아버지께서 충격을 받은 듯 머리를 감싸며 켈러 선생님에 대해 '마녀'라는 표현을 쓴 부분에서 켈러 선생님이 엄한 선생님임을 알 수 있습니다. 따라서 '깐깐한'은 성격이나 행동 등이 까다로울 만큼 빈틈이 없다는 뜻이라고 짐작할 수 있습니다.

11 글 **1**에서 슐로스 할아버지께서는 켈러 선생님을 '마녀 켈러'라고 불렀습니다.

12 퍼트리샤는 자신의 방을 쭉 둘러보면서 하나하나 묘사하고, 자신이 고양이와 엄마를 사랑하는 마음이 어느 정도인지와 새로 산 치마가 마음에 든다는 것, 집에서 먹는 아침밥이 맛있다는 것을 보태어 글을 썼습니다.

13 퍼트리샤는 자신이 쓴 글이 무척 마음에 들어서 얼른 발표하고 싶었습니다.

14 '근질근질하다'는 '간질간질하다'보다 느낌이 강한 말로 심하게 간지럽다는 뜻입니다. 퍼트리샤는 자신의 글을 발표하고 싶은 마음이 가득한 상황이므로, '근질근질하다'는 어떤 일이 몹시 하고 싶어 참기가 매우 어려운 상황에 쓰는 말일 것이라고 짐작할 수 있습니다.

채점 기준 '근질근질했다'의 뜻을 짐작해서 어떤 상황에 쓰는 말인지 알맞게 썼으면 정답으로 합니다.

15 퍼트리샤가 쓴 글의 문제점은 엄마와 팬케이크에 대해 느끼는 감정이 다른데 이를 모두 '사랑'이라는 낱말만

써서 표현하고 있다는 점입니다. 켈러 선생님께서는 낱말이 감정을 전해 주기는 하나, 낱말 하나하나는 차이를 가지고 있으므로 서로 다른 감정은 서로 다른 낱말로 표현해야 한다고 가르쳐 주셨습니다.

16 ㉠은 슐로스 할아버지의 아들들이 켈러 선생님 수업 시간에 쓰던 유의어 사전입니다.

17 각 낱말을 대신할 수 있는 유의어를 글쓰기 반 친구들 중에 가장 많이 찾은 사람은 금요일 쪽지 시험이 면제라고 하였습니다.

채점 기준 주어진 낱말을 대신할 수 있는 낱말(유의어)을 가장 많이 찾아야 했다는 내용을 잘 정리하여 썼으면 정답으로 합니다.

18 '만족스러운'은 '매우 마음에 흡족한 데가 있다.', '모자람이 없이 충분하고 넉넉하다.'의 의미가 있으므로 '흡족한, 좋은, 마땅한' 등의 말로 바꾸어 쓸 수 있습니다.

19 남자아이들이 퍼트리샤에게 '마녀의 새 인형'이라고 '심술궂게' 빈정댔다고 했으므로, ㉢ '빈정댔다'는 놀려 댔다는 뜻임을 짐작할 수 있습니다.

20 주변에 사시는 어른들을 찾아뵙고 인사하는 훈련은 하지 않았습니다.

21 퍼트리샤는 '보물찾기' 숙제를 하기 위해 슐로스 할아버지를 인터뷰하려고 이미 마음을 정해 놓고 있었습니다.

22 슐로스 할아버지께서는 액자를 가져와 보여 주시면서 퍼트리샤에게 아내에 대한 이야기를 해 주셨습니다. 이를 통해 슐로스 할아버지께서는 이제는 볼 수 없는 아내를 그리워하고 계시며, 그렇기 때문에 아내의 사진이 들어있는 액자를 가장 소중한 물건으로 고르셨다는 것을 알 수 있습니다.

채점 기준 슐로스 할아버지께서 고른 액자에 어떤 사진이 있었는지, 액자를 보여 주는 슐로스 할아버지의 감정은 어떠했을지 생각해서 썼으면 정답으로 합니다.

23 퍼트리샤는 자신의 마음과 감정을 듬뿍 담아 글을 썼으므로 켈러 선생님 마음에 쏙 들 것이라고 생각했습니다.

24 퍼트리샤는 기대와는 다르게 숙제 점수로 시(C)를 받았습니다.

25 켈러 선생님께서는 퍼트리샤에게 슐로스 할아버지의 아내를 주제로 삼은 점은 적절했으나 글에서 진실한 감

정을 드러내는 낱말이 어디 있냐고 물으며, 이미 많은 낱말을 알고 있으니 그 낱말들을 활용해 자신의 '진짜' 감정이 드러나도록 글을 쓰라고 가르쳐 주셨습니다.

26 켈러 선생님께서는 퍼트리샤에게 글을 읽는 사람이 글쓴이의 진짜 감정을 느낄 수 있어야 한다고 하셨습니다.

오답 풀이
글을 읽는 사람이 누구인지 고려하고, 글을 읽는 사람의 마음에 드는 글을 쓰라는 것은 켈러 선생님의 가르침이 아닙니다.

27 켈러 선생님께서는 그동안 배운 많은 글쓰기 형식 중에서 가장 자신 있는 형식 한 가지를 골라 글을 쓰는 것이 기말 과제라고 하셨습니다.

28 켈러 선생님께서는 퍼트리샤에게 글에 여전히 감정이 잘 드러나지 않고 있다고 말하며 퍼트리샤가 겪은 일을 써 왔으면 좋겠다고 하셨습니다.

29 '쥐어짜다'는 손으로 무언가를 꽉 쥐거나 비틀어 짜내었다는 뜻입니다. 퍼트리샤는 켈러 선생님을 감동시킬 만한 주제를 떠올리려 머리를 쥐어짰다고 하였으므로 ㉠ '쥐어짜도'는 이리저리 궁리하여 골똘히 생각했다는 의미임을 짐작할 수 있습니다.

채점 기준 '쥐어짜를'의 짐작한 뜻과 그렇게 짐작한 까닭을 모두 알맞게 썼으면 정답으로 합니다.

30 켈러 선생님께서는 '그 학생'이 쓴 글의 문제점을 모조리 지적해서 완벽한 글이 될 때까지 계속 다시 쓰게 하셨고, 형편이 어려웠던 학생을 위해 학비까지 손수 마련해서 대학교에 다닐 수 있도록 주선해 주셨습니다.

31 슐로스 할아버지의 아들은 켈러 선생님의 도움으로 대학을 다니고 훌륭한 글을 쓰는 사람이 되었습니다.

32 슐로스 할아버지께서는 켈러 선생님이 자신의 아들에게 글쓰기를 가르쳤을 뿐만 아니라 학비까지 손수 마련해서 대학교에 다닐 수 있도록 해 주었다고 하셨습니다.

33 '손수'는 '남의 힘을 빌리지 아니하고 제 손으로 직접.'이라는 뜻으로, '스스로', '직접', '몸소'와 같은 말로 바꾸어 쓸 수 있습니다.

34 켈러 선생님께서는 학생들을 엄격하고 깐깐하게 가르치지만 대학교에 갈 형편이 안 되는 학생의 학비까지 손수 마련해 주는 마음 따뜻한 사람인 것을 알 수 있습니다.

채점 기준 깐깐하게 가르치시지만 학생을 사랑하고 도와주는 사람이라는 내용이 드러나게 썼으면 정답으로 합니다.

35 퍼트리샤는 북받쳐 오르는 눈물을 그칠 수가 없었고 하늘도 꼴 보기 싫었을 정도로 슐로스 할아버지의 죽음을 슬퍼하였습니다.

채점 기준 슬프고 괴로움, 슐로스 할아버지가 보고 싶음, 원망스러움 등으로 퍼트리샤의 마음을 알맞게 짐작해서 썼으면 정답으로 합니다.

36 "꼴 보기 싫었다."라는 표현에서 하늘을 싫어하는 마음이 느껴지므로, 이를 바탕으로 ㉠ '꼴'의 뜻을 짐작할 수 있습니다.

37 퍼트리샤는 이제 켈러 선생님께서 마음에 들어 하시든 말든 전혀 상관이 없었고 오로지 슐로스 할아버지를 사랑하는 자신의 마음이 잘 표현되었기를 바랄 뿐이었습니다.

38 퍼트리샤는 켈러 선생님의 쪽지를 받고 기말 과제 점수가 걱정되었습니다.

39 '철렁했다'는 두근거렸다는 뜻으로, 퍼트리샤는 켈러 선생님의 연락에 선생님께서 자신이 제출한 기말 과제에 대해 나쁜 점수를 매기실까 봐 불안해하고 있습니다. 따라서 '철렁했다'는 걱정되어서 마음이 무거웠다는 뜻으로 짐작할 수 있습니다.

40 켈러 선생님께서는 퍼트리샤에게 슐로스 할아버지에게 바치는 글은 정말 놀라웠다고 칭찬해 주셨습니다.

41 국어사전에서 낱말의 뜻을 찾을 때에는 낱말의 기본형으로 찾아야 합니다. '삼아도'의 기본형은 '삼다'입니다.

42 '들뜨다'는 기분이 좋다는 뜻으로, 퍼트리샤는 자신의 기말 과제를 칭찬받아 좋은 점수를 받을 것이라는 기대감에 차 있습니다. 따라서 ㉡ '들떠'는 '마음이 가라앉지 않고 흥분되어.'라는 뜻일 것이라고 짐작할 수 있습니다.

43 퍼트리샤는 켈러 선생님과 슐로스 할아버지에 대해 '존경하고 사랑해 마지않는' 분들이라고 표현했습니다.

오답 풀이
켈러 선생님과 슐로스 할아버지는 퍼트리샤에게 어색한 존재가 아닙니다. 두 분이 퍼트리샤에게 준 영향을 생각해 보면 이 글의 주제는 깜깜한 바다를 밝혀 주는 등대처럼 삶을 밝혀 준 스승에 대한 감사한 마음을 나타낸 것입니다.

44 자신에게 힘이 되어 준 사람이나 좋은 영향을 준 사람이 있는지 생각해 보고, 그렇게 생각하는 까닭이 잘 드러나게 써 봅니다.

채점 기준 자신에게 슐로스 할아버지나 켈러 선생님과 같이 좋은 영향을 준 사람, 존경하고 사랑하는 사람이 있는지 생각해서 그 내용을 알맞게 썼으면 정답으로 합니다.

45 식물이 잎을 붙여 나가는 모양인 잎차례의 종류는 '어긋나기, 마주나기, 돌려나기, 모여나기' 등 여러 가지가 있습니다.

소나무는 '모여나기', 단풍나무는 '마주나기'이고, 국수나무는 평행하게 어긋나는 방식으로, 해바라기는 소용돌이 모양으로 돌려나면서 어긋나는 방식으로 잎을 피웁니다.

46 글 **2**에서 '어긋나기, 마주나기, 돌려나기, 모여나기'의 특징을 확인해서 선으로 이어 봅니다.

47 이 글은 식물의 잎차례에 대한 글로, 글 **1**에서는 식물이 저마다 다양한 모양으로 잎을 피우는 이유를, 글 **2**에서는 식물이 잎을 피우는 모양인 잎차례의 종류 및 종류별 특징에 대해 이야기하고 있습니다. 그러나 제시된 내용에는 글 **2**를 간추린 내용이 없습니다. 즉 글이 너무 짧아 중요한 내용이 드러나 있지 않다고 평가할 수 있습니다. 글을 요약할 때는 사소한 내용은 삭제하고 중요한 내용은 잘 간추리되 글에서 중요한 내용은 글을 읽는 사람이 이해할 수 있게 간추려야 합니다.

제시된 내용에는 글 **1**의 중심 내용인 식물이 특별한 기술을 바탕으로 잎을 피우는 이유만 드러납니다. 따라서 중심 낱말인 '잎차례'가 들어가도록 글을 쓰고, 글 **2**의 중심 내용을 포함해 글을 써야 합니다. 글 **2**의 중심 내용은 잎차례의 종류에 속하는 '어긋나기', '마주나기', '돌려나기', '모여나기' 각각의 특징을 설명하는 것이므로 잎차례의 종류 4가지와 종류별 특징을 간추려서 써야 합니다.

보충 자료 **요약하기**

뜻	자신이 읽고 이해한 글을 자신의 말로 중요한 내용만 드러나도록 재창조하는 과정입니다.
방법	• 삭제: 중요하지 않은 정보는 삭제합니다. • 대체: 세부적인 내용은 일반적인 어휘로 대체합니다. • 선택: 많은 내용 중에서 중요한 정보를 선택합니다. • 구성: 명확하지 않은 내용은 일반적인 진술을 만들어 활용합니다.
요약할 때 주의할 점	• 글에서 여러 번 반복해 나타나는 낱말을 찾거나 나열하는 낱말을 대표적인 낱말로 바꾸어 중심 낱말로 활용해야 합니다. • 간추린 문장을 쓸 때 문장 사이의 연결을 매끄럽게 해서 자연스럽게 써야 합니다.

48 주어진 글의 내용을 잘 이해하고 글의 중심 내용을 잘 파악하기 위해서 요약을 합니다.

글을 요약하는 까닭을 생각하여 글을 요약하면 좋은 점을 알맞게 썼으면 정답으로 합니다.

보충 자료 **요약하는 방법 알아보기**
• 요약이란 자신이 읽고 이해한 글을 자신의 언어를 사용해 중요한 내용이 드러나도록 재창조하는 과정
• 요약하는 방법
삭제: 중요하지 않은 정보는 삭제
대체: 세부적인 내용은 일반적인 어휘로 대체
선택: 많은 내용 가운데에서 중요한 정보를 선택
구성: 명확하지 않은 내용은 일반적인 진술을 만들어 씀.

49 바위나 동굴 벽에 그림을 그리거나 글을 쓰는 것이 불편했기 때문에 쓰기 쉽고 그리기 편하면서 옮기거나 간직하기에도 좋은 것을 찾았고, 그 과정에서 종이를 발명하게 되었다고 했습니다.

50 글 **1**에서는 종이가 만들어진 까닭을, 글 **2**에서는 한지가 만들어지는 과정을 설명하고 있습니다.

51 한지는 닥나무의 속껍질을 모아 만듭니다.

52 글 **2**에 나타난 한지가 만들어지는 과정에 따라 정리해 봅니다.

53 글 **2**는 일의 과정을 차례대로 설명하고 있으므로 순서를 보여 주는 틀을 이용해 요약하는 것이 좋습니다. ⑵의 틀은 하나의 주제에 대한 몇 가지 특징을 늘어놓는 글을 요약하기에 알맞습니다.

보충 자료 **다양한 글의 구조 알아보기**
• 비교와 대조 구조: 두 대상의 공통점과 차이점을 중심으로 설명하는 글의 구조
• 나열 구조: 하나의 주제에 대해 몇 가지 특징을 늘어 놓는 글의 구조
• 문제와 해결 구조: 해결할 문제와 문제의 해결 방법을 제시하는 글의 구조
• 순서 구조: 시간이나 공간의 순서에 따라 설명하는 글의 구조

54 돌로 눌러둔 속껍질을 한 장 한 장 떼어서 따뜻한 온돌 방바닥이나 판판한 벽에 쫙쫙 펴서 말리면 한지가 완성됩니다.

55 한지가 질긴 것은 맞으나 불에 타지 않는 것은 아닙니다.

56 글 **3**은 한지의 쓰임새를 설명하고 있습니다.

57 '반짇고리'는 바느질 도구를 담는 그릇을 뜻합니다.
'반짇고리'의 뜻을 알맞게 쓰고, 앞의 내용을 보고 짐작했다는 내용을 썼으면 정답으로 합니다.

58 글을 요약할 때는 재미있는 표현이 아니라 중요한 내용이 잘 드러나도록 정리해야 합니다.

단원 평가 162~165쪽

01 ⑤　　**02** (1) 예 우리에게 재미와 웃음을 주지만 (2) 예 엉뚱한 / 황당한　　**03** 예 도움
04 효찬　　**05** ②　　**06** ③, ④
07 (3) ○　　**08** 잎차례　　**09** ④
10 예 글의 중요한 내용을 한눈에 파악할 수 있다.
11 (1) ③ (2) ②　　**12** (1)-④ (2)-㉮
13 예 속껍질을 삶아서 더 보드랍고 하얗게 만든다.
14 ④　　　　**15** ④

독해로 생각 Up　**16** ③　　　**17** ④

---

01 ㉠ '어두워'는 '귀가 잘 들리지 않아', '남들이 다 아는 내용을 몰라'의 뜻입니다.

02 ㉡ '뜬금없는'은 '엉뚱한', '황당한'과 바꾸어 쓸 수 있는 말로, 뒤에 오는 '우리에게 재미와 웃음을 주지만'을 보고 뜻을 짐작할 수 있습니다.
　채점 기준 '뜬금없는'의 뜻을 짐작할 수 있는 부분을 찾아 쓰고, 바꾸어 쓸 수 있는 낱말을 알맞게 썼으면 정답으로 합니다.

03 ㉢ '힘'은 '일이나 활동에 도움이나 의지가 되는 것.'이라는 뜻이 있으므로 '도움' 등과 바꾸어 쓸 수 있습니다.

04 '엄포'는 실속 없이 호령이나 위협으로 으르는 짓을 뜻합니다. '엄포'라는 말이 나온 뒷부분에 켈러 선생님께서 학생들을 다그치시는 상황이 나오므로, 이를 통해 뜻을 짐작할 수 있습니다.

05 '끼적이기'는 글씨를 아무렇게나 쓴다는 뜻입니다. 허둥지둥 종이를 꺼낸 상황에서 끼적였다고 했으므로 글씨를 대충 썼음을 짐작할 수 있습니다.

06 켈러 선생님께서는 퍼트리샤에게 슐로스 할아버지에게 바치는 글은 자신이 겪은 일 쓰기의 모범으로 삼아도 좋을 만큼 정말 놀라웠다고 말씀하셨습니다.
　오답 풀이
①, ② 제시되어 있지 않습니다.
⑤ 퍼트리샤가 쓴 글의 주제는 슐로스 할아버지의 이야기가 아니라 슐로스 할아버지에 대한 자신의 마음입니다.

07 '삼아도'는 무엇을 무엇이 되게 하거나 여긴다는 뜻입니다. 퍼트리샤가 쓴 글을 모범으로 삼는다는 것이 어떤 것을 대신 생각하는 뜻으로 짐작되기 때문입니다.
　오답 풀이
(1) '심다'의 뜻을 풀이한 것입니다.
(3) 본문에서 쓰인 '삼다'는 어떤 것을 대신 생각한다는 뜻으로 짐작되므로, 새로운 것을 만든다는 뜻과는 관련이 없습니다.

08 식물이 줄기에 차례대로 잎을 붙여 나가는 모양을 '잎차례'라고 합니다. ㉠, ㉡은 잎차례의 종류에 속합니다.

09 글 **다**에 나오는 '마주나기'에 대한 설명입니다.

10 생각그물을 활용해 요약하면 글의 중요한 내용을 한눈에 파악할 수 있어 글의 핵심 내용을 잘 이해할 수 있습니다.
　채점 기준 생각그물을 활용해 요약하면 좋은 점을 알맞게 썼으면 정답으로 합니다.

11 글 **가**는 한지를 만드는 방법, 글 **나**는 한지의 쓰임새를 설명하고 있습니다.

12 글 **가**는 한지를 만드는 방법을 시간 순서대로 차례차례 소개하고 있고 글 **나**는 한지의 쓰임새라는 주제에 속하는 예시를 나열하고 있으므로 이를 요약하기에 알맞은 틀을 고릅니다.

> 보충 자료 **글의 구조 파악하여 요약하기의 필요성**
> • 글을 잘 요약하려면 글에서 중요한 내용을 찾은 뒤 자신의 언어로 다시 정리하고 종합해야 합니다.
> • 글의 구조를 파악하면 글 전체의 내용을 보다 더 잘 이해할 수 있고, 중요한 내용이 드러나도록 요약하기 쉽습니다.

13 한지를 만드는 과정을 차례대로 정리해 봅니다.
　채점 기준 한지를 만드는 차례에 맞게 빈칸에 들어갈 내용을 썼으면 정답으로 합니다.

14 닥솥은 한지를 만들 때 쓰는 솥입니다.
　오답 풀이
①, ⑤ 새끼줄처럼 배배 꼬아 종이 노끈으로 만들어 엮으면 신발, 망태기가 된다고 했습니다.
② 옷칠하고 기름 먹이면 물이 새지 않아 요강도 된다고 했습니다.
④ 한지를 가지고 요리조리 모양을 잡으면 안경집이 될 수 있다고 했습니다.

15 '바느질 도구 넣는'이라는 부분을 통해 '반짇고리'의 뜻을 짐작할 수 있습니다. '반짇고리'는 바늘, 실, 골무, 헝겊 따위 바느질 도구를 담는 그릇을 뜻합니다.

저승에 있는 곳간
물건을 간직하여 두는 곳.

1 원님은 그렇게 하기로 하고 자기 곳간으로 갔다.
저승에 있는 곳간에서 수고비를 내기로 하고
그런데 그 곳간에는 특별한 재물이랄 게 없었다. 고작
원님의 곳간에 있는 재물   돈이나 그 밖의 값나가는 모든 물건.
볏짚 한 단만이 있을 뿐이었다.
짚, 땔나무, 채소 따위의 묶음을 세는 단위.

"이 사람, 남에게 덕을 베푼 일이라곤 없는 모양이네!"
곳간에 볏짚 한 단밖에 없는 것을 보고 저승사자가 한 말
옆에 서 있던 저승사자가 코웃음을 치며 말했다.
곳간에 재물이 적어 어이없어 함.

"어찌해 제 곳간에는 볏짚 한 단밖에 없습니까?"

"너는 이승에 있을 때 남에게 덕을 베푼 일이 없지 않
                    원님의 곳간에 볏짚 한 단밖에 없는 까닭
느냐?"

원님은 순간, 쥐구멍에라도 숨고 싶을 만큼 부끄러
웠다. 생각해 보니 자신은 남에게 좋은 일 한 번 변변히
남에게 덕을 베푼 일이 없다는 것을 들켜서
                    제대로 갖추어져 충분하게.
한 적이 없었다.

단 한 번, 몹시 가난한 아낙이 아기를 낳을 때 짚이
없어서 쩔쩔매는 것을 우연히 보고 볏짚 한 단을 구해
어찌할 줄 몰라서 정신을 못 차리고 헤매는.
다 준 게 전부였다. 저승 곳간에 볏짚이나마 있는 것은
그 때문이었다. ▶ 원님은 이승에 있을 때 남에게 덕을 베푼 일이 없어서
              원님의 저승 곳간에는 고작 볏짚 한 단만이 있었다.

2 원님은 며칠 뒤에 다시 덕진의 주막을 찾았다. 원
저승에서 이승으로 돌아온 며칠 뒤에   시골 길가에서 밥과 술을 팔고, 돈을 받고
                          나그네를 묵게 하는 집.
님은 머뭇거리며 말했다.

"저, 돈 열 냥만 빌려줄 수 있소?"
덕진이 인정이 많은지 알아보기 위해 일부러 돈을 빌림.
"그렇게 하지요."

덕진은 선뜻 열 냥을 내주었다.
덕진의 성품을 알 수 있는 부분 ①
"아니, 모르는 사람에게 돈을 빌려주었다가 안 갚으
면 어쩌려고 그러시오?"

"걱정 마시고 형편이 어렵거든 가져다 쓰시고, 돈이
                    덕진의 성품을 알 수 있는 부분 ②
생기거든 갚으십시오."

덕진은 웃으며 대답했다. 원님은 열 냥을 받아가지고
나오면서 생각했다.

'이런 것이 만인에게 ㉠적선하는 것이로구나. 이
런 식으로 덕진은 수많은 사람을 도와주고, 돈 수천
냥을 다른 사람들에게 나누어 주었을 것이다. 그러

니 덕진의 저승 곳간에는 곡식이 가득 차 있을 수밖
에⋯⋯.' ▶ 원님은 그동안 덕진이 수많은 사람을 도와주고, 돈 수천 냥
        을 다른 사람들에게 나누어 주었을 것이라고 생각했다.

16 저승사자는 원님의 곳간을 보고 "이 사람, 남에게 덕을
베푼 일이라곤 없는 모양이네!"라고 했습니다.

17 ㉠'적선'의 뒤에 수많은 사람을 도와주고 수천 냥을 나
누어 준다는 내용으로 보아, '적선'이 착한 일을 많이
한다는 뜻임을 짐작할 수 있습니다.

어휘 마무리 뚝딱
166~167쪽

1 (1) 새삼 (2) 호전 (3) 짐짓
2 (1) 내뿜다 (2) 의심하다 (3) 소홀하다
3 (1) 귀 (2) 머리
4 (2) ○

1 (1) '새삼'은 '이전의 느낌이나 감정이 다시금 새롭게.'라
는 뜻입니다.
(2) '호전'은 '병의 증세가 나아짐.'의 뜻입니다.
(3) '짐짓'은 '마음으로는 그렇지 않으나 일부러 그렇게'
라는 뜻입니다.

2 (1) '머금다'는 '나무나 풀 따위가 빗물이나 이슬 같은 물
기를 지니다.'라는 뜻으로 '품다, 지니다, 가지다'와 뜻
이 비슷합니다. 그러나 '내뿜다'는 '머금다'와 뜻이 반대
되는 말입니다.
(2) '역력하다'는 '자취나 기미, 기억 따위가 환히 알 수
있게 또렷하다'라는 뜻으로 '분명하다, 또렷하다, 확실
하다.'와 뜻이 비슷합니다. 그러나 '의심하다'는 '확실히
알 수 없어서 믿지 못하다'라는 뜻입니다.
(3) '깐깐하다'는 '행동이나 성격 따위가 까다로울 만큼
빈틈이 없다.'는 뜻으로 '야무지다, 까다롭다, 빈틈없
다'와 뜻이 비슷합니다. 그러나 '소홀하다'는 '대수롭지
아니하고 예사롭다. 또는 탐탁하지 아니하고 데면데면
하다.'라는 뜻입니다.

3 (1)은 '귀'와 관련된 관용 표현이고, (2)는 '머리'와 관련
된 관용 표현입니다.

4 '입에 쓴 약이 병을 고친다'는 잘못을 바로잡아 주는 충
고가 듣기에 좋지 않더라도 잘 받아들이고 따라야 함을
알려 주는 말입니다.

8단원 우리말 지킴이

독해로 교과서 쏙쏙
172~177쪽

독해로 이해 콕

1 넓어서　　**2** ×　　**3** 아이들
4 방송　　**5** 관찰　　**6** ×
7 ×　　**8** ○　　**9** 자료
10 ×　　**11** 빠른　　**12** ×
13 주제

---

01 (1)-ⓒ (2)-ⓐ (3)-ⓑ　　**02** ③
03 ⑤　　**04** 예 높임 표현을 잘못 사용하는 예 / 국적 불문의 신조어를 사용하는 예 / 우리말이 있는데도 영어를 사용하는 예　　**05** 방송에서 사용하는 영어　　**06** 관찰　　**07** (1) 설문지 (2) 면담 (3) 책이나 글　　**08** ④, ⑤
09 아름다운 우리말을 보존할 수 있도록 우리말을 바르게 사용하는 습관을 기르자.　　**10** ③
11 (1)-ⓒ (2)-ⓐ (3)-ⓓ (4)-ⓑ　　**12** ⓒ, ⓑ
13 예 자료를 보여 주는 화면과 설명하는 말이 어긋나지 않도록 한다. / 자료를 큰 화면으로 보여 주고 한참 볼 수 있도록 화면을 켜 둔다.　　**14** ④

01 여진이가 말한 주제는 조사 대상 범위가 너무 넓어서 조사 주제로 적절하지 않고, 서준이가 말한 주제는 우리나라 사람들을 모두 조사할 수 없고, 조사 기간 또한 적절하지 않기 때문에 조사 주제로 적절하지 않습니다. 또한 동미가 말한 주제는 몇 사람만으로 우리 지역의 모든 간판을 조사할 수 없기 때문에 조사 주제로 적절하지 않습니다.

02 ⓑ에서 여진이는 '우리말이 있는데도 영어를 사용하는 예'를 조사하기로 했다고 했습니다.

03 조사 주제를 정할 때 친구들이 좋아하는 주제인지는 고려하지 않아도 됩니다.

04 우리 주변에서 우리말을 잘못 사용하고 있는 예를 찾아 봅니다.
　채점 기준 실제로 조사할 수 있는 주제를 썼으면 정답으로 합니다.

05 여진이네 모둠은 방송에서 영어를 얼마나 사용하는지 조사해 보기로 했습니다.

06 관찰은 현장에서 조사 대상을 직접 파악할 수 있으나 시간이 많이 걸리는 조사 방법입니다.

07 각각의 조사 방법의 장점과 단점을 생각해 봅니다.

08 자료의 출처는 '전달하려는 내용'에서 자료를 보여 줄 때 제시해야 하고, 모둠의 의견은 '끝맺는 말'에 들어갑니다.

> 보충 자료 **저작권 침해 주의하기**
> • 자료를 제시할 때는 저작자나 출처를 밝혀 주어야 합니다.
> • 저작권자가 이용을 허락한 자료가 아니라면 저작권자에게 미리 연락해 허락을 받고 이용합니다.

09 원고의 끝맺는 말에 샛별 모둠의 의견이 나타나 있습니다.
　채점 기준 끝맺는 말에 나온 샛별 모둠의 의견을 찾아 정리하였으면 정답으로 합니다.

10 친구들에게 웃음을 줄 만한 내용이 들어있는지는 점검하지 않아도 됩니다.

11 다른 사람 앞에서 발표할 때는 바른 자세(ⓐ)로 진지하게 발표해야 하고, 너무 빠른 속도(ⓑ)나 작은 목소리(ⓒ)로 발표하는 것은 바람직하지 않은 태도입니다. 또한 자료는 듣는 사람 모두가 볼 수 있도록(ⓓ) 제시해야 합니다.

12 발표할 때는 발표 자료만 보고 발표해서는 안 되고 듣는 사람과 눈을 맞추며 발표해야 합니다. 그리고 자료는 관련된 발표 내용을 설명하는 동안 충분히 볼 수 있도록 합니다.

13 발표 자료를 효과적으로 사용하기 위해서는 어떻게 해야 할지 생각해서 써 봅니다.
　채점 기준 발표 자료를 제시하며 발표할 때의 주의점으로 알맞은 것을 썼으면 정답으로 합니다.

14 발표자를 재촉하거나 발표 중간에 말을 끊어서는 안 됩니다.

> 보충 자료 **발표를 들을 때 주의해야 할 점 알아보기**
> • 발표 주제가 무엇인지 알기
> • 발표 내용이 주제와 관련 있는지 판단하기
> • 과장되거나 거짓된 내용이 없는지, 자료는 정확한지 판단하기
> • 새롭게 알려 주는 내용이 무엇인지 집중하며 듣기
> • 발표자에게 빨리하라고 하거나 야유를 보내지 않기

단원 평가

01 ①, ③ **02** ⑤ **03** ⓒ 주문하신 사과주스 나왔습니다. ⓒ 재미가 없었어. **04** 영어
05 ①, ③ **06** (1) 예 여러 사람을 한꺼번에 조사할 수 있다. (2) 예 답한 내용 외에는 자세한 내용을 알기 어렵다. **07** ④
08 (1) ⓒ, ⓒ, ⓔ (2) ⓙ, ⓜ **09** ⑤
10 출처 **11** 예 발표할 때는 발표 내용만 보면서 읽듯이 발표하지 말고 듣는 사람과 눈을 맞추며 발표하는 것이 좋겠어. **12** (1) ○ **13** ④
14 은비 **15** ④ **16** ③

독해로 생각 Up **17** ③ **18** ③

01 '노잼'은 영어(no)와 한글 줄임 말(재미 → 잼)을 혼합해 만든 국적 불문의 말, 'sweet 카페'는 우리말이 있는데도 영어를 그대로 사용한 간판, '사과주스 나오셨습니다'는 사물을 높이는 표현으로 우리말을 잘못 사용한 것입니다.

02 우리 지역의 모든 간판을 조사하는 것은 실제로 조사할 수 없고 조사 기간도 적절하지 않기 때문에 조사 주제로 적절하지 않습니다.

03 ⓒ은 사람이 아닌 사물 '사과주스'를 높이고 있기 때문에 '~사과주스 나왔습니다.'로, ⓒ은 영어와 한글의 줄임 말인 신조어를 쓰고 있기 때문에 '재미가 없었어.'라고 고쳐야 합니다.

04 여진이는 '우리말이 있는데도 영어를 사용하는 예'를 조사하기로 했다고 했습니다.

05 여진이네 모둠에서는 주제에 맞는 조사 대상을 생각하고 아이들에게 영향을 많이 주는 것으로 범위를 좁혀 조사 대상을 정했습니다.

06 설문지를 사용해서 조사하면 여러 사람을 한꺼번에 조사할 수 있으나 답한 내용 외에는 자세한 내용을 알기 어려운 단점이 있습니다.
채점 기준 설문지를 사용해서 조사할 때의 장점과 단점을 모두 알맞게 썼으면 정답으로 합니다.

07 샛별 모둠은 영어를 지나치게 많이 사용하는 실태를 조사했습니다.

08 시작하는 말에는 모둠 이름과 조사 주제, 발표 제목 등이 들어가고 전달하려는 내용에는 자료 소개와 설명하는 말이 들어갑니다. 그리고 끝맺는 말에는 발표한 내용과 모둠의 의견이나 전망이 들어갑니다.

09 샛별 모둠은 영어를 지나치게 많이 사용한 요리 프로그램의 동영상을 보여 주었습니다.

10 자료를 사용할 때는 자료의 출처를 말이나 글로 밝혀야 합니다.

> **보충 자료** **발표자가 주의해야 할 점 알아보기**
> • 목소리 크기가 적절한지 살피기
> – 처음 시작하는 말에서 주제를 제시하거나 중요한 내용을 말할 때 목소리를 크게 합니다.
> – 주의 집중이 필요한 부분에서 목소리를 작게 합니다.
> • 표정이나 몸짓이 적절한지 살피기
> – 자료가 새롭게 제시되는 부분에서 눈을 크게 뜨고 손으로 제목을 가리킵니다.
> – 설명하는 부분에서 듣는 사람과 눈을 맞추며 몸을 조금 앞으로 숙입니다.
> • 발표의 흐름이 자연스러운지 살피기
> – 자료를 보여 주는 화면과 설명하는 말이 어긋나지 않게 합니다.
> – 듣는 사람이 기다리지 않게 모둠원들이 발표를 돕습니다.
> • 자료를 모든 학생이 볼 수 있게 제시하는지 살피기
> – 자료를 큰 화면으로 보여 주고 한참 볼 수 있도록 화면을 켜 둡니다.
> – 사진이나 실물을 여러 개 준비해서 모둠원 여러 명이 다니며 보여 줍니다.

11 그림에서 여진이는 발표 내용만 보면서 읽듯이 발표하고 있습니다. 이와 관련해서 발표할 때 주의할 점을 써 봅니다.
채점 기준 발표 내용만 보면서 읽듯이 발표하지 말아야 한다는 점과 듣는 사람과 눈을 맞추며 발표해야 한다는 점 중 한 가지만 써도 정답으로 합니다.

12 그림에서 여진이는 한 화면에 너무 많은 내용을 제시해서 자료가 한눈에 들어오지 않습니다.

13 발표자가 좋아하는 것이 무엇인지는 발표를 들으면서 생각할 필요가 없습니다.

14 발표자에게 빨리하라고 하거나 야유를 보내서는 안 됩니다.

15 발표 자료는 듣는 사람이 한참 볼 수 있도록 화면을 켜 둡니다.

16 영어와 한글 줄임 말을 혼합해 만든 국적 불문의 신조어나 우리말이 있는데도 영어를 그대로 사용하는 것, 줄임 말을 쓰는 것 모두 우리말을 잘못 사용한 경우입니다.

오답 풀이
우리말이 훼손된 사례로, ① '레알 → 진짜야'로, ③ '받으실게요 → '받으세요/받으시지요'로, ④ '열공했더니 → '열심히 공부했더니'로, ⑤ '올드하면서도 엘레강스하게 스타일하세요 → 새것 같지 않고 우아하게 옷을 입으세요'로 고쳐 쓴다.

지문 해설 독해로 생각Up

사례1 텔레비전 프로그램

㉠평범한 중고등학생 네 명을 대상으로 욕 사용 실태를 관찰했더니 네 시간 동안 평균 500여 번의 욕설이 쏟아졌습니다.

충격적인 것은 이 학생들이 문제나 불량 청소년이 아니라는 것입니다. _{행실이나 성품이 나쁨.} 이제 욕은 많은 학생들의 입에서 거침없이 터져 나오는 일상어가 되어 버렸습니다. _{문제 상황}

그렇다면 아이들이 최초로 욕을 대하는 때는 언제일 _{맨 처음.} 까요?

대중 매체 환경이 빠르게 바뀌면서 욕설이나 비속어 _{욕설이나 비속어를 대하는 나이가 어려지는 까닭} _{격이 낮고 속된 말.} 를 대하는 나이가 더욱 어려지는 지금, 초등학교 교실을 찾아 그들이 아는 욕설을 적어 보도록 했습니다.

그 결과, 절반 가까운 학생이 욕을 열 개 이상 버릇처럼 사용하고, 서른 개 이상 사용하는 아이도 있었습니다.

– 출처: 한국교육방송공사, 2011.
▶ 학생들이 욕을 너무 많이 사용한다는 문제를 제기함.

사례2 카드 뉴스

▶ 반려동물 관련 용어가 대부분 외래어나 외국어라는 문제를 제기함.
– 출처: 『한국일보』, 2017. 10. 9.

17 ㉠은 '관찰'의 방법으로 조사한 것으로, 현장에서 조사 대상을 직접 파악할 수 있지만 조사하는 데 시간이 많이 걸립니다.

18 카드 뉴스를 살펴보면 반려동물 관련 용어 가운데 외래어·외국어로 되어 있는 용어를 우리말로 바꾸어 표기해 놓았습니다.

어휘 마무리 뚝딱 182~183쪽

1 (1) 실태 (2) 조사 (3) 자제
2 (1)–㉯ (2)–㉰ (3)–㉮
3 (1) 한마음 꽃집 (2) 삼각 김밥 (3) 이동 장
4 (3) ○

1 (1) '있는 그대로의 상태. 또는 실제의 모양.'을 뜻하는 '실태'가 알맞습니다.
(2) '사물의 내용을 명확히 알기 위하여 자세히 살펴보거나 찾아봄.'을 뜻하는 '조사'가 알맞습니다.
(3) '자기의 감정이나 무엇을 하고 싶은 마음을 스스로 억제함.'을 뜻하는 '자제'가 알맞습니다.

2 (1) '보호'는 '잘 지켜 원래대로 보존되게 함.'의 뜻으로 '보존'과 뜻이 비슷합니다.
(2) '요청'은 '필요한 어떤 일이나 행동을 청함. 또는 그런 청.'의 뜻으로 '요구'와 뜻이 비슷합니다.
(3) '주의'는 '마음에 새겨 두고 조심함.'의 뜻으로 '유의'와 뜻이 비슷합니다.

3 (1) '한마음 플라워'는 우리말과 영어를 섞어 만든 신조어로, '한마음 꽃집'으로 고쳐 쓰는 것이 좋습니다.
(2) '삼김'은 '삼각 김밥'의 줄임말입니다.
(3) '켄넬'은 '개집, 개 사육장'을 뜻하는 말로 '이동 장'이라는 우리말로 바꾸어 쓸 수 있습니다.

4 '언중유골(言中有骨)'은 예사로운 말 속에 단단한 속뜻이 들어 있음을 이르는 말입니다. 뜻이 비슷한 속담에는 '말 속에 뼈가 있다.', '말 뒤에 말이 있다.', '말 속에 말 들었다.' 등이 있습니다.
(1) '말 아닌 말'은 '이치나 경우에 닿지 아니하는 말'을 이르는 말입니다.
(2) '말이 씨가 된다'는 '말하던 것이 마침내 사실대로 되었을 때'를 이르는 말입니다.

❶ 핵심 개념을 비주얼로 이해하는 **탄탄한 초코!**
❷ 기본부터 응용까지 공부가 즐거운 **달콤한 초코!**
❸ 온오프 학습 시스템으로 실력이 쌓이는 **신나는 초코!**

・**국어**　3~6학년　학기별 [총8책]
・**수학**　1~6학년　학기별 [총12책]
・**사회**　3~6학년　학기별 [총8책]

우리 아이 바른 공부 습관
미래엔 에듀 초등맘 카페

http://cafe.naver.com/mathmap

함께해요!
바른 공부법 캠페인

궁금해요!
교재 질문 & 학습 고민 타파

공부해요!
미래엔 에듀 초등 교재

참여해요!
선물이 마구 쏟아지는 이벤트

초등학교

학년   반   이름

예비초등

한글 완성

초등학교 입학 전
한글 읽기·쓰기 동시에 끝내기 [총3책]

예비 초등

자신있는 초등학교 입학 준비!

[국어, 수학, 통합교과, 학교생활 총4책]

 독해

독해 시작편

초등학교 입학 전 독해 시작하기
[총2책]

독해

교과서 단계에 맞춰 학기별
읽기 전략 공략하기 [총12책]

비문학 독해 사회편

사회 영역의 배경지식을 키우고,
비문학 읽기 전략 공략하기 [총6책]

비문학 독해 과학편

과학 영역의 배경지식을 키우고,
비문학 읽기 전략 공략하기 [총6책]

 쏙셈

쏙셈 시작편

초등학교 입학 전 연산 시작하기
[총2책]

쏙셈

교과서에 따른 수·연산·도형·측정까지
계산력 향상하기 [총12책]

창의력 쏙셈

문장제 문제부터 창의·사고력 문제까지
수학 역량 키우기 [총12책]

ENGLISH BITE

알파벳 쓰기

알파벳을 보고 듣고 따라 쓰며 읽기·쓰기
한 번에 끝내기 [총1책]

파닉스

알파벳의 정확한 소릿값을 익히며
영단어 읽기 [총2책]

사이트 워드

192개 사이트 워드 학습으로
리딩 자신감 쑥쑥 키우기 [총2책]

영단어

학년별 필수 영단어를 다양한
활동으로 공략하기 [총4책]

영문법

예문과 다양한 활동으로
영문법 기초 다지기 [총4책]

 **한자**

교과서 한자 어휘도 익히고
급수 한자까지 대비하기
[총12책]

 중국어

신 HSK 1, 2급 300개 단어를
기반으로 중국어 단어와 문장
익히기 [총6책]

큰별★쌤 최태성의 **한국사**

큰별쌤의 명쾌한 강의와 풍부한 시각
자료로 역사의 흐름과 사건을 이미지
로 기억하기 [총3책]

 하루 한장 학습 관리 앱

손쉬운 학습 관리로 올바른
공부 습관을 키워요!

바른 학습 길잡이
바로 알기 시리즈

바로 알기 시리즈는 학습 감각을 키웁니다.

학습 감각은 학습의 기본이 되는 힘으로,

기본 바탕이 바로 서야 효과가 있습니다.

기본이 바로 선 학습 감각을 가진 아이는

어렵고 힘든 문제를 만나면 자신 있는 태도로

해결하고자 노력합니다.

미래엔의 교재로

초등 시기에 길러야 하는 학습 감각을

바로잡아 주세요!

도형 감각

쉽고 재미있게 도형의 직관력과
입체적 사고력을 키워요!

- 그리기, 오려 붙이기, 만들기 등
  구체적인 활동을 통한 도형의 바른
  개념 형성
- 다양한 도형 퀴즈를 통해
  공간 감각 능력 신장

 1~6학년 학기별
[총12책]